DÈBUTAN

PWOFESÈ
Ane 1

I0161612

David Hayse
Jeran Jeneral

Mario Zani
Editè Jeneral

Ana M. Zani
Editris piblikasyon pou ti moun yo

Marc Versil
Tradiksyon e adaptasyon

Liv sa a koresponn nan 1e laj twa zan ti moun yo.

Pibliye pa

cnp

L'ÉCOLE DU DIMANCE ET LA FORMATION DE DISIPLES

Pibliye pa Casa Nazarena de Publicaciones

Kategori : Edikasyon kretyèn

Menm sil ta mansyone lòt bagay, tout istwa Biblik yo chwazi yo soti nan vèsyon Jerizalèm

Tab Matyè

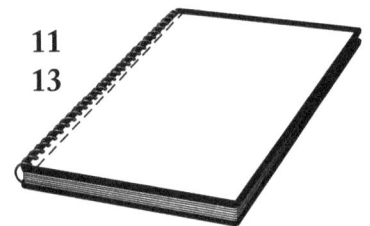

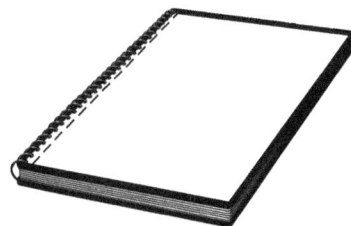

RESOUS DIDAKTI

Chè anseyan:

Nou prepare seri resous didaktik dokiman sa yo ki pral ede w nan fason ou pral fè klas la.

Nan kèk leson, nan seksyon aktivite yo, n'ap rekòmande w pou ou itilize materyèl k'ap motive timoun yo pou ekzèse abilite yo e gide yo nan aprantisaj plis signifikatif.

prepare aktivite yo, avèk manyèl yo pou ti moun yo kapab wè ankò travay yo te fè.

ANN KONNEN DEBITAN YO

- ✗ Koòdinasyon miskilè yo afime e yo trè aktif.
- ✗ Abilite pou yo rakonte, pentire, kole, e pliye ap amelyore chak moman.
- ✗ Rezonman yo ap baze sou prèv ou byen nan sa y'ap itilize.
- ✗ Aprann pi byen fè yon bagay lè sèlman ou kapab obsève li.
- ✗ Chèche apwobasyon granmoun yo e akonpayman yo.
- ✗ Bay valè ak jistis e konprann lè règ yo chanje.
- ✗ Genyen yon abilite fondamantal (li, ekri, òganize, klasifye) devlopman ki sifi a.
- ✗ Konprann pi byen moman, tan an, espas e distans.
- ✗ Konpwomisyon enpòtan anpil. Nan laj sa a yo plis vle kanmarad yo aksepte yo pase moun ki plis aje pase yo.
- ✗ Aprann rekonèt pèspektiv lòt yo e konnen ke yon pwoblèm kapab genyen pliziè solisyon

Si ou mete an konsiderasyon etap devlopman sa a de elèv yo, nou kapab mete yon pi bon dinamik nan klas yo:
- ✗ Itilize èd vizyèl e plizyè ekzanp ki kapab ede yo konprann ide.
- ✗ Mete lwa ki fèm.
- ✗ Gide diskisyon yo avèk kesyon ki kapab ede yo konprann konsèp yo,epi itilize ekzanp pou moutre yo.
- ✗ Planifye plan yo an ti gwoup.
- ✗ Mande elèv yo pou yo ekspoze ide yo, pou yo planifye pwojè yo, bay èd youn ak lòt legliz e nan kominote a, mande yo pou yo patisipe. Plis aksantye sou travay misyonè.
- ✗ Bay opòtinite, pou yo diskite epi panse nan tèm moral yo.
- ✗ Prezante istwa yo san yo pa gen fen pou ke yo menm yo fini istwa yo, e pou yo pran desizyon yo.

RESÈT POU PAT FARIN

PAT FARIN AK SÈL

Engredyan:
2 ou byen 3 tas farin
¾ tas sèl fen
½ tas dlo
Epi mete lwil vejetal ki gen koulè

Enstriksyon:
Melanje farin nan ak sèl la epi mete ti kras pa ti kras dlo a pandan w'ap bwase li. Epi mete ladan li koulè vejetal la, ajoute yon ti kras koulè vejetal pandan wap metri li, pat la depann de kantite dlo ou mete a. Lè ou fini ak pat la mete li nan yon ti bokit epi mete li andedan yon frijidè.

PAT KWIT LA

Engredyan:
2 tas farin
1 tas sèl
1 kiyè lwil vejetal
2 tikiyè krèm mongòl
Pigman vejetal

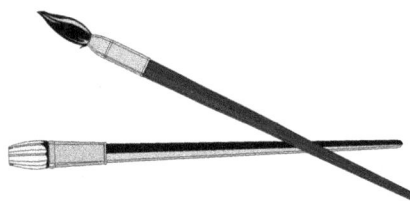

Enstriksyon yo:

Melanje engredyan sèk yo; aprè sa ajoute dlo ak lwil vejetal la. Mete melanj lan nan dife pou yon ti tan jiskaske ou tann preparasyon an nan nòmal li. Retire li nan dife a epi kite l' frèt pou l' jwenn koulè ke ou vle a, mete kèk gout koulè vejetal pandan wap marinen pat la, li kapab konsève plis pase yon mwa si ou mete li nan yon bokal fèmen.

PAT GLISE A

Engredyan:
2 tas tè
2 tas sab
½ tas sèl
Dlo

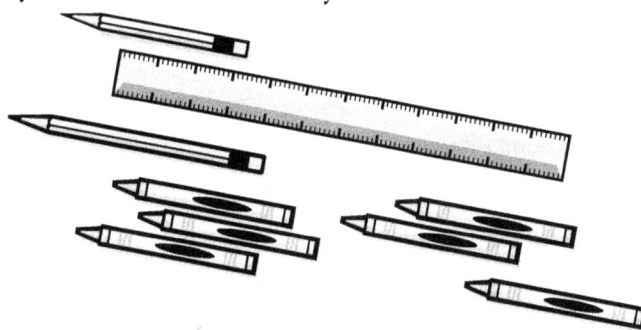

Enstriksyon :
Melanje tè ak sab la, e sèl la, aprè mete ti dlo de tanzantan jiskaske ou jwenn solisyon w'ap chèche a.

PENTI DAKTIL (DAKTILOGRAFIK OU BYEN DAKTILIK)

Engredyan:
1 ¼ amidon ½ tas savon an poud
3 tas dlo bouyi
1 kiyè gliserin,Koloran, vejetal

Enstriksyon yo:

Bwase lamidon an nan dlo fret; apre sa vide li nan dlo bouyi a pandan w ap bwase li sou pou w fè atansyon pou l pa fè boul. Ajoute savon an epi finalman mete gliserin nan. Pou w fè l pran koulè, ajoute pigman vejetal la oswa tanpè a. L ap vin tankou yon preparasyon jelatin ki pa toksit. Si w vide penti sa a nan yon vèso plastic, l ap rete konsvve pou plizyè jou.

LAKÒL BLAN

Engredyan:
4 tas dlo
1 tas farin ble
½ tas sik
½ tas vinèg

Enstriksyon:
Bouyi twa (3) tas dlo. an menm tan melanje nan yon bokit melanje yon tas dlo, ak farin, ak sik, ak vinèg. Lè dlo a bouyi mete melanj lan pandan w'ap bwase l' tou piti sou dife a jiskaske li bay premye ti bouyon an. Si li fè ti boul ou kapab bwase li, si li twò pwès ou kapab mete dlo ladan l', si li gen twòp dlo kite l bouyi pandan yon ti tan. Konsève lakòl la nan kote ki fre epi bouche li.

PAPYE POU KAT AK MANYÈL

1. Bwase nan dlo cho 6 fèy papye ou byen fèy jounal ki koupe an ti mòso.
2. Blende li nan yon blendè avèk yon ti mezi tas avwàn, ou byen po fwi, ou byen fèy leti, ou byen po kawòtm ou byen pèsi, ets.
3. Mete 4 kiyè gliserin nan melanj lan e 6 kiyè kòl blan.
4. Avèk papye a ou kapab fè kat ou byen separate liv yo, ou byen katon, ets.
5. Ekspoze pat la sou yon plastik, avèk yon twou, ou byen ak yon baton jiskaske ou demele li.
6. Kite li sèch nan solèy la pandan de (2) jou.

EMPÒTANS PWOMOSYON ELÈV YO NAN LEKÒL DOMNIKAL LA

Chè responsab e enseyan lekòl dominikal

Menm jan ak klas primè timoun yo nan legliz la dwe pran pwomosyon pou ale nan klas siperyè. Kòm anseyan klas la, l'ap enpòtan anpil pou w prepare pwomosyon elèv ou yo jis nan fen ane eklezyastik la, sa kapab pi fasil nan fen ane eskolè a. Pou li pale ak sirentandan lekòl dominikal nan legliz la ou byen ak pastè a.

Anvan menm, ou kapab prepare yon "seremoni pwomosyon" epi remèt a chak ti moun yon sètifika pou klas yo pral fè a. seremoni an kapab fèt nan tanp lan pou tout manm yo kapab patisipe. Envite paran e fanmi ti moun yo. Sa a ap yon bon moman pou rekonèt yo, epi asiste rès sèvis la, epi tande pawòl Bon Dye.

Tankou moun espesyal ki fèk kòmanse, metrès la ou byen mèt la dwe resevwa yo ak yon akolad ou byen yon mo de byenveni, menm jan lòt mèt yo a konn resevwa yo nan klas yo.

Nan seremoni an ou kapab remèt yo yon katon dekore ki gen foto ti moun yo, ke yap pran pandan yo te nan klas la. Se ap yon apèl aktif w'ap ekspoze nan yon fason dosil, kèk souvni sa yo ap rete nan la vi ti moun yo pandan yo te nan klas la. Priyè espesyal yo ke yo te fè pandan konvèsyon yo, temwanyaj ke yo te rakonte, kesyon yo te reponn, e bèl moman yo te pase ak move moman yo tou yo te pase nan klas la. Prepare yo a lavans nan detay sa yo pou yo pa fremi devan asanble yo a. Pale ak sirentandan ministè lekòl dominikal la pou yo kapab bay ti moun yo liv lòt ane a pandan seremoni an. Pou sa fèt, ankouraje fanmi ki nan legliz yo pou yo bay chak ti moun yo liv (se kòm si yo te parenn pwomosyon yo a) espesyalman pou ti moun ki pa gen paran yo nan legliz la, ou byen dapre ka ki repranzante a kòm ka ekonomik, nan chak asanble gen fanmi timoun se granmoun, avèk anpil plezi pou nou fè yo kado yon liv pou lekòl dominikal nan legliz la. Ou kapab pi byen konprann, nan anpil sikonstans, manke anseyan, manke sal pou klas pou kou yo fèt, ou byen elèv ki detèmine nan laj sa yo, li pap parèt fasil pou genyen kou nan tout nivo laj sa yo. Men sa se yon lòt bon motivasyon pou w'kapab envite e mennen plis ti moun nan legliz la, e menm jan an tou pou kapab prepare e devlope kijan yo moutre nan yon klas. Pa pèdi posiblite sa a!

Nap swete yon pi bon benediksyon nan defi y'ap gen pou yo leve nan ministè ansèyman an reprezante pou ou e pou legliz la.

Sètifika Pwomosyon

(Non elèv la)

Pwomèt pou klas siperyè

(legliz)

Dat

"Pitit mwen, tande pawòl mwen…" pwovèb 4: 20a

Lidè lekòl dominikal la

pwofesè

1. KISA VÈSÈ A DI?

Pou elèv yo konnen li, eksplike li avèk sans li

Wè

Nan Bib la.

Nan pann kat, katon, adwaz, bagay ki ka fè ou wè, nan tablo.

Tande

Li li byen fò

Anrejistre li nan yon kasèt

Vwa

Repete li lèw fin tande li

Li li ansanm ou byen youn pa youn.

Lekti ak koral ou byen nan gwoup.

Men yo

Ekri vèsè a.

Rampli espas ki vid yo.

Rezoud mo kwaze yo

2. KISA LI VLE DI?

Pran definisyon yo

Pou ti moun yo eksplike sa yo konprann de vèsè Biblik yo.

Eksplike mo yo pa konnen yo.

Kòmante kontèks la.

Ou kapab ede yo revize kòmantè ki nan Bib la, itilize diksyonè, ou byen lòt bagay.

Chèche vèsè Biblik ke yo te pase avan yo.

Kiyès kap pale epi ak kiyès y'ap pale ou byen kiyès yo kap pale.

Kòmante fè yo ou byen faktè yo nan sa y'ap devlope a.

Fè ilistrasyon

Montre desen, ou byen ti komik.

Fè desen yo

3. KIJAN M KAPAB APLIKE LI NAN VI MWEN?

Fè kòmantè nan sa yo:

Aplikasyon vèsè ki nan Bib la genyen chak jou nan lavi a.

Epi nan ki sikonstans li pral ede li e ki efè yo pral genyen nan la vi li e nan la vi lòt moun.

Aprann vèsè a.

Lè w nan tantasyon.

Lè w nan pwoblèm.

Kilè pou nou ankouraje lòt yo.

TI MOUN NAN, KONDWIT LI, E PWOFESÈ A

1. Konprann ti moun yo epi pèmèt yo pou yo konpòte yo byen.

Ti moun yo aktif anpil, e yo toujou vle konnen.

Se pa yon kesyon de ti granmoun: nou dwe toujou diferansye move konpòtman an ak anfantiyaj.

2. Pèmèt yon bon atmosfè nan klas la ki kapab pote yon bon konpòtman.

Kite timoun yo konnen ke ou renmen yo e ou apresye yo. Montre yo enterè pou sa kap pase yo lè yo pa nan klas la.

Òganize byen sa wap fè e nan fason wap mennen elèv yo.

Pou ou yon bon gid sa mande fòk ou toujou la, fè elèv yo konnen sa wap atann de yo. Pa montre ke ou gen panchan.

3. Konnen pozisyon ou tankou pwofesè.

Sa se travay klas la.

Pran otorite w sou elèv yo pou yo respekte ou.

Vin yon bon zanmi pou yo.

Moutre yon bon egzanp pou sa w 'ap atann de elèv yo.

4. Itilize metòd ki kapab mete ti moun yo nan aktivite a e kapte enterè yo.

Ou dwe toujou prè, e rive avan tout ti moun nan klas la.

Mete plizyè aktivite ki apwopriye ak laj ti moun yo.

Itilize plizyè aktivite ki kapab kapte enterè ti moun yo.

Pèmèt ti moun yo chwazi nan kèk aktivite.

5. Konsantre ou sou yon konpòtman pozitif.

Limite nan règ yo.

Lè ou korije youn nan ti moun yo, di sa ak paran li yo, metrès li ou byen moun ki responsab li a.

KISA OU KA FÈ LÈ YON TI MOUN PA SANTI LI BYEN?

1. Chèche koz pwoblèm nan.

Timoun nan gen pwoblèm aprantisaj, ou byen dotkè li yo pa vle li patisipe nan klas?

Eseye kontwole li menm sèlman nan klas la?

Li genyen talan akademik, men li annwiye nan klas la?

Lè w konnen koz pwoblèm nan, petèt ou kapab korije li apre ou fin pale ak paran ti moun nan.

2. Pran kontwòl sitiyasyon an.

Ignore konpòtman ki pap toumante klas la.

Mete timoun nan nan tout aktivite aprantisaj yo.

Fè li wè ke wap obsève move konpòtman li yo.

Apwoche w de timoun nan.

Di li, tou piti, sa ou vle li fè a.

Montre li konsekans move konpòtman sa a kapab genyen nan la vi li.

3. Pale ak paran e moun ki responsab ti moun nan.

Si ou pral pale ak paran ou moun ki responsab li yo, ale lwen pou vini pre.

Komanse pou di yo konsa, ou apresye timoun nan anpil.

Epi ekspoze pwoblèm nan e mande pou nou jwen yon solisyon.

PLAN BONDYE YO POU PÈP LI A

Baz Biblik: Ekzòd 2:1-15; 4:23; 13:17; 16:1-17; 19:1-20

Tèks Inite A: *Montre m' fè sa ou vle, paske ou se Bondye mwen.* (Sòm 143:10).

OBJEKTIF INITE A

Inite sa a pral ede debitan yo:

✘ Chèche chemen Bondye.

✘ Santi reverans devan pwisans Bondye.

✘ Konnen sou kijan pwoteksyon e pasyans senyè a ye.

✘ Aprann obeyi Bondye nan tout bagay pou yo ka viv byen.

LESON INITE A

Leson 1: Plan Bondye Pou Yon Chèf

Leson 2: Bondye Bay Moyiz Yon Travay

Leson 3: Bondye Sove Pèp Li A

Leson 4: Bondye Apwouve Pèp Li A

Leson 5: Lwa Bondye Yo Pou Ou Ka Viv Byen

POU KISA DEBITAN YO BEZWEN ANSEYMAN INITE SA A

Nan laj debitan sa yo, yo pa enterese nan sa yo pa konnen, nan moman sa yo, yo pral rankontre anpil pwoblèm difisil, e yo pral santi ke Bondye pap travay nan la vi yo. Yo panse paske yo piti yo pa vo anyen.

Gras ak leson sa yo, pati sa pral aprann yo ke tout moun gen enpòtans devan je Bondye, kelkeswa laj yo genyen. Menm jan tou yo pral rann yo kont ke senyè ap prepare yo depi "kounye a" pou yo kapab aprann pawòl li a menm si yo piti.

Yo pral aprann sèvi Bondye pandan yo ap bezwen "obeyisans" e "disponiblite" e Bondye ap ba yo gras e fè yo vin saj pou yo obeyi e pou yo toujou prè.

Disponiblite a se volonte yo ap genyen pou yo sèvi Bondye. Moyiz se yon egzanp kòm moun ki te santi li enkapab pou li travay pou Bondye nan sa Bondye te rele li pou li fè a. Anvan li pat vle obeyi lòd Senyè a te ba li a, pou li te prezante devan Farawon e pou li te plede pou libète pèp la. Epoutan Bondye pat ran li. De tanzantan, Moyiz vin ap konfye li nan Bondye tankou yon gran chef responsab, e poutèt li obeyisan li vin genyen gwo verite a. Konsa Bondye te itilize malgre mank de konfyans li e mankman li te kwè ke li genyen.

Konsa menm, Bondye kapab itilize elèv yo; pa gen pyès moun ki piti nan men Bondye, e ti moun yo pa epanye. Yo pral santi key o gen anpil enpòtans nan plan Bondye yo, e yo kapab konte sou èd li pandan y'ap swiv li.

Yo pral konnen tou ke lè yo pral rankontre gwo pwoblèm yo, yo kapab konte sou Bondye avèk konfyans, pandan y'ap konnen ke lap toujou avèk yo e prè pou li ede yo.

PLAN BONDYE POU YON DIRIJAN
ASPÈ JENERAL YO

Baz Biblik: Ekzòd 2:1-15

Tèks Pou Konnen: *Montre m' fè sa ou vle, paske ou se Bondye mwen.* (Sòm 143:10).

Objektif Leson An: Ede debitan yo pou yo konnen Bondye ap toujou manifeste nan la vi pèp li a.

PREPARASYON PWOFESÈ A

Pèp Ebre a te tonbe nan lesklavaj anba men pèp ejipsyen an, aprè anpil ane yo tap jwi pwoteksyon epi pataje tè, pantan tan sa a vin gen yon nouvo Farawon sou twòn nan. Nonm awogan e ògeye sa a pat konnen Jozèf, youn nan gwo fonksyonè nan gouvènman e li te sove pèp ejipsyen an anba grangou. Frè Jozèf yo ansanm ak papa li Jakòb te vin ap viv sou tè Gozen an, kote yo te rete e la yo te vin anpil jiskaske yo te vin plis pase 600,000 moun. Nouvo Farawon an te genyen pèp Ebre a krentif sou fason yo tap vin pi plis chak jou e yo tap vin plis ke pèp Ejipsyen an, pou tèt sa a li te deside mete yo fè travay fòse, mwayen pèp la te itilize a se te rebelyon. Pou elimine menas sa a nèt, Farawon an bay lòd pou yo touye tout ti bebe gason ke fanm Ebre yo tap fè. Poutan, Bondye te gen yon gwo plan pou pèp Izwayèl la, menm jan li te pwomèt Abraam nan, Izaak epi Jakòb. E li te itilize yon fanm vanyan yo te rele Jokabèd e pwòp pitit fi farawon an pou li ka Mennen plan li yo nan fen li.

Jokabèd te fè yon pitit gason li te sere li pandan twa mwa, e aprè li pote li nan rivyè a nan yon ti panye pou li te ka sove li de menas lanmò a. Pitit fi Farawon an te chita bò rivyè a li te pran panye a ak ti bebe a, e li te deside elve li tankou pwòp pitit li. Moun sa yo Bondye te itilize yo pou li te ka fè plan li yo ekzekite, li te menm itilize Faraon.

Nan tout istwa sa nou kapab rann nou kont fason Bondye manifeste li, li antre nan moman plis difisil yo pou li fè sa li vle.

Prezante leson an konsa, pou yo menm kapab rekonèt, menm jan Bondye te siveye Moyiz pandan li te ti bebe a, konsa tou li kapab siveye yo e li kapab manifeste li nan plizyè ka chak jou nan lavi yo.

ADAPTASYON

Debitan yo ap kòmanse devlope nan sa yo pa konnen, jiskaske yap kapab afwonte difikilte yo gen pou rankontre, ou byen bagay ki difisil pou yo aksepte nan fason yo ka santi ke Bondye ap travay nan lavi yo.

Fè yon ti kout entwodiksyon sou istwa bib la pandan wap rakonte yo poukisa pèp Ebre a te vin rete sou tè Ejipsyen an. Ou kapab fè li konsa :

Abraam te gen yon pitit pitit yo te rele Jozèf, li menm frè l' yo te vann epi li te vin rive sou tè Ejip la. Apre anpil tan, fanmi Jozèf – Ebre yo – yo te al viv an Ejip paske kanaan pat gen manje.

Ejipsyen yo te resevwa lòt vwazen li yo ak anpil kontantman, e Farawon te ba yo pi bon tè kite genyen pou yo te rete e pou yo travay, pandan anpil ane fin pase vin gen yon lòt Farawon Ejipsyen ki pat rekonèt Jozèf e li pat renmen pèp Ebre a paske li te panse ke yo te yon menas de pè pou pèp Ejipsyen an.

Rakonte istwa a nan yon fason pou tout ti moun yo ka wè nan ki sitiyasyon danjere pèp Bondye a te ye, pandan yo te nan lesklavaj, menas lanmò pou tout ti gason epi sa yon fanm ki te Ebre te fè. Montre ti panye a ak yon pope ladan li sa Jakobèd te fè pou li te sove pitit li Moyiz, e fè ti elèv yo patisipe pandan y'ap di ki danje ki te reprezante lè Bondye t'ap sove li pandan li te nan panye a (li te kapab nwaye, li te kapab mouri toufe, bèt sovaj te kapab touye li, elatriye).

Pale de fason Moyiz te grandi e imajine kijan Moyiz te ye nan palè wayal ejipsyen an, kijan l te fè konnen ke rasin li se te Ebre.

DEVLOPMAN LESON AN
Entwodiksyon

Mande elèv yo kisa yo konnen de Moyiz. Petèt anpil nan yo konnen istwa sou ti bebe nan panye a. ba yo ti tan pou yo kapab rakonte sa yo konnen ak lòt elèv. Si w kapab, ba yo chak yon fèy blan kreyon, desen pou yo ka fè yon desen sa yo sonje nan istwa Moyiz la, sa a pral ede yo nan konpreyansyon istwa bib la pou jou a.

Li ansanm ak elèv yo Egzòd 2:1-15, epi eklere yo nan tout dout ke yo te genyen anvan yo te kòmanse istwa a.

DEVLOPMAN ISTWA BIB LA

Reyini elèv yo pou yo tande istwa bib la epi prepare tout materyèl ki nesesè pou fè kou a, ou kapab itilize yon ti panye, pope, desen ke yo te fè avan an, tablo ki genyen leson rakonte sou li. W'ap bezwen kreyon desen tou fèt. Raple w toutotan klas la plis dinamik se konsa travay la ap pi byen rete nan memwa elèv yo.

Istwa Moyiz la tout moun te konnen li. Li posib pou elèv yo te tande li deja pou piti yon fwa. Poutan pa bliye ke n'ap toujou rankontre lòt mo nan pawòl Bondye a.

APLIKASYON NAN LAVI A CHAK JOU

Etabli yon relasyon ant istwa ki nan bib la e lavi ti elèv yo. Mete aksan nan enpòtans ki genyen lè bondye ap pwoteje nou, paske li renmen nou e li gen plan espesyal pou lavi nou.

Poze elèv yo kesyon : kisa ki tap pase si fanmi nou te esklav yon moun?

Kijan ou tap santi w si ou t'ap kouri pou yon moun ki tap vle touye ou? Kijan ou tap santi w si ou ta gen pou ou viv ak yon fanmi ki pa fanmi pa ou?,

Kite ti moun yo reponn, epi kite yo kòmante tout opinyon ki pa menm yo.

Fè tankou, malge tout mal kite rive Moyiz e fanmi li Bondye pat janm bliye yo. Petèt yo pat rann yo kont nan moman sa a, men Bondye tap egzekite plan li yo. Li te pwoteje Moyiz lè li te yon ti bebe paske se li menm ki tap vin tèt ploton an pou te al libere pèp chwazi a. reflechi ansanm ak ti moun yo, sou ka Jodi a tou menm moun kap sèvi Bondye yo konn gen bagay mal ki rive yo. Kite yo bay kèk egzanp tankou (maladi, katastwòf natirèl, solitid, povrete, la gè, elatriye.). sepandan, san rann kont sa ki kapab rive nou, nou kapab toujou konfye nou nan Bondye nan sa li ap fè nan lavi nou pou li ka egzekite plan li yo.

ANÈKS

Li Toujou Avèk Nou!

Bay elèv yo devinèt sa: ou kapab wè sa map fè, mwen toujou bò kote ou, mwen deplase vwal batiman, mwen pote fèy sèch ki nan pye bwa ou, kiyès pawòl mwen ye? (mwen se van).

Lè yo bay bon repons lan mande yo : kijan nou fè konnen gen van, eske nou kapab wè li? Ba yo tan pou yo reflechi sou pwen sa a jiskaske yo rive nan konklizyon an.

Pataje mòso papye bay chak elèv, epi mande yo pou yo soti deyò kote ki gen van (lè), pou yo kenbe ak pwent dwèt yo moso papye a pou yo leve men yo. Mande yo : kisa ki pase ak papye a? (van fè li bouje). Apre tounen

nan sal la, fè yon sèk epi chita pou ou eksplike yo, menm jan ak van an, Bondye egziste epi nou kapab santi li. Li te kreye tout sa ki egziste epi Ii kontwole tout mond lan. Li itilize moun tankou Moyiz e menm jan ak nou tou li kapab sèvi avè nou pou li reyalize pwomès li.

Nou se kolaboratè espesyal Bondye.

Kisa Ki Te Pase Apre?

Mande elèv yo sa kap pase nan chak desen. Aprè koupe an kat (4) mòso avèk ilistrasyon epi kole yo byen. Lè yo fini, fè yon revizyon sou istwa jodia pandan yap itilize kaye travay yo.

Kreyon Desen

Mande ti moun yo pou yo tounen fèy la e pou yo swiv enstriksyon yo pou yo ka jwen mesaj ki kache a. ou menm, li byen fò tout mo yo nan chak liy. Lè yo fin jwen mesaj kache a, mande pou yo tout li mesaj la ansanm. Mesaj la se: "Bondye genyen anpil plan pou ou".

SA OU DWE KONNEN

Ekri chak mo ki nan tèks la nan plizyè katon epi melanje yo. Divize klas la an de (2) gwoup. Pèmèt chak elèv pase devan pou li ranje tèks la epi repete tèks la. Gwoup ki fè li nan mwens tan an se li ki genyen. Ede yo aprann tèks la e mande yo pou yo revize li lakay yo pandan semen nan.

KONKLIZYON

Mete aksan sou istwa jodia pandan wap pale sou 40 ane nan lavi Moyiz, nan moman li tap prepare li nan mitan Ejipsyen yo; epi san li pa konnen, Bondye tap fè li patisipe nan plan li yo. Nou menm tou, nou dwe prepare nou pou nou sèvi Bondye nan sa li vle pou nou fè (li vle nou ale lekòl, pou nou fè devwa nou, reponn ak obligasyon nou yo, obeyi paran nou yo, pwofesè nou, priye, elatriye.).

Ankouraje debitan yo pou yo konfye yo nan Bondye san enkyete de sa ki kapab rive yo demen.

BONDYE BAY MOYIZ YON TRAVAY

ASPÈ JENERAL YO

Baz Biblik: Egzòd 2:15; 4:23

Tèks Pou Konnen: *Montre m' fè sa ou vle, paske ou se Bondye mwen.* (Sòm 143:10)

Objektif Leson An: Pou ti moun yo konprann ke Bondye ede moun ki akonpli travay ke li ba yo fè.

PREPARASYON PWOFESÈ A

Lè yon nonm Ebre te mande Moyiz : kiyès kite di w ou se chèf nou ou byen jij nou, ke ou kapab dirije nou?" (egzòd 2:14). Li pat konnen ki kalite pwofesi pawòl sa a te ye! Prens Moyiz pitit adoptif pitit fi Farawon ejipsyen an, li te prè pou li te vin chèf pou jije pèp la.

Tè madian an, kote Moyiz te genyen, li te rankontre nan sides mòn sinayi a, sou kot oryantal lanmè wouj la. Yo kwè ke non madianit lan soti nan mo madian, katriyèm pitit Abraam avèk sèvitè li yo, pèp sa se mouton yo te konn gade e yo te konn viv nan tant.

Moyiz te marye ak pitit fi yon prêt madian, Jetro, Li te konn travay kòm moun ki t'ap gade mouton bòpè li. Jan de travay sa a te montre li kijan pou li reziste nan dezè a kote madianit yo te rete, e se te fason sa a Bon Dye t'ap prepare li pou travay li ta pral voyel al fè a.

Bondye menm di li kisa li pral fè, li te itilize yon ti pye bwa ki gen dife pou l te kapab atire atansyon Moyiz. Dife a toujou prezante nan plizyè revelasyon Bondye. Li represante prezans sentete li. Pou ebre yo e pou tout lòt nasyon dife a se te yon senbòl divinite.

Bondye te vle pou moyiz retire pèp li a an ejip. Li te di li travay la ap long, paske farawon p'ap vle kite pèp la soti nan lesklavaj, men li asire li ke l'ap toujou avèk li, li pap janm kite li pou kont li.

ADAPTASYON

Menm jan ak Moyiz, anpil fwa nou konn santi Bondye voye nou al fè yon travay difisil. Menm bagay rive pou ti moun ki fèk komanse yo; sa parèt difisil pou yo obeyi paran yo lè paran yo ba yo lòd pou yo fini devwa yo avan menm yo al jwe ak zanmi. Ou byen pou yo remèt yon bagay yo te prete, elatriye. Devwa sa yo parèt tèlman fasil pou nou menm gran moun, men yo konplike anpil pou timoun yo, e yo dwe konnen Bondye ap akonpanye yo epi ede yo nan tout gwo pwoblèm.

Sosyete sa nap viv kounyea la gen anpil peche e timoun nou yo ladan li. Sepandan menm jan ak Moyiz nou menm tou nou genyen pou nou al retire nan lesklavaj moun sa yo ki poko konn Kris.

Li enpòtan anpil pandan devlopman leson an pou yo konprann ki lè Bondye rekòmande yon travay ki difisil pou fè, menm jan an tou li prepare nou pou nou ka fè li e l'ap akonpanye nou nan travay la.

DEVLOPMAN LESON AN

Entwodiksyon

Fraz sa a ou pral jwenn nan, ekri li sou yon tablo:
(1) Tanpri Bondye voye yon lòt moun al fè travay la!
(2) Tanpri Bondye voye mwen!

Poze klas la kesyon:
- ✘ Eske nou konnen yon moun ki pa vle fè yon bagay Bondye te bal fè? (kite yo reponn).
- ✘ Kisa nou panse de moun ki fè sa yo vle san yo pa panse ak volonte Bondye?

Kite yo reflechi sou de (2) kesyon yo epi di yo:Lè Bondye bay yon moun yon travay, moun nan kapab reponn de (2) fason ki pa menm (montre yo fraz ki ekri yo). Ki repons yo panse pitit Bondye yo ap bay? Ankouraje elèv yo pou yo sonje istwa bib la sou plizyè moun kite te deside obeyi ak sa Bondye mande yo (Jozèf, David, Abraam, Pyè, Jozye, Jezi, Jan, elatriye.).

Lè ti moun yo fin patisipe mande yo ankò: kisa yo panse kite kapab rive si moun sa yo te di Bondye "tanpri voye yon lòt moun?" (kite yo reponn).

Mande pou yo prete atansyon sou istwa ki nan bib la, paske li ap pale de yon moun Bondye bay yon travay espesyal.

DEVLOPMAN ISTWA BIB LA

Si li parèt posib esplike leson an avèk fèy ki gen menm tèm nan; tankou desen, liv, foto ki gen ejipsyen yo ladan li, prepare fèy ak kreyon koulè pou yo ka pentire.

Montre esplikasyon sou ejipe ki te elèv yo obsève li; rakonte ke piramid lan se youn nan sèt (7) mèvèy mond lan, epi sivilizasyon ejip la te avanse anpil nan epòk pa li a. montre yo yon kat ki genyen ladan li ansyen anpi ejipsyen an epi montre alantou tè ebre yo. Fè yon ti kout revizyon sou kou ki te pase avan an, pou w kapab fè entwodiksyon istwa ou pral fè jodia.

Pale avèk elèv yo sou kondisyon lavi pèp ebre a, lè yo te nan lesklavaj, epi mete aksan sou sa moyiz te fè pou li te defann yon izrayelit. Ankouraje elèv yo pou yo imajine ki santiman moyiz te genyen lè li te kite kote li te grandi a epi kite fanmi li dèyè pou li ale nan yon lòt zòn li pa konnen. Tou di elèv kijan Moyiz te rankontre madianit yo epi travay li tap fè kòm moun ki tap gade mouton bòpè li yo.

Rakonte kijan Bondye te parèt devan moyiz nan mitan yon tipye bwa kap boule; epi plan li yo, li genyen pou li te libere pèp li a. kite elèv yo patisipe pou ka teste yo pi byen. Li enpòtan pou w konprann ke Bondye tap prepare Moyiz depi anpil tan pou li te kapab libere pèp chwazi li a.

APLIKASYON NAN LAVI A CHAK JOU

Gen Anpil fwa timoun yo nan laj sa yo pa santi yo kapab pou yo fè nenpòt travay yo ba yo fè, kelkeswa nan lekòl, ou byen lakay yo, ou byen nan legliz la. Men yo dwe konnen lè yap chèhe fè volonte Bondye epi lè nou vle obeyi li, li ba nou fòs pou rive akonpli travay li te ba nou an.

Moyiz te pè aksepte travay Bondye te rekòmande li a, paske li pat santi li prè, men li te gen konfians nan menm Bondye ki te rele li pou li sèvi li a, l'ap ede li reyalize travay la.

ANÈKS

Pye Bwa Kap Boule A

Bay elèv yo fèy aktivite leson an epi montre yo kijan pou yo pliye li nan ti pwen yo. Ba yo tan pou yo limen pye bwa a epi mete non yo anba fèy travay la.

Pandan elèv yo ap limen kare a poze yo kesyon sa yo:

1. Kijan yo t'ap santi yo si san atann yo wè yon pye bwa ki limen e ki pa janm boule?
1. Kisa Bondye te mande moyiz pou li te fè?
2. Kijan moyiz te reponn ?
3. Kisa Bondye te pwomèt moyiz l'ap fè pou li?

Mete aksan nan prèv ke Bondye ede nou nan sa li ba nou fè. Li pa tann pou nou fè li ak pwòp fòs nou. Di yo: Bondye te pwomèt moyiz lap toujou avèk li. Ekzòd 4:12 pale de pwomès sa lè li te di: "kounyea, menm, ale, m'ap nan bouch ou epi m'ap montre ou sa ou gen pou di".

Kreyon Koulè A

Eksplike timoun yo enstriksyon ki nan fèy aktivite yo epi ede yo pou yo jwenn mesaj espesyal Bondye genyen pou yo a.

Si yo vle yo kapab dekore fèy la epi rakonte istwa Biblik la ak fanmi yo oubyen zanmi yo.

SA OU DWE KONNEN

Fè timoun yo chèche nan bib yo a sa yo dwe konnen an (Sòm 143:10) epi pou yo li. Li li epi fè yo repete li plizyè fwa, (nan ranje ou ye a, nan gwoup, gason e fi, youn pa youn) kite yo pase devan pou yo di li youn pa youn nan tèt yo. Ede sa yo ki pa kapab aprann li epi mande paran yo pou yo ede li repase li pandan semenn nan.

KONKLIZYON

Pou fini kou a, poze kesyon pou w'ka repase ansèyman yo aprann nan. Gide yo nan lapriyè e si gen demand lapriyè pran tan pou fè sa ak rès gwoup la.

Envite yo pou yo vini lòt semèn pou yo vin aprann plis toujou sou plan Bondye pou pèp li a. evalye travay ou fè pandan kou a: aktivite yo, patisipasyon elèv yo, sa yo aprann. Eseye amelyore sal de klas wap travay la si li gen pwoblèm, toujou rete an kontak ak paran elèv yo ou byen ankouraje yo pou yo fè revizyon ak ti moun yo pandan semèn yo tap aprann nan klas la.

NÒT:

_____

_____

_____

BONDYE SOVE PÈP LI A
ASPÈ JENERAL

Baz Biblik: Ekzòd 13:17; 15

Tèks Pou Konnen: *Montre m' fè sa ou vle, paske ou se Bondye mwen.* (Sòm 143:10).

Objektif Leson An: Ede timoun yo konnen epi konfye yo nan pwisans Bondye.

PREPARASYON PWOFESÈ A

Istwa pèp ebre a nan liv ekzòd la se youn nan evènman ki plis enpresyonan nan pwisans Bondye. Li te sove Moyiz lè li te bebe, e li te rele li nan mitan yon pye bwa kap boule pou li te vini kòm liberate pèp li a kite nan lesklavaj.

Jiska nan moman sa, pwisans Bondye te manifeste nan yon sèl moun, men kounye a li te prè pou li te moutre pwisans Li pami zidòl ejipsyen yo.

Konsa Bondye te montre aklè bèl pouvwa li atravè moyiz, devan tout lakou farawon an e prèt li yo, li te chanje baton an, li te tounen koulèv. Lè majisyen ejipsyen yo tal eseye fè mirak sa a Bondye te voye plè sou anpil ejipsyen ki tal eseye fè mirak sa.

chak plè te reprezante yon atak dirèk pou zidòl ejipsyen yo, pa egzanp, plè san nan dlo ki te kontrekare Hapi, dye la rivyè nil la; plè fè nwa a te konbat ak Ra, dye solèy ejipsyen an; plè kite tonbe sou bèt yo te atake Apis, dye ki gen fòm bèf la ki tap gouvène sou tout bèt ejipsyen yo.

youn pa youn vrè Bondye a te dezapwouve fo dye ejipsyen yo. Li te montre pwisans sinatirèl li a pou li te retire pèp li nan lesklavaj; menm jan li te fè pou li te pwoteje yo anba yon nyaj pandan jounen an epi yon kolòn dife pandan lannwit nan dezè a. gwo demonstrasyon pwisans Bondye a te ouvè lanmè wouj se youn nan pi gwo evènman nan istwa pèp ebre a. Referans yo sou bagay sa yo ou rankontre yo anpil nan ekriti yo. Pyè, Pòl ak Silas te pale de bagay sa yo lè yo tap eksplike la fwa pèp izrayèl la nan yon Dye ki vivan epi mèveye.

ADAPTASYON

Nan moman sa a, ti moun nou yo abitye tande bagay sou sipè pwisans e bèl evènman; li enpòtan pou nou fè yo konprann ke gen yon sèl moun ki gen pouvwa pou li fè bagay sinatirèl se Bondye, paske li se kreyatè epi chèf sou tout sa ki egziste.

Elèv yo dwe asire konfyans yo nan Bondye tou pwisan an, li kapab libere nou anba eprèv ki pi difisil yo. Istwa liberasyon pèp chwazi a dwe ede yo ogmante konfyans yo epi siveyans e pwoteksyon senyè a nan lavi yo.

DEVLOPMAN LESON AN

Entwodiksyon

Pale avèk elèv yo de moun yo kwè ki kapab genyen sipè pwisans, ou byen pou yo fè yon bagay ke pyès moun pa ka fè. Kite yo tout patisipe epi, fè yon deskripsyon de pèsonaj yo plis renmen an.

Si ou kapab pote nan klas la yon jounal ou byen desen pèsonaj ke ti moun yo konsidere kòm ewo. Moutre li ak gwoup la, epi mande yo kiyès ladan yo ki reyèl ou byen ki se jwèt ou byen bagay fantezi.

Lè yo fini, si ou wè gen anpil elèv ki konfonn sa ki reyèl la ak sa ki fantezi la, eksplike yo ke gen anpil ladan yo se atravè imajinasyon yon moun yo pwodwi li, epi an reyalite li pa ekziste vre, sèl moun ki kapab fè yon bagay sinatirèl se Bondye. Eseye fè li avèk anpil entèlijans epi fè yo konnen ke li enpòtan anpil pou yo kwè nan mirak Bondye kapab fè. Di yo : Jodi a nap pale de yon bagay ki enpòtan anpil. Nou pral etidye mirak Bondye te fè yo pou li te libere pèp li nan lesklavaj.

DEVLOPMAN ISTWA BIB LA

Pandan wap rakonte istwa bib la itilize tout materiel didaktik ki nesesè yo. Si ou gen nan men ou fèy ki gen eksplikasyon ou kapab itilize yo pou fè desen si tan an pèmèt ou fè li. Kenben bib ou nan men ou pandan wap fè istwa a, epi fè yo remake ke li enpòtan pou yo etidye pawòl Bondye a. wap bezwen tou kreyon desen, sizo, epi kòl pou ti moun yo travay.

Lokalize elèv yo nan moman istorik la kote pèp chwazi Bondye a tap viv, epi nan difikilte yo te genyen an Ejip.

Rakonte istwa nan yon fòm ekstraòdinè kote Bondye tap manifeste pwisans li devan Farawon epi deven li yo, pa rapò ak plè de san li tap voye sou yo pou li te ka nwi yo pou kè di yo. Eksplike plè yo pa mwayen de siy ou byen desen, epi anime elèv yo pou yo imajine kisa ki t'ap pase si yo ta atake pa enpe plè konsa.

Aksantye sou siveyans Bondye te bay pèp la pou li te sove li anba plè yo e pou li te fè li lib ankò. Mande yo : kijan yo kwè ke pèp la te santi yo lè yo te vin lib?

Bondye te akonpli pwomès li a pou libere pèp li a kite an kaptivite pa mwayen moyiz.

Etabli yon relasyon ak leson kite pase a epi souliye plan Bondye lè li tap prepare moyiz pou l' te vin gid pou te retire pèp la an ejip e li pap janm kite yo pou kont yo, pandan lap manifeste pwisans nan akonpanye pèp la pandan tout vwayaj la nan dezè a.

APLIKASYON NAN LAVI A CHAK JOU

Mande timoun yo pou yo pote plis atansyon nan istwa ou sot rakonte a, epi pale de lanmou epi pwoteksyon bon dye bay pèp la. Raple yo ke nou menm tou nou fè pati de pèp sa a e menm jan an Bondye te fè li pou izraelit yo, konsa tou l'ap siveye nou epi sove noun an danje yo.

Eksplike yo ke Bondye kapab fè tout bagay ki sinatirèl paske li pouvwa li gwan anpil. Li te kreye tout sa ki ekziste: plant yo, bèt yo, e moun yo. Pou tèt sa, kòm moun ki te kreye nou nou dwe obeyi li e fè sa li mande.

ANÈKS

Travèse Lanmè Wouj

Ede elèv yo koupe imaj ki gen aksyon yo epi esplike enstriksyon ou jwenn ladan yo, pou yo kapab fè pwòp travay pa yo sou istwa Biblik la epi yap kapab pote li lakay yo pou esplike li ak paran yo.

Kijan Lanmè A Ye?

Montre elèv yo fèy, foto, epi ilistrasyon lanmè a, mande si gen ladan yo ki konn al nan plaj. Bay yon ti tan pou yo bay eksperyans yo fè lè yo al nan plaj. Ou kapab konplete sa yo di yo ak bèt epi plant ki nan lanmè a. pwofite pale de ide kote se Bondye sèlman ki gen pouvwa pou louvri lanmè jan istwa te rakonte li.

SA OU DWE KONNEN

Ekri tèks la sou yon tablo ou byen yon gwo katon, kite yon espas blanch pouw ka mete vwayèl ki manke yo, konsa ti moun yo ap kapab konplete espas vid yo epi li vèsè a pou yo konnen li.

Mande youn ladan yo ki vle fè sa pou pase devan vin ekri vwayèl ki manke yon an vèsè a, apre mande tout klas la pou yo di li ansanm pou yo konnen li epi repase li pandan semèn nan.

KONKLIZYON

Ede elèv yo fini tout travay ki te rete yo epi pou yo pran tout sa yo dwe pote ale lakay yo. Ankouraje pou yo rakonte istwa a ak fanmi yo epi zanmi yo. Avan ou lage yo, eksplike yo jan ou kontan poutèt yo nan klas la epi fè yo konnen ke ou renmen yo. Mande yon volontè pou fè priyè final la.

NÒT: _____

_____

_____

_____

_____

_____

_____

_____

BONDYE FÈ PWOVIZYON POU PÈP LI A

ASPÈ JENERAL

Baz Biblik: Ekzòd 16:1-17

Tèks Pou Konnen: *Montre m' fè sa ou vle, paske ou se Bondye mwen* (Sòm 143:10).

Objektif Leson An: Ede elèv yo, pou yo kapab santi siveyans ak pasyans Bondye genyen pou yo.

PREPARASYON PWOFESÈ A

Pèp izrael la te tankou yon ti moun piti ke Bondye te bezwen fè abitye ak yon lòt estil de vi. Pandan moman yo tap viv an ejip la yo te lwen li epi lwen kwayans yo.

Byen vit izrayelit yo te bliye tout mirak Bondye te fè pou yo pou li te libere yo nan lesklavaj, yo te toujou ap plenyen pou tout sa kite rive yo. Senyè a te voye plizyè plak pou li te pini ejipsyen yo pou kè di, li te louvri lanmè wouj pou li te pèmèt yo pase, li te pwoteje yo ak yon poto dife pandan nwit yo epi yon nyaj pan jounen an. Li te pwoteje yo ak yon gwo lanmou e pasyans enkwayab.

Pandan sa yo kontinye ap plenyen epi bougonnen sou Moyiz. Yo panse ke yo ta pral mouri grangou nan dezè a epi yo te sonje manje kite gen an ejip. Poutèt sa a Bondye te tande yo e li te voye sot nan syèl la pen ak ekay pou yo te manje pou yo kapab pran chak maten. La màn se te premye manje izrayelit yo nan dezè pandan 40 an jiskaske yo rive nan tè Bondye te pwomèt yo a

Men, sa pat premye pwoblèm nan; yo te soufri tou pwoblèm dlo e plenyen yo te vin chak fwa pi plis. Moyiz te soufri akoz akizasyon li te resevwa nan men moun li te libere yo. Poutan lanmou epi pasyans Bondye pat janm chanje e li te bay pèp la dlo dous e frèch nan yon wòch pou yo te bwè. Li te kontinye montre lanmou li pou pitit li izrayèl, menm jan ak yon manman ki fè li pou pitit li.

ADAPTASYON

Nan plizyè okazyon elèv yo konn montre yo enpasyan epi pè lè yo bezwen ou byen vle yon bagay ke yo pa ka jwen li . Nan leson an yo pral konprann ke Bondye reponn ak nesesite pitit li yo paske li renmen yo e li sousye de yo. Elèv yo kapab rann yo kont menm si nou santi Bondye ap travay nan lavi nou, nou toujou enpasyan, ap plenyen pou anyen lè nap mete dout sou gran pwisans Bondye. Ede elèv yo pou yo met konfyans yo nan senyè tou pwisan an epi remesye li pou benediksyon yo resevwa.

DEVLOPMAN LESON AN
Entwodiksyon

"Yon mach nan dezè a"

Mennen elèv yo fè yon ti mache alantou a nan yon tan epi pou yo retounen nan sal la; separe kèk ti bonbon ba yo, papita, men pa ba yo anyen pou yo bwè, pou yo ka santi yo swaf. Pou antre nan istwa a kòmanse pale de sa ki rive lè nou santi nou swaf anpil.

DEVLOPMAN ISTWA BIB LA

Mande elèv yo pou yo imajine yo menm kap mache nan yon dezè nan jou ki gen anpil solèy, epi yo swaf anpil, nan moman sa a yon sèl bagay yap panse se jwenn yon po dlo fre.

Epi rapidman, byen lwen , yo wè yon ti pye bwa, plant ak sous. Mande yo: kisa ti jaden sa a vle di nan yon kote ki blanch konsa? Asireman li dwe gen dlo.

Mande yo konbyen ladan yo ki swaf epi ba yo yon po dlo. Epi mande kijan yo santi yo paske yo pa swaf ankò. Di yo: Bondye te montre lanmou li pou pèp la paske pandan yo te nan dezè a, yo te swaf, yap plenyen, yo te fache, men Bondye te kontinye ap pran swen yo.

Pandan wap trase istwa eseye fè elèv yo etabli yon relasyon ak sa kite pase yo: tankou lè yo te santi yo swaf la. Pou yo kapab konprann kisa pèp Bondye a tap pase nan dezè a. pote kèk liv ki gen enfòmasyon de kijan dezè yo ye.

Eksplike yo pafwa li difisil pou nou konfye nou lè nou gen pwoblèm ou byen lè nap soufri. Poutan, nou kapab asire nou nan Bondye paske li pap janm kite nou pou kont nou.

Li toujou konble nesesite nou yo paske li renmen nou e li sousye de nou.

APLIKASYON NAN LAVI A CHAK JOU

Envite yon frè nan legliz la kite pase yon moman eprèv nan lavi li (tankou maladi, grangou) ki vle rakonte timoun yo temwanyaj li nan klas la. Mande elèv yo pou yo tande ak atansyon, epi lè li fin konkli ensiste yo pou yo konfye yo nan Bondye epi pa doute paske li gen kontwòl tout bagay.

Si gen kèk elèv kap pase yon moman difisil e sa parèt difisil pou li konfye li nan Bondye, priye avèk li e rete an kontak avèk li pandan semèn nan pou w raple li enpòtans ki genyen lè w pa doute sou pouvwa Bondye genyen pou li fè tout bagay.

Lanmou Pou Tout Tan

Ekri nan tablo oubyen nan katon Sòm 136 :1 epi li byen fò: louwe Jeova paske li bon, paske mizèrikòd li ap toujou la". Poze timoun yo kesyon : ki lè yo panse ebre yo te dwe di vèsè sa a? (lè Bondye te ba yo lamàn nan, ekay yo, ak dlo pou yo te bwè).

Kisa vèsè sa a di sou mizèrikòd Bondye? (lap toujou la).

Lanmou Bondye mèveye epi nou kapab santi li chak jou nan lavi nou.

Ankouraje elèv yo pou yo fè yon desen nan fason Bondye manifeste lanmou li.

Apre pou yo tounen al travay nan fèy aktivite yo epi ba yo tan pou yo ranpli espas ki vid yo nan tèks Biblik la.

Lè yo fini, pou yo repete l'ansanm.

ANÈKS

Bon Dye Bay Pèp La Dlo

Entregue a su grupo la hoja de actividad del libro delBay gwoup la fèy aktivite liv elèv yo epi li ansanm ak yo enstriksyon yo. Ba yo tan pou yo ini pwen yo pou yo ka montre dlo a kap tonbe, pou yo desine fèy la apre ede yo pou yo koupe ponyèt moyiz pandan yap ini imaj la avèk sipò yon papye, pou li kapab bat wòch la ak baton an.

Pandan wap fè aktivite a poze kesyon sa yo, pou w ka fè revizyon: poukisa pèp izrayèl la tap plenyen? Kijan yo kwè Bondye te santi li lè li te tande tout plenyen sa yo?

✗ Kijan Bondye te montre lanmou li pou pèp la, malgre yo pat konfye nan li?

SA OU DWE KONNEN

Ekri tèks yo dwe konnen an sou yon tablo (sòm 143:10) epi li li ansanm avèk elèv yo. Apre esiye premye pati a e dènye mo a mande yon volontè pou di li ak mo ki manke a. epi kontinye esiye mo jiskaske tablo a rete blanch epi elèv yo ap kapab di li san yo pa wè.

KONKLIZYON

Pran abitid priye ak elèv yo chak jou nan klas la. Sa a ap mete yon relasyon sere ant elèv yo ak pwofesè a, konsa yap santi ou apresye yo e renmen yo. Si gen demand la priyè pran randevou pouw fè sa pandan tout semèn nan.

Envite yo pou yo li e priye lakay yo. Konsa yap kapab kapte tèks la epi rakonte li ak fanmi yo e zanmi yo.

NÒT:

_____

_____

_____

_____

_____

_____

_____

_____

_____

LWA BONDYE YO POU W KA VIV BYEN

ASPÈ JENERAL

Baz Biblik: Ekzòd 19:1-20

Tèks Pou Konnen: *Montre m' fè sa ou vle, paske ou se Bondye mwen.* (Sòm143:10).

Objektif Leson An: Ede debitan pran plezi nan obeyi Bondye pou yo kapab viv byen.

PREPARASYON PWOFESÈ A

Lè Bondye te rele Moyiz pou la l' retire pèp la an ejip li te pwomèt li lap Mennen li jis nan mòn Sinai pou li te ka adore li (Ekzòd 3:12).

Twa (3) mwa apre lè yo te fin soti, yo te rive nan pye mòn nan. Visit sa a te genyen de (2) objektif. Premye a se te pou pèp la resevwa lwa bon dye yo konte lit e ba yo enstriksyon pou yo te ka viv byen. Dezyèm nan: pou pèp la vin tankou yon nasyon.

Nan vale kote yo te rankontre anba mòn nan se te yon bon kote pou yo te fè eskal kòm ebre. Te gen plizyè sous pou mouton yo bwè dlo, te gen espas pou yo te pran de tant yo epi dlo pou yo te bwè. La a sete kote ideyal Bondye te chwazi pou li te fè yon kontra ak pèp la.

Te genyen de (2) sòt de kontra: youn nan de pati li egal nan responsabilite e privilèj yo. Chak pati yo depann de tèt yo, menm jan ak biznis ou byen nan politik. Nan dezyèm kontra a chak pati yo pat menm; gen youn ki plis pwisan e kidirije lòt la ekzanp yon wa ak yon pèp.

Dezyèm tip kontra se sa Bondye te planifye li pral fè ak pèp izrael la. Li te pwomèt yo lap fè yo vin yon gran nasyon epi lap toujou avèk yo. Lè li te libere yon an lesklavaj yo an ejip li te akonpli pwomès sa a. an menm tan, pèp la dwe obeyi Bondye epi adore li, mete konfyans yo epi la fwa yo sèlman nan li epi obeyi kòmandman li yo.

Dis (10) kòmandman yo se te baz dirèk pou kontra espesyal la. Li pi fasil pou timoun yo aprann viv pi byen lè yo pa tande vye bagay lòt moun ki kapab toumante lavi yo. Se la li enpòtan pou nou travay lespri timoun sa yo, mande direksyon Lespri sen an pou nou dirije kè yo nan pye jezikris.

ADAPTASYON

Ansèyman pou obeyi kòmandman Bondye yo ap devlope debitan yo pou respekte Bondye, epi respekte dwa lòt moun. An menm tan an tou, y'ap tou gen baz pou viv pandan y'ap fè volonte Senyè a. Dis (10) kòmandman an se yon gid pou ede nou nan relasyon entèpèsonèl epi avèk kreyatè a.

DEVLOPMAN LESON AN
Entwodiksyon

Pou devlopman leson sa a ekri nan yon katon dis (10) kòmandman yo byen gwo. Mete li touprè yon ti valiz ou byen yon ti kès epi kèk ti kat pou aktivite a "li byen ". " li mal " tankou kreyon koulè, fèy blanch, yon boul oubyen yon lòt ti bagay. Avan ou kòmanse istwa a, fè yon diskisyon ak elèv yo sou sa ki te ka pase si pat genyen lwa sou sa moun yo tap fè a, pa egzanp si pat gen sinyal limyè yo, ajan sekirite nan lekòl ak nan lopital yo, lwa pou fè yon peyi byen mache.

Si ou vle ou kapab swiv ou byen montre yo desen pou montre yo egzanp lan.

Pran yon ti tan pou tout gwoup la ka patisipe epi ede yo konkli pandan wap met aksan sou tout lwa ki ede nou jwi lavi nou san pwoblèm. Bondye tou te bay pèp li a lwa pou yo viv byen. Se de sa leson sa pale nou.

Mande elèv yo pou yo mete anpil atansyon nan istwa Biblik sa epi pou yo chita jan yo konn fè li nan moman istwa yo.

DEVLOPMAN ISTWA BIB LA

Pale avèk elèv yo sou lwa yo. Fè yo konnen nan tout kote gen lwa ki ekri sou fason moun dwe viv. Gen lwa nan peyi kote nap viv la, nan lekòl la, nan travay la, menm nan pwòp fanmi nou.

Lwa sa yo se prensip kap ede nou viv nan yon fason ki kòrèk epi kap evite pwoblèm yo.

Di yo Bondye te bay pèp li a yon lwa ki espesyal lè li te nan dezè a, epi nou menm tou nou dwe obeyi lwa sa yo paske nou se fanmi Bondye tou.

Anvan sa, ekri sou yon katon kòmandman yo (ekzòd 20:1-17). Si ou vle ou kapab koupe yo epi dekore yo pou w fòme tablet ki te gen lwa Bondye te bay moyiz la.

19

Montre li ak tout elèv yo epi rakonte istwa a. Fè yon ti kanpe sou chak kòmandman epi kite elèv yo bay egzanp sou sijè a.

Mete aksan nan chwa Bondye te fè pou Li pale ak moyiz paske li te yon sèvitè obeyisan epi lafwa li te gran anpil. Kòmandman sa yo ta pral ede pèp la viv yon fason ki byen pandan yo tap fè volonte li.

Mwen Vle Renmen Epi Obeyi Bondye

Bay ti moun yo fèy aktivite a epi kreyon koulè. Mande yo pou yo desine fason yo kapab obeyi Bondye pandan semèn nan. Lè yo fini, ede yo koupe mòso enstriksyon an epi pèse sèk nwa ki nan pati siperyè a apre mete yon bagay ki ka pèmèt li kole nan nenpòt kote nan kay yo a. Raple ke yo dwe desine yon etwal pou chak jou yo fè jan yo te pwomèt li a.

APLIKASYON NAN LAVI A CHAK JOU

Leson jodia ap ede elèv yo konprann ke obeyi paran nou yo, renmen pwochen nou yo, fè travay nou e pa bay manti se youn nan fason nou obeyi kòmandman Bondye yo. Ede yo konprann ke Bondye renmen nou e li vle nou gen bèl vi epi an abondans, se pou sa li ba nou lwa yo ki pou dirije fason nap viv epi evite pwoblèm yo.

ANÈKS

Se Byen, Se Mal

Itilize kès ou byen ti valiz la, ansanm ak anpil ti moso katon ou byen papye epi ekri fraz sa yo:

- ✗ Mwen di vye pawòl lè mwen fache.
- ✗ Mwen pran jwèt zanmi mwen yo paske m renmen yo
- ✗ Mwen pa obeyi manman mwen lè li banm lòd
- ✗ M goumen avèk yo lè yo pa vle fè menm jwèt avèm
- ✗ M fè devwa mwen san yo pa mande mwen pou mwen fè l'
- ✗ Mwen ede fanmi mwen fè travay nan kay la
- ✗ Mwen kriye lè yo pa fè sa mwen di yo
- ✗ Mwen prete zanmi mwen yo jwèt mwen
- ✗ Mwen toujou di "silvouplè epi mèsi"
- ✗ Mwen bay manti pou yo pa bat mwen
- ✗ Mwen kontan pou sa mwen genyen
- ✗ Mwen rive bone lakay mwen lè manman mwen mande mwen sa

Ou kapab fè fòs kat ou vle. Nan youn nan kès yo ou byen ti valiz la ekri fraz "se byen" epi nan lòt la ekri "se mal" kole kat yo sou tab la depi anwo rive jis anba epi mande pou elèv yo pase vin pran youn apre lòt. Apre elèv la fin li fraz li jwen nan li dwe di si li byen ou byen mal epi kole li nan bwat ki la pou sa a.

Eske Ou Kapab Repete Vèsè Sa A?

Pandan wap itilize do fèy aktivite a, gide elèv yo pou yo itilize kòd yo jwen nan tèks Biblik la. Epi ankouraje yo pou yo repete l'ansanm epi vire bay tablo a do yo pou yo repete l'youn pa youn.

Dis (10) Kòmandman Yo Se Pou Mwen

Bay chak elèv yon fèy blanch ak kreyon desen. Ba yo tan pou yo kopye dis kòmandman yo ki nan bib yo a ou byen sa ki sou katon an pou yo ekri li nan fèy yo a.

Yo kapab dekore fèy la nan fason yo vle epi kole li kote kap pi bon anndan kay yo, pou yo kapab toujou sonje li.

SA OU DWE KONNEN

Ekri sou yon tablo tèks yo dwe konnen an epi pou yo repete li ansanm. Esiye yon pati nan fraz la epi fè yo di tout, repete aksyon sa a jiskaske tablo a rete blanch, poze ti moun yo kesyon: sa yo aprann nan klas la jodia, ou kapab itilize yon je pou fè sa, voye yon boul ou byen yon lòt bagay ki lejè anlè moun ki jwen li an dwe resite tèks la nan tèt li osinon yon bagay li te aprann déjà, lanse boul la ankò moun ki jwenn li an fè menm bagay la pou li. Jiskaske tout patisipe.

KONKLIZYON

Li enpòtan anpil pou w pa bliye priye avan ti moun yo kite sal la. Elèv yo ap santi li nesesè pou yo di Bondye mèsi paske li pèmèt yo vini ankò nan kou a. mande si gen ladan yo ki bezwen pou w priye pou yo.

NÒT:

_____

_____

_____

DIS KÒMANDMAN BONDYE YO

Baz Biblik: Ekzòd 20:1-13; 32:1-34; 1 Samyèl 17:12-20; Jenèz 31:1-35; 20:13, 1517; 1 Wa 21:1-20.

Tèks Inite A: *Obeyi senyè Bondye ou a epi respekte kòmandman li yo e prensip li yo li te ba ou.* (Detewonòm 27:10).

OBJEKTIF INITE A

Inite sa a pral ede debitan yo :

✗   Mete Bondye nan premye plas nan lavi ou

✗   Konprann poukisa li enpòtan pou yo onore epi obeyi paran yo.

✗   Pa bay manti ni twonpe lòt moun.

✗   Pa fè move panse.

✗   Konprann ke Bondye te bay pèp la règ yo pou li kapab obeyi li.

✗   Konnen Bondye te bay règ sa yo pou nou kapab viv pi byen.

LESON INITE A

Leson 6: Bondye Nan Premye Plas La

Leson 7: Onore Paran Nou Yo

Leson 8: Toujou Onèt

Leson 9: Respekte Dwa Lòt Moun Yo

POU KISA DEBITAN YO BEZWEN ANSEYMAN INITE SA A

Pi fò nan debitan yo tande déjà dis (10) kòmandman yo, anpil ladan yo kapab di li de tèt. Poutan, yo ap bezwen ranfòse konesans yo sou li, pou yo kapab konprann poukisa li enpòtan pou yo obeyi yo epi aplike yon lavi chak jou. Anpil sivilizasyon modèn pran nan kòmandman Bondye mete nan sistèm lejislatif yo. Gen gouvènman ki itilize sis (6) ladan yo kòm baz pou kontwole konpòtman moun ki nan peyi li.

Li enpòtan pou w raple elèv yo ke Bondye te bay kòmandman sa yo pou pèp li a, sa vle di nou, Bondye ap atann de nou yon bon relasyon ant nou menm ak li, epi lòt moun kap viv bò kote nou. Li anseye yo dezobeyisans genyen move konsekans.

Pandan inite sa, wap kapab santi prezans espri sen kap gide ou nan prezantasyon plan Sali sa a. Epi mande ti moun yo pou yo pran desizyon pou yo aksepte kris kòm sovè pèsonèl yo.

BONDYE NAN PREMYE PLAS

ASPÈ JENERAL

Baz Biblik: Ekzòd 20:1-11; 32:1-34

Tèks Pou Konnen: *Obeyi Senyè Bondye ou a epi respekte kòmandman li yo e prensip li yo li te ba ou.* (Detewonòm 27:10).

Objektif Leson An: Ede debitan yo konprann kisa sa vle di lè ou mete Bondye an premye nan lavi ou.

PREPARASYON PWOFESÈ A

Kat premye kòmandman sa yo (ekzòd 20:1-11) ba nou fòmasyon sou kijan relasyon nou ye ak Bondye. Moman sa te senbolize kòmansman relasyon Senyè a ak pèp li a pa rapò ak prensip li te ba yo nan kijan pou yo vin pitit Bondye.

Ekzòd 32:1; 34:28. Istwa estate an lò a montre nou kijan pèp la te bliye byen vit sa Bondye te fè pou yo. Moun sa yo te annwiye epi an kolè paske chèf yo Moyiz pat la lè yo te mande pou yo te gen "yon ti dye ki pou mache devan nou" pat vle di vre pèp izrael la te vire do bay Bondye, yo te vle gen yon bagay yo ka wè devan yo ki reprezante epi ki ka ba yo konfyans.

Moyiz epi kolòn nyaj la epi dife a te satisfè nesesite sa a. Men pèp la pat wè Moyiz pandan karant (40) jou e yo te panse li pa t'ap janm retounen. Aawon te asepte demand la izraelit yo epi li te fè estati an lò a epi li bay pèp la pou yo adore li.

Yo te fè tou yon lotèl pou yo te adore nouvo dye sa epi yo te fè yon fèt ak anpil ofrann sakrifis. Yo te kontan anpil lè yo tap adore estati an lò a, yo tap di ke se te li kite retire yo nan lesklavaj nan peyi ejip; yo tap danse yo tap fè gwo rèl ki rive jis nan pye mòn nan.

Bondye te fache akoz de peche pèp la epi li te mande Moyiz pou li te al jwenn yo nan kan an pou li ka met lòd. Moman sa nan tout istwa pèp la se te yon mank de fwa e angajman yo te genyen. Chak jou, menm jan ak lajan, zanmi yo, anvi yo, popilarite, elatriye.

Eksplike elèv yo pou yo mete Bondye an premye nan lavi yo se sa ki pi enpòtan, epi kòm kretyen, misyon nou dwe parèt nan aksyon nou yo epi nan pawòl nou yo.

ADAPTASYON

Pi fò nan debitan yo, nan tout sa yo te grandi nan legliz la, yo konnen youn nan kòmandman yo, yo pa dwe adore lòt fo dye. Se pandan kòmandman sa pa sèlman fè referans ak idol lòm fè, men lòt aksyon nan lavi yo tou.

DEVLOPMAN LESON AN
Entwodiksyon

Swete elèv yo byenvini e fè yo santi ou apresye yo. poze yo kesyon: kiyès nan nou ki renmen soti fè pwomnad a pye?

Di yo : mwen menm mwen renmen fè sa anpil, mwen toujou ap mache nan lari a. Mwen konn jwen pano ou byen pankat ki gide mwen kote m prale a. eske yon moun kapab di mwen kisa pano sa yo make? (kite elèv yo patisipe pou yo ka di ou sa ki ekri sou pano a pa egzanp, kondwi ak pridans, kanpe, itilize senti sekirite a).

Mete aksan sou ide kote tout sa ki ekri yo se bagay nou dwe obeyi. Mande ankò: poukisa nou panse pano sa yo bon pou yo sèvi ak yo? (kite yo reponn, epi eksplike yo: yo ede nou pou nou ka rive kote nou prale, e an plis de sa li pwoteje nou de danje. Si nou obeyi yo n'ap fè yon bon vwayaj e nou ap rive an byen). Di yo se menm jan tou Bondye ba nou prensip sa yo ki rele "kòmandman yo" epi yo ede nou pou nou ka viv jan li mande a.

Nan yon gwo katon ou byen papye ekri mo "kòmandman" byen gwo epi kole yo nan sal la. Di elèv yo pandan inite sa pou yo aprann kòmandman Bondye te bay pèp li a.

DEVLOPMAN ISTWA BIB LA

Anvan kou a, ekri mo kòmandman nan yon katon ou byen sou tablo. Chèche desen estati an lò a montre timoun yo li. Prepare plizyè puzle an fòm kè epi pou yo desine li plizyè koulè, epi koupe li an senk (5) moso; sa yo ou pral itilize pou aktivite a, mete ladan yo fraz: "renmen Bondye avèk tout kè w" kòmanse istwa a pandan w'ap sitiye elèv yo nan pwoblèm pèp izrayèl la t'ap traverse a. Te gentan gen anpil mwa ki te pase lè yo te fin kite ejip; yo te gentan pase anpil tan ap mache nan dezè a e Bondye te gentan montre yo plizyè fwa li t'ap mache avèk yo epi pwoteje yo. Sepandan moun sa yo t'ap plenyen e Bondye te tande yo.

Kounyea yo rive nan pye mòn Sinai a. moyiz te gentan monte sou mòn nan pou li al resevwa kòmandman yo Bondye te ba li pou pèp la. Karant (40) jou te vin pase pèp la te panse moyiz te mouri e yo te kòmanse al mande Aawon pou li te fè yon dye pou yo adore.

Si li posib, montre elèv yo imaj estati an lò a epi eksplike yo sa pèp la te fè pou yo adore li. Mete aksan nan fason sa izraelit yo pat bay Bondye premye plas li te merite a, epi yo te bliye tout mirak yo te temwen ke Bondye te fè yo depi lè yo te kite Lejip la.

Mande yo: eske yo kapab imajine kijan Bondye te santi li lè li te wè sa pèp la tap fè a?

Eske yo kwè pèp la te merite pou Bondye padone yo?

(ba yo tan pou w tande repons ak refleksyon yo) enpòtans sa genyen lè yon moun rekonesan epi pou sa tou ak Bondye nou an.

Pandan wap eksplike istwa a, fè elèv yo wè w'ap itilize bib ou kom baz. Li enpòtan pou yo konprann ansèyman sa yo se nan bib la yo ye.

APLIKASYON NAN LAVI A CHAK JOU

Jodia nan sosyete timoun yo, li montre timoun yo pou yo panse de tèt yo avan. Pwogram televizyon yo, epi komès yo. Ankouraje timoun yo fè "sa yo santi ki byen pou yo". Nan moman sa, byen materyèl, epi plezi okipe plas ki pi enpòtan ke Bondye. Kounyea moun yo wè "jou senyè a" tankou tout lòt jou, yo pa konprann enpòtans jou repo sa genyen lè yo respekte l.

Elèv yo bezwen konnen genyen yon sèl fason pou byen viv se lè ou fè volonte Bondye. Konpare dezobeyisans pèp ebre a ak sosyete sa nap viv kounyea, epi mande debitan yo pou yo bay Bondye premye plas nan lavi yo epi obeyi kòmandman li yo.

ANÈKS
Fè Yon Istwa

Bay ti moun yo fèy aktivite liv elèv yo. Li ansanm kat (4) kòmandman yo jwenn nan ekriti yo epi mande yo : Ki desen yo sonje nan istwa Biblik la? Poukisa li pat bon lè pèp la te adore zidòl an lò a? Apre ba yo tan pou yo kapab sitiye yo nan istwa a, istwa sou obeyisans epi dezobeyisans Bondye a.

NÒT:

_____

_____

_____

Desen Epi Vwa Yo

Vire fèy aktivite yo, epi ba yo tan pou yo jwenn kòd la ki nan desen yo, pou yo ranpli tèks ki nan paragraf la; pou sa : yo dwe obeyi Bondye nan tout bagay, epi akonpli kòmandman yo ba yo Jodi a (Detewonòm 27:10).

Koupe Tèt Kè Yo

Pandan y'ap itilize poud yo te fè a, melanje tout pyès yo ; bay chak timoun yo (pa bay 5 ti moun menm koulè, pou w kapab jere yo). Lè ou di: kanpe! Yo dwe chèche moun ki gen menm koulè avèk yo a pou yo kole kè a. felisite moun ki fini anvan an epi pale yo sou enpòtans sa genyen lè yo ranje Bondye nan lavi yo.

SA OU DWE KONNEN

Nan moso kat yo ekri plizyè mo ki nan tèks inite a (detewonòm 27:10) epi sere yo nan klas la avan yo rive.

Lè ou fin fè sa ou t'ap fè nan klas la, epi lè moman pou yo aprann tèks la rive, di yo yo pral aprann yon lòt vèsè pandan inite sa, men li pèdi nan sal la, mande pou yo chèche moso kat yo epi pou yo vin pote li devan an, yap mete li kole an lòd sou tablo a epi repete li ansanm. Itilize moso kat sa yo pandan inite a kòm zouti pou yo aprann tèks vèsè a.

KONKLIZYON

Anvan ou voye elèv yo ale, mande yo pou yo vin asiste pwochen leson an pou yo mete an pratik sa yo te aprann pandan semèn nan. Fè yo remèt travay yo te fè yo epi priye pou yo anvan yo soti.

ONORE PARAN OU YO

ASPÈ JENERAL

Baz Biblik: Ekzòd 20:12; 1 Samyèl 17:12-20; 22:1-4.

Tèks Pou Konnen: *Obeyi Senyè Bondye ou a epi respekte kòmandman li yo e prensip li yo li te ba ou.* (Detewonòm 27:10).

Objektif Leson An: Pou debitan yo konprann poukisa li enpòtan pou yo onore epi obeyi paran yo.

PREPARACIÓN PARA EL MAESTRO

Ekzòd 20:12. Senkyèm kòmandman an se premye ki gen enpòtans nan sa ki pale sou relasyon entèpèsonèl nou yo, epi nan relasyon fanmi tou. Li montre nou enpòtans Bondye bay fanmi an.

Nòmalman , nou panse kòmandman sa la pou ti moun yo sèlman, nou bliye ke II te pou gran moun izrayelit yo tou.

Gran moun yo tou te gen obligasyon pou yo te onore paran yo trete yo ak respè epi onè. Sa a se premye kòmandman avèk pwomès. Bondye asire yon lavi ki long pou sa yo ki onore paran yo.

1 Samyèl 17:12-20; 22:1-4. Yo rekonèt david kòm bèje ki tap byen siveye mouton paran li yo, epi li te touye golyat ak yon ti fistibal. Asireman elèv yo konn tande déjà istwa sa yo lè david te konn ap jwe ap(harpe) pou fè wa a plezi. Sepandan moun pa konnen si david te konn pwoteje paran li yo.

David te pèsekite pa wa Sayil e li te al kache Adulam, an dedan yon twou yon kavèn. Paran li yo petèt te kite kay yo pou yo te kapab pi pre pitit yo a nan moman difisil sa a. men li pat vle mete yo an danje, konsa li te Mennen yo nan zòn Moab la li te mande wa a poul ba yo yon kote pou yo te rete, li posib pou Izayi, papa David te gen paran li ki tap viv Moab. Wa a te asepte demand david la, e fanmi li te rete lòt bò pandan tout tan pitit yo a te nan pwoblèm nan.

ADAPTASYON

Li enpòtan pou debitan yo konnen pati sa a nan lavi wa david, men yo chita sou referans lè li tap siveye epi pwoteje mouton paran li yo. Ti moun yo kapab pase moman konsa kote yo ka gen pwoblèm avèk otorite, jeneralman sa ki konn pase nan fanmi yo ou byen ou menm ki responsab yo a. Yo dwe konnen renmen ou byen obeyi paran yo se pa yon opsyon men se yon kòmandman Bondye pote ak yon pwomès ladan li. Ankouraje ti moun yo pou yo rekonèt epi apresye enpòtans pou yo renmen epi onore paran yo pandan tout lavi yo.

DEVLOPMAN LESON AN
Entwodiksyon

Fòme yon sèk ak elèv yo pou yo ka tande istwa Biblik la epi fè entwodiksyon an fason sa a : mande yo: ki kòmandman ki pi fasil pou yon moun dezobeyi? (kite yo reponn epi ekri sou yon tablo tout opinion yo ou byen sou yon gwo papye).

Mande yo ankò: kisa ki pase lè yon moun pa obeyi kòmandman bon dye yo? Lè w fin koute tou kòmantè yo di yo: Jodi a nou pral aprann kijan pou nou obeyi kòmandman ki pi fasil pou nou vyole a.

DEVLOPMAN ISTWA BIB LA

Prepare anvan tout materyèl didaktik ou pral itilize pandan leson an. Nan okazyon sa mande yo si yo genyen fèy pou yo itilize li nan pasaj Biblik sa nan ka kote li pa enpòtan yo kapab itilize katon ou byen fèt pou yo fè li. Nan yon fèy desine David tankou yon moun kap gade mouton, nan yon lòt tankou yon jèn sòlda, nan yon lòt tankou wa, epi nan yon dènye tankou yon pitit ke yo renmen.

Rakonte istwa david la pandan wap montre fèy la nan klas la epi mete aksan sou depi lè li te tou piti li te konn ede paran li nan travay kay epi tankou bèje twoupo yo. Apre, lè li te nan pwoblèm avèk wa Sayil, li te siveye pou yo pat gen anyen mal rive yo e li te mennen yo al viv nan yon zòn ki te an sekirite. David te vle obeyi kòmandman Bondye yo pandan li tap onore paran li yo epi okipe yo. Pou rezon sa, Senyè a te akonpli pwomès sa ak li, li te pèmèt li viv lontan tankou wa pandan karan tan (40) an.

APLIKASYON NAN LAVI A CHAK JOU

Lè ou fin rakonte istwa Biblik la, mande elèv yo kisa yo plis renmen de istwa a. fè remak lè David, menm si li te vin yon moun ki enpòtan epi moun ki te gen pou vin wa izrayèl, li pat janm bliye akonpli pwomès li epi obeyi kòmandman Bondye yo pandan li toujou onore paran li yo.

Ankouraj e yo pou yo akonpli kòmandman Senyè yo pandan y'ap obeyi paran yo. Di yo: si yo gen pwoblèm pou yo obeyi paran yo, motive yo pou yo fè li jan wa David te fè li a, li menm kite siveye epi renmen paran li yo menm lè li te gran moun. Fini istwa a ak lapriyè entèseksyon pou elèv yo.

ANÈKS
Devinèt Pou Yo Jwe

Li devinèt sa yo, epi kite ti moun yo jwe pou yo konnen ki pèsonaj yo dekri a:

1. Mwen te chante yon chan ki nan Bib la.

   ✘ Mwen te ede manman mwen sove ti frèm nan lèm te pran yon kanari epi al plen li nan rivyè a.

   ✘ M te obeyi manman mwen lèm tap siveye ti frè mwen an.

   ✘ Kiyès mwen ye? (Miriam, sè moyiz la).

2. Paran mwen yo te gran moun lè m te fèt.

   ✘ M tal fè yon pwomès ak Bondye pou yo.

   ✘ Papa mwen te voye yon sèvant al chèche yon epouz pou mwen.

   ✘ Avèk epouz mwen an m te genyen yon marasa?

   ✘ Kiyès mwen ye? (Izaak).

3. Mwen se pitit papa mwen te pi renmen an.

   ✘ Li te fèm kado yon manto espesyal ki gen anpil koulè.

   ✘ Frèm yo te vann mwen tankou esklaj e mwen te soufri anpil nan peyi lwen an.

   ✘ Mwen te sove fanmi mwen nan grangou, lè m te ba yo manje mwen te genyen sere.

   ✘ Kiyès mwen ye? (Jozèf).

4. Mwen se pi piti nan 8 ti moun yo.

   ✘ Mwen te siveye twoupo mouton paran mwen yo epi mwen te konn jwe "pou fè wa a plezi".

   ✘ Bondye te ede mwen touye yon jeyan.

   ✘ Kiyès mwen ye ? (David).

Nou Dwe Onore Paran Nou Yo

Bay gwoup la fèy aktivite liv elèv yo, epi ede yo pandan yap koupe figi ki koresponn ak leson an. Pale avèk yo sou sa yo desine yo, kap montre pou onore paran yo.

Mande yo pou yo kole kare ti moun yo nan espas ki vid la kote yo jwenn ki gen desen nan fèy aktivite a. Kòmante sou ilistrasyon ki rete yo epi mande yo : ki aktivite ti moun yo ap fè pou yo ka onore paran yo? Nan Espas vid yo jwenn anba fèy la kite yo fè yon desen yon bagay yo kapab fè pou onore paran yo epi kòmante sou sa yo desine a. Pale sou diferan fason ti moun yo kapab onore paran yo epi fè yon lis sou tablo a.

Lèt Kwaze

Li enstriksyon yo e pran tan pou ti elèv yo, pou yo jwenn fraz ki kache yo nan bwat la. Lè yo fini li fraz la epi kòmante li ansanm.

SA OU DWE KONNEN

Pou ti moun yo chita nan yon sèk epi ba yo yon ti boul ki te dwe pase de men an men pandan wap fè yon bwi ou kapab itilize anrejistreman, lè mizik la fini, ti moun ki gan boul la nan men li a dwe kanpe epi di tèks pou ou konnen an (Detewonòm 27:10). Kontinye jwèt la pou tout ti moun yo patisipe.

KONKLIZYON

Bay ti moun yo travay yo te fè a pandan tan kou a epi mande yo pou yo pa rate pwochen kou a. fè yon priyè pandan wap mete demand ti moun yo te fè nan jou a.

Evalye devlopman klas la epi chèche pou pwofite, yon fason pou aprantisaj gwoup la vin pi bon chak fwa.

NÒT:

25

FÒK OU TOUJOU ONÈT

ASPÈ JENERAL

Baz Biblik: Jenèz 31:1-35; Ekzòd 20:4, 15-16

Tèks Pou Konnen: *Obeyi Senyè Bondye ou a epi respekte kòmandman li yo e prensip li yo li te ba ou.* (Detewonòm 27:10).

Objektif Leson An: Ede debitan yo konprann poukisa li enpòtan pou yo pa bay manti ni fè fwod sou lòt moun.

PREPARASYON PWOFESÈ A

Jenèz 31:1-35. Li istwa Rachèl la, li plen anvi epi jalouzi. Tou de (2) se madanm yon sèl gason e pitit fi yon sèl papa. Yo tap lite tout tan e yo te fè papa yo laban trete Jakòb mari yo enjis.

Yon jou Jakob te deside kite tè bopè li a pou li t'al kanaan, kote l' te fèt la, e li te Mennen madanm li yo avèk li, pitit li epi bèt yo. Pou sa Rachèl te santi pou papa li, li te vòlè yon zidòl papa li Laban te genyen. Zidòl sa yo te nan menm kote nan mezopotami epi li te gen yon valè enpòtan pou mèt li.

Laban te pati al chèche Jakob e lè li te jwenn li, li te akize Jakòb pou vòl la. Jakòb pat konnen si Rachèl te vòlè zidòl papa li a, konsa li te bay bopè li pèmisyon poul te chèche nan sa lit e genyen, e moun ki te koupab de vòl sad we mouri.

Rachèl se te yon fanm entèlijant, konsa lit e sere zidòl lal nan pòch kote yo monte cheval la epi li chita sou li. Lè papa lit e parèt kote li te ye a li di li pakapb soulve paske li pat santil byen. Li te konnen pat gen pyès moun kit e ka oblije li leve pou yo te chèche estati a, Rachel pat sèlman vòlè zidòl papa li a, men li bay manti poul te ka sere lie pi sove lavi li.

Nou pa jwen nan istwa a bagay ki te pase Rachel apre lè li te fin fè fwod la, ni si yo te dekouvri li. Se pandan, Bondye ten an moman sitiyasyon an e li te konnen move konpòtman fanm sa.

Istwa Bib jodia ap montre nou doulè rezilta fwod gen yen nan relasyon moun yo lè yo bay manti ou byen vòle. Jakob te fache ak bopè li, e Rachèl ak pitit li yo pat janm tounen al wè papa li Laban.

Ekzòd 20:4, 15-16. Dis (10) kòmandman yo konnen sa ki pou moun, nan kòmandman 8 la ou pa dwe vòlè. Menm jan Bondye kondane moun ki bay manti yo, ak vòlè yo, nevyèm kòmandman an di: pa bay temwayaj ki

pa bon. Vòlè ou byen bay manti kraze relasyon moun genyen e menm avèk Bondye.

ADAPTASYON

Ti moun yo nan fason sa gen anpil pwoblèm ak manti, paske se yon pratik sosyete nou an fè chak jou; menm bagay la rive lè gen yon vòl. Pandan leson an li enpòtan pou met aksan sou enpòtans sa genyen lè ou aplike lwa Bondye yo ak lanmou ki gen relasyon avèk dis (10) kòmandman yo .

Raple elèv ke yo pa dwe konte sou pwòp fòs yo pou yo akonpli travay Bondye. Li vle ede sa yo ki obeyi liepi padone moun ki peche nan sa li bay fè.

DEVLOPMAN LESON AN
Entwodiksyon

Mete disponib, kreyon koulè, kòl pou ti moun yo itilize pou aktivite nan kaye travay la.

Fè entwodiksyon an pandan wap itilize yon istwa pou ti moun yo kapab patisipe. Mande yo pou yo imajine yo fèk gen yon bisiklèt, epi yon jou yo fin jwe ak li yo te bliye metel lakay la epi yo kitel nan lakou a. mande yo: kisa yo panse ki ka pase bisiklèt la? Kijan yo tap santi yo si yon moun ta vòlè li? Kite yo reponn e di yo: kounye imajine, yon bon jou konsa yo ta wè youn nan zanmi yo a ap itilize bisiklèt sa yo te vòlè a, epi lè yo ta mande ki kote li jwen bekàn sa,epi li ta reponn se papa li ki fèl kado li. Kijan yo tap santi yo kounyea ?

Ede yo konprann, lè yon moun manti ou byen vòlè li pat fè lòt moun nan byen.

DEVLOPMAN ISTWA BIB LA

Mande pou youn ladan yo reprezante Rachèl, epi rakonte istwa jodia. Ou dwe kòmanse nan moman lè li te rekonèt Jakob jiskaske li te vin kanaan. Ba yo anvan referans Biblik la pou yo etidye epi ba yo enpòtans leson an.li enpòtan pou pale sou konsekans sa genyen lè yon moun bay manti ou byen vòlè.

Siw kapab, chèche bagay ki ka reprezante zidòl Laban epi yon zòrye ki reprezante chèz li te monte a. nan fason sa wap kapab eksplike kijan Rachèl te sere zidòl la.

Bay tan pou yo poze kesyon ak pèsonaj yo te envite a epi rakonte eksperyans vòl,e manti a.

Li Ekzòd 20:1-17 Epi mande elèv yo pou yo idantifye sou ki kòmandman leson an ap pale jodia.

APLIKASYON NAN LAVI A CHAK JOU

Lè debitan yo fè yon erè yo pè pou yo pa dekouvri yo pou yo pa pini yo. Pa di verite a ou byen manti a se yon mwayen pou evite konsekans sa kapab genyen sou sa nou fè a, yon lòt fason, lè ou onèt epi pale verite sa vle di ou pa fè yon bagay ki fè yo plezi, ou byen ki te yo fè sa yo vle.

Nan menm ka sa a, yo asepte nan men zanmi yo sa reyalite mande a, ou byen sere detay ki parèt pa bon nan lavi yo, sa tou ki se yon manti.

Ti moun yo dwe konnen bay manti se yon peche e li ekri andedan kòmadman yo. Menm jan lè yon moun vòlè lè ou pa remèt sa ou prete ou byen lè ou sere yon bagay ki pa pou ou, sa pa bon nan zye Bondye. Epi pafwa yo pa konnen sa. Nan leson sa yap konnen sa yo se peche ki regilye nan lwa Bondye yo, sa nou dwe chak jou evite.

ANÈKS
Plizyè Fason Vòl La Ka Ye

Bay fèy aktivite yo ki nan liv elèv la epi pati pou koupe pou yo chèche materyel ki koresponn ak leson an. Ba yo tan pou yo koupe figi yo, epi pou yo koresponn nan plizyè fason Rachèl te ye lè li tap bay manti a. ba yo kreyon koulè kòl pou yo fin fè aktivite a.

Raple yo, lè nou vòlè ou byen bay manti nap toujou bay lòt moun pwoblèm. Bondye mete règ sa yo pou li pwoteje pèp la epi ede li viv nan la pè ak lòt moun yo.

Lanmou Nan Aksyon An

Yap jwenn aktivite sa nan pati anlè fèy travay elèv la. Li byen fò enstriksyon yo epi montre ti moun yo pou yo fini li.

Fè yon konklizyon de sa yo te aprann nan klas la epi pou yo panse kijan yo kapab aplike li nan lavi yo chak jou.

Plizyè Figi

Desine ak ti pwen sou tablo a ou byen sou yon katon yon figi ki pa fin fèt, byen gwo pou tout ti moun yo kapab patisipe, yon figi dwe parèt kontan e lòt la dwe parèt tris.

Li fraz ki anba yo epi mande yon volontè di si se vre ou byen manti. Ti moun ki fèl pi byen anvan an ap pase devan poul konplete rès bò figi a. apre yon lòt ap vin fè rès zye a, bouch la jiskaske li fin konplete. Di yo poukisa figi verite a kontan e figi manti a tris. Sil posib, ekri fraz yo nan yon ti papye epi pou menm ti moun yo li yo. Siw vle ou kapab itilize plis :

✗ Nan lekòl la yo pa janm banm fè devwa.

✗ Ti manti yo, pa manti.

✗ Bondye renmen tout moun.

✗ Gen yon ekstratèrès kap viv lakay mwen.

✗ Manman mwen pa janm repwoche mwen.

✗ Pa fwa li difisil pouw bay verite a.

✗ Kaye m nan se yon lyon.

✗ Nou dwe renmen pwochen nou yo menm jan ak nou.

✗ Tanp lan se kay Bondye.

✗ Nou dwe toujou padone.

SA OU DWE KONNEN

Bay elèv yo fèy, kreyon.

Ba yo tan pou yo ekri tèks pou yo konnen an epi dekore li nan fason ki fè yo plezi. Lè yo fini ba yo tan pou yo montre travay yo fè nan klas la epi pou yo di li byen fò.

Yo kapab pote fèy yo a lakay yo pou yo metel yon kote yap ka wè li, pou yo ka repase li pandan semèn nan.

KONKLIZYON

Avan ou lage klas la eklere tout dout ti moun yo kapab genyen epi ede yo fin fè travay la. Ankouraje yo pou yo mete an pratik kòmandman yo te aprann jodia, epi rakonte eksperyans la ak zanmi, fanmi yo.

Fini kou a nan la priyè, epi priye sou nesesite debitan yo genyen.

RESPEKTE DWA LÒT YO

ASPÈ JENERAL

Baz Biblik: Ekzòd 20:13, 15-17; 1 Wa 21:1-20

Tèks Pou Konnen: *Obeyi Senyè Bondye ou a epi respekte kòmandman li yo e prensip li yo li te ba ou.* (Detewonòm 27:10).

Objektif Leson An: Leson sa pral ede debitan yo konnen manti yo, vòl yo, touye yo kòmanse nan move panse yo.

PREPARASYON PWOFESÈ A

Ekzòd 20:13, 15-17. . Dis (10) kòmandman yo se lwa Bondye te bay pou l te ka regle konpòtman pèp la. Lwa sa yo pa vle moun fè move panse: asasina, adiltè, vòl, fo temwayaj. Bondye konnen rebelyon kòmanse nan panse lòm, epi pi fò ladan yo gen movèz konsekans ki ka Mennen lanmò.

Menm jan nan kòd lwa ansyen mwayen oriyen an, dis (10) kòmandman yo pa sèlman kondane move aksyon men move pase tou.

1 Wa 21:1-20. Wa Akab e madanm li Jezabèl yo te chire kòmandman Senyè a epi yo tap viv nan peche. Istwa jodia pral pale nou de move rezonman ki te kòmanse lè Akab te kòmanse gen anvi sou rezen Nabòt la. Jaden rezen Nabòt Jezreyèl al te anfas pale wa akab la. Wa a te vle pwopriyete sa poul tal mande nabòt li, li mande li poul te vann li pou lajan ou byen yon lòt bagay ki gen plis vale. Se pandan, li te refize pwopozisyon an, paske tè sa se te eritaj gran paran li yo te ki te pou li, li te konnen sil vann li lap kraze kontra ki te genyen nan konsantman tè eritaj yo. Wa a te tounen byen tris epi fache nan pale li, li te kouche sou kabann li e li pat manje anyen. Lè madanm li jezebel te tande pwoblèm mari li a, li te deside konplote poul tiye nabot, li te mande pou de (2) fo temwen te akize Nabòt ki blasfème epi ki pa respekte kòmandman Bondye yo. Ansyen yo nan vil la, te baze sou temwanyaj fo temwen yo, yo te wè Nabòt koupab epi yo te touye li an akò ak la lwa: yo te kondane li a mò kout wòch deyò vil la. Lè Akab te tande sa kite pase Nabòt la, li te pran jaden rezen an.

ADAPTASYON

Nouvèl ki nan televizyon yo fè tout sa ki posib pou yo konvenk moun kap itilize tout sa y'ap fè pwomosyon pou li, epi pou yo anvi tout atik yo mete pou vann chak tan. Debitan yo parèt fasil pou la près mete yo sou kontwòl pwogram sa yo nan mwen sa yo.

Gen ladan yo ki panse si yo itilize jan de pwodwi sa yo sa ap fè yo vin plis popilè, ou byen plis resan, epi sa kapab bay sa yo ki pa gen mwayen pou yo achte pwodwi sa yo fristrasyon.

Elèv yo dwe konprann move aksyon yo kòmanse an jeneral nan move panse yo. Ede yo konprann kisa sa vle di jwe ak dife, epi nan fòse konbat move entansyon yo epi aksyon dezonèt yo. Anpil fwa, nou konn bliye akonpli kòmandman Bondye yo, konn vle di, bliye lòt moun yo. Se yon sektè ki pa gen soti ladan li. Ankouraje yo pou yo konnen kilè panse yo kapab ba yo pwoblèm.

DEVLOPMAN LESON AN
Entwodiksyon

Peche Sekrè A

Fè yon refleksyon nan sal la ak elèv yo epi mande yo : Eske yo kwè yo kapab dezobeyi kòmandman Bondye yo san yo pa fè pyès aksyon?

Kijan yo kwè moun yo fè li ?, (bay tan pou yo reponn). Gide diskisyon an pou yo kapab konprann nou pa bezwen fè ekzakteman bagay ki pa bon, anpil fwa move aksyon yo soti nan move panse nou yo. Peche a kòmanse nan panse nou menm.

Elèv ou yo kapab patisipe nan fòs tan ou ba yo. Pale sou ide moun yo fè jeneralman avan yo fè yon bagay, e Bondye wè pitit li yo avan move panse yo mennen yo fè sa ki mal yo.

DEVLOPMAN ISTWA BIB LA

Ekri sou tablo a lèt mo sa a byen gwo ″ lanbisyon ″ mande elèv si yo konnen ki sa mo sa vle di epi ba yo tan pou yo bay repons yo.

Di yo: lanbisyon se lè ou bezwen yon bagay ki pou lòt moun, epi nou santi fache, tris paske nou pa genyen li. Lanbisyon fè moun jalou fache ak moun ki gen yon bagay yo pa genyen. Istwa jodia pral pale de lanbisyon. Di yo: pou yo mete anpil atansyon pou yo kapab konnen nan ki moman lanbisyon antre nan kè moun kap viv jodia. Fè yon ti pyès teyat pran 1 kòm baz. Ekri pawòl kat (4) pèsonaj kap jwe yo, Akab, Nabòt, Jezabel epi Eliyas.

Wap bezwen kat (4) elèv ki pou ede w jwe pyès la, si w kapab jwenn abiman itilize yo, kite se yo ki rakonte istwa bay elèv yo.

Pataje bay moun kap ede ou yo sa ki ekri sou pèsonaj yo pou yo fè a, epi mande yo pou yo etidye li pandan semèn nan, yon fason lè moman kou a pou yo ka gentan konnen li epi konsantre yo sou jan moun yo pale pou yo ka fè aktivite a byen bèl.

Fè ti moun yo santi ke se nan yon teyat yo ye. Fè yo chita yon fason pou yo kapab byen obsève moun kap jwe yo. Lè reprezantasyon an fini, pale sou dout elèv yo kapab genyen epi ba yo eksplikasyon ki merite a.

APLIKASYON NAN LAVI A CHAK JOU

Konsantre yo sou ide , menm jan ak wa Akab, tout moun konn gen lanbisyon kèk fwa. Men sa pa fè Bondye plezi, e se pou sa li te ba nou kòmandman yo pou nou toujou obeyi.

Ankouraje ti moun yo pou yo priye chak fwa yo santi yon lide lanbisyon ap pase nan panse yo, epi pou yo met konfyans Bondye ap ba yo fòs pou yo reziste.

Li enpòtan pou yo konnen ke paran yo pa kapab ba yo tout sa yo bezwen, se pa paske paran an pa renmen yo men paske li pa gen posiblite a. yo menm, tankou tout pitit Bondye yo, yo dwe aprann kontwole anvi yo, epi satisfè de sa yo genyen.

ANÈKS

Jaden Rezen Nabòt La

Separe bay ti moun yo fèy travay ki fèt pou leson sa a, epi kite ti moun yo mete nan lòd desen yo jwenn nan istwa a. Fè yon ti revizyon de sa yo te aprann epi ale nan pati anba nan fèy la.

Ki Kote Tout Bagay Te Kòmanse?

Poze ti moun yo kesyon sa yo : Nan ki moman yo te kwè lanbisyon te antre nan kè wa Akab? (Ba yo tan pou yo jwenn repons la). Fè referans ak twou ki nan pati

anba ki nan fèy aktivite yo. Montre twou yo nan yon jan ki gen konsekans, epi pale sou taktik Jezabèl ak tout mari li te swiv pou yo te ka envante istwa sa, pou yo te bay manti sou Nabòt, yo te touye li epi yo te vòlè jaden rezen li an.

1. Wè, 2. Anvi, 3. Lanbisyon, 4. Pran

Fòk Ou Se Yon Moun Enpòtan!

Ede ti moun yo koupe li etwal ki nan liv yo ak materyèl ki pou fè sa epi ba yo kòl. Li fraz ki nan fèy la byen fò pandan elèv yo ap koute ak atansyon, epi montre yo kote pou yo kole etwal la nan espas ki vid nan chak istwa ki pale de moun ki obeyi kòmandman Bondye yo.

SA OU DWE KONNEN

Nan yon kòbèy mete plizyè papye ki genyen endikasyon sa yo :

- ✗ Di tèks la pandan wap vole.
- ✗ Di tèks la pandan wap kriye.
- ✗ Di tèks la pandan wap rele.
- ✗ Di tèks la pandan wap fè jès.
- ✗ Di tèks la pandan wap ri

Mete kòbèy la nan mitan epi mande elèv yo pou yo pase youn pa youn pou pran yon ti papye, epi aplike lòd ki pase ladan l' lan, pandan l'ap repete tèks pou li konnen an.

Fè yon ti repase sou inite ou fin fè jodia, pandan wap fè remak sou kòmandman Bondye yo epi enpòtans pou akonpli yo.

KONKLIZYON

Fini kou a pandan wap repete pou yo respekte sa ki pa pou yo e pou yo remèsye Bondye pou benediksyon li ba nou. Priye pou elèv yo epi envite yo pou yo vin asiste lòt leson an. Si gen tan fè yon entwodiksyon sou leson ou gen pou wè ak yo a.

NÒT:

_____

_____

_____

ISTWA FÈT PAK LA

Baz Biblik: Sen Jan 12:12-19; 13:1-17; 19:17-42; Sen Mak 14:32-42, 43-50; 15:1-20; Sen Lik 24:1-12, 36-53.

Tèks Inite A: *Men se nan sa Bondye montre lanmou li pou nou: menm lè nou te toujou nan peche, kris mouri pou nou.* (Women 5:8)

OBJEKTIF INITE A

Inite sa pral ede debitan yo nan:

✗   Konnen Bondye te voye pitit li Jezi pou l sove mond lan.

✗   Konnen istwa semèn sen an.

✗   Selebre Jezi ap viv.

✗   Swiv egzanp Jezi lè li t'ap sèvi lòt yo.

✗   Aprann kominike ak Bondye nan la priyè.

✗   Jezi te soufri pou li te kapab vin sovè nou lè li te mouri sou la kwa a.

LESON INITE A

Bondye Toujou Avèk Nou

Leson 10: Jezi Te Vini Poul Te Sèvi

Leson 11: Jezi Priye Nan Dezè A

Leson 12: Jezi Jije

Leson 13: Jezi Te Mouri Pou Nou

Leson 14: Jezi Vivan

POUKISA DEBITAN YO BEZWEN INITE SA

Anpil nan debitan yo tande istwa sou semèn sen a, tankou ostwa sent sèn nan, priyè nan dezè a, krisifikasyon e tonm vid la. Men, yo dwe konnen vrè sinifikasyon moman espesyal la pou pèp kretyen. Ak leson sa yo pral aprann kiyès jezi ye epi kisa ki te fòse li vini nan mond sa, epi tou yo pral etidye sa kit e pase nan lavi jezi, depi nan antre triyonfal la jiska nan rezireksyon an.

Yo pral konnen tankou pitit Bondye yap rankontre ak anpil solitid, trayizon zanmi, soufran ak lanmò.

Nan fason sa, yo pral genyen yon panorama pi fon epi pi konplike sou lanmou jezi.

Paske yap depann de lapriyè, anpil tantasyon pou yo fè volonte Bondye, papa a. etid sa pral montre reyalite Bondye vivan an renmen yo epi sousye de yo.

Premye moun yo kite swiv ekzanp jezi yo nan sèvis, lapriyè, mizèrikòd yo te jwen favè pou yo te selebre rezoreksyon epi ekperimante padon ak mizèrikòd Bondye.

JEZI TE VINI POU LI SÈVI

ASPÈ JENERAL

Baz Biblik: Sen Jan 12:12-19; 13:1-17

Tèks Pou Konnen: *Men se nan sa Bondye montre lanmou li pou nou: menm lè nou te toujou nan peche, kris mouri pou nou.* (Women 5:8)

Objektif Leson An: Leson sa pral ede debitan yo swiv ekzanp jezi lèl tap sèvi lòt yon an soupe a.

PREPARASYON PWOFESÈ A

Antre triyonfal jezi a nan jerizalèm te fèt avan soupe a. li te antre nan vil la chita sou yon ti bourik yon se te nan mitan yon foul moun ki tap di : ozana! Ozana!, "wa jwif la beni!"

Lè wa yo ki te sot genyen batay la li te konn antre nan vil sou yon bourik sa te senbolize la pè. Lè yo te konn antre sou yon cheval sa te vle di gwo pwisans. Jezi te antre nan vil la ou yon ti bourik, sa te vle di li te vin pou lapè, menm lè yo menm yo te vle yon mesi ki militè ki kapab libere pèp la anba men women yo. Moun yo pat sonje rantre sinifikatif sa a jezi te fè. Menm lè lit e aksepte louwanj yo, nan fason lit e antre a te meprize lanbisyon militè yo. Disip yo te gentan prepare yon plas pou soupe pak la (Jan 1:1-17), e yo te rive san yo papt lave pye li yo, menm jan yo te abitye fè li. Abitid sa te nesesè, paske yo tap mache ak pye nan sandal ou byen pye a tè nan yon chemen ki plen pousyè, paske pye yo te sal e fatigc, lè yo fin mache nan yo distans ki lwen yo te lave yo rafrechi yo epi pwòpte yo.

Lè yo te parèt nan kay la , pat gen okenn sèvant ki te pou fè travay sa, li pat fin twò byen pou se moun nan ki te pou lave pye li, epi disip yo pat vle ni pat prè pou yo te fè vye travay sa; espesyalman paske yo te vle gen gwo pòs nan wayòm jezi a.

Jezi te konnen pwoblèm sa a, lit e retire manto lie pi li te pase yon sevyèt nan ren li, epi li bese poul te lave pye chak disip li yo, yo pat vle pou jezi te fè sa. Men jezi te fòse yo epi finalman pyè te kitel lave pye sal li yo. Lè jezi fin fè travay sa, li te mande yo eske yo konprann sa ki sot rive la. Nan travay sa lib a yo yon ekzanp kijan pou yo sèvi, non sèlman paske li te lave pye yo men nan atidit ekplikasyon an. Li te mande yo pou youn sèvi lòt, menm jan lit e sot sèvi yo a; li te di yo si yo chwazi ede yap jwen benediksyon.

ADAPTASYON

Laj debitan yo li fasil pou yo panse ak tèt yo sèlman. Li parèt difisil pou yo pou yo ede lòt moun. Avèk model jezi te montre a pou sèvi lòt moun, elèv yo pral kapab wè moun plis enpòtan ke sent sèn nan, li te sèvi lòt moun yo tankou yon sèvant.. yo dwe konnen jezi te fè sa sou volonte li. Ede ti moun yo konprann yo menm tou kapab sèvi lòt moun ki nan bezwen.

DEVLOPMAN LESON AN
Entwodiksyon

Pou eksplike leson an, fòk ou pote foto ou byen jounal ki gen imaj moun kap ede lòt moun. Kite ti moun yo dekri foto yo, epi pou di kisa yo panse de moun kap ede lòt moun yo. Wap bezwen tou, sizo, kreyon koulè, fet epi anvlòp pou chak ti moun yo kapab sere imaj yo te koupe nan fèy travay la.

Ti moun yo déjà genyen yon ide kiyès jezi ye; pou yo, dout ki nan tèt yo pou ko fini, pou yo konnen ki pèsonaj ki plis enpòtan nan istwa a. ou kapab ogmante konesans yo pandan wap di yo jezi se pèsonaj ki plis enpòtan nan istwa limanite, li menm kite divize istwa a.

Ane yo te konn konte avan li te fèt, epi apre li te fin fèt.

Menm jan an, ajoute li se pitit Bondye, epi tou li se Bondye ki vin an lòm (fè yon etid sou trinite pou w ka eksplike yo pwen sa).

DEVLOPMAN ISTWA BIB LA

Pandan wap itilize entwodiksyon an, di Jezi se Lòm plis enpòtan ki te ekziste e lap toujou ekziste, li te ba nou yon ekzanp pou nou swiv. Rakonte istwa a yon fason ki pou enterese elèv yo; fè pwen ki aksantye sou Objektif Leson An. Itilize chan ki kapab fè aktivite a pi cho.

Si ou vle ou kapab fè li, dramatize lavaman pye a. (pou sa, fòk ou genyen veso pou dlo, sevyèt, epi dlo fre.).

rakonte istwa e lèw fini mande elèv pou yo patisipe (sa ki vle fè li). Mande yo pou yo retire soulye yo epi ou menm wap mete pye yon an dlo a, si pa vle plonje pye yo, annik pase yon ti dlo soup ye a. apre siye li ak sevyèt la epi mete soulye a nan pye yo.

Pou aktivite sa ou kapab mete mizik ki apwopriye avèk li, mete yon anbyans ki favorab, si wap bezwen èd chèche yon lòt moun pou asiste w. mete ekzanp moun ki gen don pou sèvi e ti moun yo konnen yo, sa ap ede yo pi byen pou yo konprann aksyon imilite sa (ou kapab pran yon moun nan legliz la, ou byen nan lekòl la, ou byen nan kominote a. men sèlman asirew ti moun yo konnen moun wap pale de li a).

Rakonte yo kèk aksyon ou konn fè pou ede yon moun e ou pa konn wont pou fè sa, sèlman ou te montre yon aksyon de sèvis pou moun sa (ou menm kòm pwofesè ou se yon modèl pou yo, paske eksperyans ou yo enpòtan anpil pou yo).

APLIKASYON NAN LAVI A CHAK JOU

Ak leson sa, ou mèt atann ti moun yo pral konprann pozisyon yo gen nan lavi yo pa enpòtan (swa pou lajan, edikasyon, ou byen afeksyon fanmi yo). Pyès nan yo pa plis enpòtan ke jezi; lit e ba nou ekzanp, nou dwe swiv ekzanp li yo pou nou ede lòt moun. Poze kesyon :

Kijan yo kwè yo kapab ede lòt moun yo ? (kèk repons yo kapab : ede yo pwòpte kay, pran jwèt lòt ti moun, pataje sa nou genyen).

Mande yo : konbyen nan yo ki ta remen pran jezi kris kòm ekzanp yo? Di yo pou sa, yo dwe swiv ekzanp imilite sèvis yo. Ou dwe montre ak klè, ke ou pap pale sou lave pye tout moun key o konnen, si non pran ekzanp key o plis enpòtan ke lòt moun yo, men yo dwe toujou prè pou yo ede moun ki nan bezwwen yo.

ANÈKS
Jezi Te Ba Nou Ekzanp Lanmou Epi Sèvis

Di elèv yo pou yo desinen fèy travay la epi pou yo ranpli espas vid yo ki nan tèks la. Poze yo kesyon : kisa ki pase nan desen an? (kite yo reponn e bay anpil enfòmasyon epi pwofite moman sa pou repase leson

kite fèt deja a). Apre, kontinye nan fòm ki nan pati dèyè fèy la, mande pou yo koupe li pou yo fè yon pouzo (pou yo ekri non yo nan chak moso, sa ap pèmèt ou idantifye pa chak ti moun).

Lè yo fin koupe yo, mande pou yo melanje moso yo epi pou yo pran yo rekole yo ankò. Lè aktivite a fini, bay chak timoun yon avlòp pou yo ka pote travay yo fè a lakay yo. Y'ap kapab itilize yo pou repase leson an lakay yo ak paran yo ou byen nan lekòl, ou byen ak lòt ti moun.

SA OU DWE KONNEN

Fè yon gwo desen yon kè, ki ka menm gwosè ak yon katon desine li an wouj. Apre ekri tèks pou yo aprann nan, nan youn nan pati kè a. si li pa fin pran tout ou kapab itilize tou de bò yo. Kole yon imaj sou ki gen jezi lè yo te kloure li la. Prepare tou lòt ti kè pi piti ak menm materyèl la, men nan sa y o mete non chak ti moun. Di yo lè yo fin aprann wap kole kè yo a sou tablo a, ou byen nan mi ki nan sal la. Sa ap motive yo pou yo aprann tèks la. Ou kapab divize klas la an de (2) gwoup gason ak fi epi mete yon lèt ki vle di fi e youn ki vle di gason. Tankou premye leson inite a, elèv ki aprann tèks pi rapid la mete kè li a anba non li, sa pral motive yo pouyo aprann li pi vit. Gwoup ki konnenl pi rapid la ba li yon prim si gen plis gason ou byen fi ki konnen li, divize prim nan bay gwoup la.

Di yo: li enpòtan pou yo toujou repase tèks la lakay yo pou yo pa bliye li.

KONKLIZYON

Ede elèv yo pou yo pa bliye sa yo dwe pote lakay yo (fèy travay yo). Remèsye chak ti moun paske yo te vin swuv kou a, anonse kèk ti bagay ou pral fè nan lòt leson ki gen pou vini an epi ankouraje yo pou vin asiste lòt semèn nan. Fini kou a nan lapriyè nan fason sa: fòme yon sèk gason e fie pi chwazi yon moun nan sèk la pouf è priyè a. Pa bliye mande yo si yo gen rekèt priyè pou ou ajoute li nan sa yap fè a, eksplike yo enpòtans la priyè genyen, e di yo li bon lè yo priye tout tan pandan jounen an.

NÒT:

JEZI PRIYE NAN JADEN AN

ASPÈ JENERAL

Baz Biblik: Sen Mak 14:32-42

Tèks Pou Konnen: *Men se nan sa Bondye montre lanmou li pou nou: menm lè nou te toujou nan peche, kris mouri pou nou.* (Women 5:8).

Objektif Leson An: Anseye debitan yo enpòtans la priyè. Pou yo aprann pale ak bon dye a travè la priyè.

PREPARASYON PWOFESÈ A

Teolojyen Elwood Sanner ba nou plizyè ide enteresan sou pasaj sa. Jezi te jetsemani ak disip li yo, te gen yon jaden sou tèt mòn oliv la kote yon te konn abitye ale, se pou sa pa gen pyès dout pou yo te rive la apre sent sèn nan.

Se te yon bagay tout moun te konn fè pandan nwit fèt pak la, Jezi te fè yon vèy de nwi la. Se yon nwit pou yo rezève pou Jeova, paske li te retire yo nan tè ejip la, nwit sa tout pitit izrayèl dwe rezève li pou Jeova de jenerasyon an jenerasyon. (Ekzòd 12:42).

Li te gentan konnen ki enpòtans nwit sa genyen, Jezi te wè li nesesè pou li te priye. Li te kite wit (8) nan disip yo bò jaden an li te ale ak Pyè, Jan, ak Santiago jiska jetsemani; li te vle pou zanmi li yo rete prè li pandan li tap priye. Jezi te kòmanse enkyete li pou moman lakwa a, Mak dekri ak yon langaj pi fò ki posib : "li te di yo: nanm mwen tris anpil, jiskaskel vle mouri; yo te rete la pou yo te wè li" (Sen Mak 14:34). Priyè jezi a te montre kote limonite li, tankou lanmou li pou bon dye epi volonte li. Tanko yon lòm li te vle kouri pou kwa a e sak tap separe li ak papa a, men tankou pitit Bondye li te dwe fini plan an. Moman pou sakrifis Jezi a te preske rive; ipokrizi, e krent li te genyen te atriste li pi plis, li te fè yon priyè pou sal te vle ekzateman: "retire bò kote mwen koup sa" (Sen Mak 14:36). Men li te Priye tou pou sa te fèt selon volonte papa li. Enkyetid epi krent Jezi yo te ogmante pi plis lè li te wè Pyè, Jak, Jan ki tap dòmi. Se te zanmi pi pwòch Jezi te genyen sou tè sa, epi li te mande yo pou yo priye epi veye. Li te kite yo ankò pou l' te al priye e lè li retounen li te jwen yo tap dòmi ankò.

ADAPTASYON

Debitan yo pa abitye priye ak anpil fwa. Li pa fasil pou eksplike yo verite sa yo epi gwo nesesite Bondye yo. Genyen de (2) pwen yo kapab itilize nan priyè yo:

1. Fè Bondye konnen kisa yo vle. 2. Aksepte fè volonte Bondye. Petèt yo gen dwa aksepte premye men yo pa vle dezyèm nan.

Li bon pou yo konnen lapriyè kapab chanje yon an tout sa yap fè (karaktè, fason). Epi ak lapriyè yo kapab di Bondye sa yo bezwen. Epi yon lòt bagay enpòtan: yo kapab santi prezans Bondye e chemen li pou yo.

DEVLOPMAN LESON AN
Entwodiksyon

Pou kapab fè devlopman leson sa pi byen wap bezwen materyèl sa yo : kreyon koulè, fet, kreyon, sizo epi kòl.

Li posib pou pifò ti moun yo gen abitid priye, men yo fèl sèlman lè yo pral manje ou byen dòmi (anpil ladan yo gen dwa pa menm fèl). Leson sa Enpòtan anpil pou w kapab eksplike enpòtans lapriyè nan tout lavi yo.

La ankò, jezi se yon ekzanp pou yo swiv nan ka sa. Fe yo kwè pandan tout lavi yo depann de papa yo, paske li te toujou konekte avèk yo. Poze yo kesyon : kijan yo kwè yo te konn kominike?, yo te konn

fèl ak telefòn, entènèt, kat?, (kite yo bay repons yo). Se te ak lapriyè jezi te konn kominike nan moman ki plis difisil yo ak papa li.

DEVLOPMAN ISTWA BIB LA

Fòk ou briyan anpil lè wap eksplike istwa sa. Mete aksan sou doulè e moman difisil Jezi te konn jwen yo. Mande yo : kisa yo konn fè lè yo gen doulè ou byen pwoblèm nan lavi yo. (ba yo tan pou yo reponn). Pi fò ladan yo ap chèche èd papa yo , ou byen zanmi yo, di yo tou : Jezi se èd papa li li te chèche.

Mete aksan nan fason Jezi te onèt ak Bondye epi li pat sere santiman li yo. Ankouraje elèv yo pou yo fè menm bagay la.

Lè nap priye nou dwe konnen Bondye ap tande nou epi lap konprann nou tou.

Pandan leson an ou kapab fè yon kout priyè. Si wap fè li metew ajenou nan mitan ti moun yo, mete men yo ansanm epi priye (ti mouin yo aprann pi byen lèw bay ekzanp ke lèw pale). Lè leson an fini fè ti moun yo priye menm jan an. Lè wap priye itilize mo ki senp pou ti moun yo kapab konprann.

APLIKASYON NAN LAVI A CHAK JOU

Fè ti moun yo mete ajenou nan klas la lè yap priye se yon bon kòmansman; se pandan, ou kapab ankouraje yo pou yo toujou fèl konsa nan lavi yo. Rakonte yo temwayaj pèsonèl ki nan lavi ou (ou byen, ou kapab envite yon moun nan Legliz vin rakonte yo konbyen tan yo pase nan lapriyè).

Eksplike elèv yo kijan lapriyè dwe enpòtan nan lavi yo epi ankouraje yo pou yo kòmanse ak pratik la, eksplike yo dwe kòmanse ti kras pa ti kras, yo pa dwe fòse priye pandan 1h nan jounen an. Pou yo kòmanse ak ti pwomès yo kapab akonplia, pran kòm ekzanp yon atlèt. Eksplike yo: jodia yo kouri 42 km, yo pa annik leve yon maten epi yo fèl, men yo te kòmanse fèl tikras pa tikras. An nou di ke: prmye fà yo te kòmanse kouri a yo pat kouri anpil, men yo kontinye fèl chak jou jiskaske yo vin kouri 42 km la. Se konsa lapriyè a ye nan lavi yo, kontinye se moman kap grandi nan lavi elèv pou yo kòmanse yon karyè lapriyè ki plis enpòtan pou yo.

ANÈKS
Priyè Jezi A

Lè Jezi tap priye a, non sèlman li te di Bondye sal bezwen. Men tou li te mandel poul fè sal vle nan lavi li. Di ti moun yo: sa se yon bon ekzanp de kijan yo dwe priye. Yo kapab di Bondye li ak onètete kijan yo santi yo e kisa yo vle. La Priyè kapab ede yo fè volonte Bondye, menm lè se pasa yo te vle.

Bòl Lapriyè A

Asirew pou fè demonstrasyon sa avan kou a kòmanse; konsa, lap pi fasil pou ede ti moun yo konprann li.

Ede yo swiv enstriksyon yo, epi byen ranje bòl lapriyè yo yon fason ki kòrèk. (eksplike yo byen demach ki fo kapab fè yon moun pèdi yon travay (siw ka jwen yon moun fèl edew fè yon kòbèy epi ede ti moun yon an travay sa.)

NÒT:

Lè elèv yo fini,di yo: kòbèy sa gen ladanl tout sa nou ta renmen di Bondye lè nap priye.

Repase chak deklarasyon ki gen nan kòbèy la eksplike yo nan fason ki klè pou yo kapab konprann yo byen. Kite ti moun yo patisipe nan chak deklarasyon ki ladan li. Poze kesyon pou w konnen si yo dakò ou byen non ak deklarasyon ki ladan yo. Pa bliye mete non chak elèv nan kòbèy la pou w pa konfonn yo lè kou a fini.

SA OU DWE KONNEN

Siw konn itilize kè pou w ka reprezante moun ki pi konpetan yo, kòmanse mande (ki moun ki gentan kòm tèks pou yo konnen sa ka rive genyen ki poko konnen li) pou leson sa ekri tèks la sou tablo epi fè ti moun yo rtepetel: apre esiye nan mo yo, fè yo repete tout ansanm. Kontinye aksyon sa jiskaske pa gen pyès mo sou tablo a ankò pei fè yo repete tèks la san yo pa wèl. Apre mande kiyès ki konnen li, moun ki di li byen an mete kè pou li.

Li priyè jezi a ki nan leson istwa a, fè ti moun yo met atansyon yo sou deklarasyon kin an fèy travay la. Di yo : ou pral li chak deklarasyon ki ladanl pou yo reponn wi ou non li kòrèk.

Si deklarasyon kòrèk mande yo pou yo antoure li, eksplike chak detay, espesyalman "Abba" ekspresyon sa sinifi "papa, ou papi".

KONKLIZYON

Ede ti moun yo pou yo pa bliye anyen nan sa yo gen pou pote lakay yo (fèy travay yo). Remèsye chak elèv paske yo te vin asiste kou jodia, fè yon ti apwòch sou leson ou pral fè lòt semèn pandan wap fè yon koneksyon ak sa w sot fè. Ankouraje yo pou yo kontinye vin swiv kou a.

Mande pou yon ti fi apre yon ti gason fè priyè final la.

JEZI SE JIJE

ASPÈ JENERAL

Baz Biblik: Sen Mak 14:43-50; 15:1-20

Tèks Pou Konnen: *Men se nan sa Bondye montre lanmou li pou nou: menm lè nou te toujou nan peche, kris mouri pou nou.* (Women 5:8).

Objektif Leson An: Leson sa pral ede debitan yo konprann Jezi te soufri poul te ka vin sòvè nou.

PREPARASYON PWOFESÈ A

Pandan Jezi tap reveye disip li yon an jaden jetsemani an, Jwif yo parèt ak yon foul moun. Jida te gen tan ranje avèk yo kijan lap idantifye Jezi ak yon bo, konsa otorite yo ap kapab arête li.

Youn nan disip yo, te fache paske yo te arête Jezi, li soti epe li epi li te koupè zòrèy youn nan sèvitè gran prêt la. Levanjil Sen Jan te idantifye disip sa kòm p li epi li te koupè zòrèy youn nan sèvitè gran prêt la. Levanjil Sen Jan te idantifye disip sa kòm Pyè, li te dekri tou mirak Jezi te fè a pou li te geri nom ki tap senyen an.

Jan prediksyon an te di li a, tout disip yo te gaye. Lè yow è Jezi pat reziste pou arestasyon an, epi pat gen pyès moun kite sot nan syèl lal vin ede li, yo te vin pè anpil. Se te mesi a yo tap chèche? Men se pat krent yo tap chèche men se te kouraj pou lafwa yo.

Byen bonè nan maten chèf relijye yo te Mennen Jezi devan Pilat (Sen Mak 15:1-20). Yo te gentan jije li deja nan nwit kite pase a, men Izrael te anba dominasyon anpi women an fòk yo te Mennen li bay pilat poul te ka pwononse suntans lanmò li.

Pilat te made jezi: eske se vre ou se wa jwif yo? Li te reponn pilat, se ou ki dil. Chef relijye yo kontinye ap bay akizasyon sou Jezi, pilat pozel kesyon yon dezyèm fwa, men li te fè silans fwa sa a.

E yo te fè yon erè grav lè yo te bay pèp la pou li te pran desizyon final la, se sa pilat te pouf è, paske dènye desizyon an se li kite pou pran li.

Pilat te mande foul la: kisa poum fè ak moun nou rele wa Jwif yo? Repons foul moun yo pat gen konfyans ladanl, paske prêt yo te Mennen pi fò moun kite an favè yo, chef akizasyon yo te kanpe nan mitan foul lal yo tap reklame barabas, (yon prizonye kit e fè asasina).

Pou Jezi, foul la tap mande pou yo te kloure li, pilat te vin pèdi kontwòl sitiyasyon an, lit e fè yo lage barabas, teoris la. Yo te libere li, apre yo te kondane Jezi, yo te bat li apre yo te prepare pou te kloure li. Sòlda ki te Mennen Jezi nan pale a tap fawouche jezi, yo te mete yon manto koulè wouj sou lie pi yo te mete yon kouwòn pikan nan tèt li. Epi yo tap rele li wa Jwif yo. Aprè yo te bat li nan tèt epi krache sou li, yo mete ajenou devanl fè kòm si yap Adore li, apre yo te mete manto li a sou li epi yo te retire sa yo te mete sou li avan an, yo pat konnen konbyen pwofesi yo tap akonpli lè yo tap fawouche li epi krache nan figi li, paske Jezi se te wa.

ADAPTASYON

Jiska prezan debitan yo toujou genyen menm san, pou yo se yon bagay ki fasil pou yon moun prè poul soufri pou yo, menm jan tou, yap atann paran yo ap toujou pwoteje yo.

Leson sa pral ede yo konprann, nan kèk fason. Poukisa Jezi te metel prè poul soufri pou yo pandan anpil tan. Yo kapab pran Jezi pou zanmi yo paske li prè poul soufri pou yo.

DEVLOPMAN LESON AN
Entwodiksyon

Nan doulè ti moun yo sansib anpil epi nan soufrans tou. Pwofite leson sa pou mete aksan sou doulè epi soufrans Jezi te pran pandan jijman an. Se pat sèlman tristès disip yo kite abandone li, men tou soufrans li te sibi sou kò li lè yo tap bat li epi, fwouch yo tap ba li yo. Tout sa yo se paske li renmen nou.

Mete konsyans nan ti moun yo pou yo konprann se pou yo tou Jezi te pase mizè sa, anpil Nan yo pa santi yo koupab ou byen pa mete yon an sakrifis sa, sa se travay ou tankou pwofesè. Fè ti moun yo santi e konprann doulè soufrans Jezi kris yo.

Pou kontinye aktivite sa, itilize kaye travay elèv yo, wap bezwen kreyon koulè, kreyon, papye pou fè desen, sizo, kòl, epi tep.

DEVLOPMAN ISTWA BIB LA

Pou leson sa pote kèk desen ki montre pasyon di kris. Si nan legliz gen Tv, òdinatè ou byen dvd. Fè pwojeksyon fim nan montre sèn konte Jezi ap soufri a.

Siw pa ka jwen youn nan sa yo, pote yon fret, imaj sa tout ti moun yo konnen li epi yo konnen yo itilize li pou pini moun. Ou kapab jwen youn ki diw yo konn bat li ak youn konsa lakay li. Nan leson sa: diferans lan pa Jezi a te pi brital ke say o konn wè deja.

Fòk ou motive anpil pou w fè leson an pou kapab transmèt elèv yo soufrans epi dezespwa Jezi te genyen, se pat non sèlman lè disip yo te abandone li yo pou yo kapab santi kijan leson pral ye.

Pa bliye mete chan ou byen im nan eksplikasyon istwa a tankou : sou la kwa ou byen nan mòn kalvè.

Leson jodia pa yon istwa ki tris depi nan nan kontèks lie pi jan li rakonte, men paske disip yo te kite li, ekzijans yo, jijman an epi lè foul la te rejte li a. (menm jan yon semèn anvan lè yo tap di li mo bienvini sa Ozana! Ozana! Epi yo te met pi bèl dwa yo te genyen poul te pase) epi kou li tap resevwa yo. Men tou se yon istwa ki senbolize viktwa, paske lanmou triyonfe, Jezi pat chwazi vyolans, ni poul te vanje, men repons li se te obeyisans e lanmou pou nou.

APLIKASYON NAN LAVI A CHAK JOU

Elèv yo dwe konnen, yo dwe swiv ekzanp Jezi yo. Nan lavi a, yap genyen pou yo rankontre ak gwo pwoblèm premye reaksyon yo se pral reponn ou byen defann yo, jiskaske yo gen dwa menm chèche pou yo vanje yo, li posib pou yo fè fas ak fawouch zanmi yo ba yo

Lè yo deside fè yon bagay ki byen. Menm lè sa, ekzanp Jezi yo dwe sèvi yo pou yo fè tout sa ki byen, pou yo obeyisan epi montre yo gen lanmou pou sa ki rayi yo.

ANÈKS
Poukisa Jezi Te Soufri Pou Nou?

Kite tan pou ti moun yo dekouvre sa kap pase nan chak imaj (premye a, lè Jezi ap jije devan Pilat la dezyèm nan lè sòlda yo ap bat li a, twazyèm nan lè li sou kwa a. yo montre jezi kapkrisifye epi kap mande Bondye padon pou ènmi li yo). Chak imaj sa yo montre Jezi ap soufri: li resevwa yon move tretman epi li pat merite sa yo tap fè li yo. Se pandan li te dakò soufri pou nou poun te ka gen lavi ki pap janm fini an.

Poze yo kesyon: kijan yo kwè Pezi te santi li? Kijan

yo tap santi yo si yo ta maltre yo menm jan ak Jezi tap soufri a nan fason li mouri a?

Kite ti moun yo reponn pou w ka konekte repons Pezi yo ak sa kin an imaj yo. Mande pou yo chèche: Sen Lik 23 : 34 epi pou yo li ansam. Ba yo tan pou yo pale sou pasaj la epi di sa yo panse.

Afiche Vèsè Pou Yo Konnen An

Asirew pou fè yon demonstrasyon nan fèy aktivite a avanw kòmanse leson pou jodia; bay chak ti moun yo yon gwo fèy papye nan koulè yo vle. Montre yo sa ou te fè deja a epi di yo imaj sa ape de yo konprann pi byen women 5:8 la. Di yo yo kapab kole figi yo jan yo vle, menm mo ki nan tèks la dwe nan fason poul lye a.

Refè imaj Jezi sou ti bourik la, Jezi kap lave pye disip li yo epi jezi sou kwa a. eksplike yo se nan fason sa yo Bondye montre lanmou li pou nou. Montre yo imaj tonb vid la epi di yo se konsa Bondye padone lè li padone yon moun ki fè sa ki mal.

Di yo pou yo pote tèks yo lakay yo mete yo yon kote pou yo wè yo tout tan, sa ape de yo aprann tèks inite a.

SA OU DWE KONNEN

Siw toujou itilize kè yo pou evalye konpetans elèv yo, fè revizyon sou sa ou te wè deja nan tèks la. Pou leson itilize fèy aktivite yo pou fè revizyon an. Pandan wap itilize saw te fè a, kouvri ak yon fèy yon pati nan tèks la, kite sèlman imaj la, apre mande yo pou yo repete tout ansanm. Ou kapab itilize tèks ou te fè leson an (ti desen kè yo) tankou ankourajman pou yo aprann li.

Lè w fini mande kiyès kiaprann tèks la kole kè pou li nan kote yo mete pou sa.

KONKLIZYON

Ede ti moun yo pou yo pa bliye anyen nan sa yo gen pou pote lakay yo (fèy travay yo) pa bliye fè lapriyè anva ti moun yo ale.

JEZI TE MOURI POU NOU

ASPÈ JENERAL

Baz Biblik: Sen Jan 19:17-42

Tèks Pou Konnen: *Men se nan sa Bondye montre lanmou li pou nou: menm lè nou te toujou nan peche, kris mouri pou nou.* (Women 5:8).

Objektif Leson An: Anseye ti moun yo jezi te mouri sou lakwa pou nou te kapab sove.

PREPARASYON PWOFESÈ A

Pilat te bay lòd pou Mennen Jezi nan eskwad ekzekisyon an, epi li menm, ap pote kwa li. Li te

Soti nan pale epi nan vil la, li tap mache sou wout poul ale sou mòn yo te rele golgota. Koutim nan te mande pou kriminèl la pote kwa li, Jezi li menm te gentan declare sa : moun ki pa pran kwa li poul potel, epi ki vin swiv mwen, pap kapab vin disip mwen. (Lik 14:27).

La nan golgota yo te kloure li ak de (2) lòt kriminèl, pilat te mete yon annons sou kwa a ki te di jezi se wa Jwiv yo. Anons lan te ekri nan twa (3) premye lang nan epòk la. Pou tout mount e kapab li. An arameyen pou moun ki tap viv nan lokalite a, an laten pou ofisyèl yo, an grèk pou rès moun ki nan lwès mediteraneyen an.

Yo te itilize enskripsyon yo pout e kapab idantifye plent yo te poze kont victim ki kondane a. lè yo te pwoklame jezi kòm wa Jwiv yo sa te gen yon san fawouch; non sèlman li te wa Jwif yo, men li te wa tout lòt wa y o.

Lè sòlda yo te fin kloure li yo te pran rad ki te sou li a yo te divize li an kat (4) moso, yon moso pou chak sòlda. Twal ki te fè rad Jezi a se te yon twal espesyal e nan moman sa li te chè. Li te gen yon sèl kouti ladan li, e li te fèt ak yon sèl pyès twal depi anwo jiska anba; konsa sòlda yo te deside pou yo pat pataje li yo te jwe teng dodo sou li (Jan 19:24). Sa te rive konsa pou pwofesi kinan sòm 22:18 te ka akonpli. Yo separe rad mwen yo ant yo menm, yo fè tiraj o sò pou rad mwen an. Sòm 22:18.

Manman Jezi ak sè manman li a, madanm kleofat, epi mari magdalèn te ansanm lè Jezi te sou kwa a (Jan 19:25). Jezi te pale ak manman li epi Jan sou kwa a. nan pèn li li te demontre konpasyon ak afeksyon pou li.

ADAPTASYON

Li difisil pou debitan yo imajine lanmò sou kwa a, menm pou yo konprann li. Leson sa pral fè yon pon ant nouvo ak ansyen testaman yo. Elèv yo pral gen lòt enfòmasyon sou sakrifis Jezi a pou limonite.

Repons ou kapab atann de ti moun yo se refleksyon yo kapab fè de sa ki mal nan sa ki pase a. se moman pou yo di Bondye mèsi pou sa Jezi te fè pou yo.

Petèt gen ladan yo ki prè pou aksepte Jezi kòm sovè pèsonèl yo, se pandan pa fòse yo fè sa, kite yo deside pou kont yo si yo vle fè sa devan nouvèl yo aprann Jezi te soufri epi mouri pou yo.

DEVLOPMAN LESON AN
Entwodiksyon

Lanmò se yon bagay ti moun yo pap jan fin konprann nèt. Petèt youn ladan yo kinan klas la deja fè eksperyans yon moun ki mouri nan fanmi yo. Pou yo se yon bagay yo youn pa vle, epi pa gen anyen ki bon ladan li. Se pandan, ou dwe fè yo konnen lanmò Jezi a te diferan, non sèlman li te akonpli pwofesi ansyen testaman yo, men lòt bagay ki plis toujou. Paske lit e gen yon karaktè sakrifis, paske li te peye dèt peche limonite.

DEVLOPMAN ISTWA BIB LA

Pou leson sa pote foto, imaj tonm kinan simityè. Epi, asireman yon foto sou tonm Jezi a. itilize sa yo pou eksplike yon tonm ki vid jezi a, ak yon tonb ki gen kadav ladan li. Pa rete twòp sou rezireksyon an, sa se pral sijè lòt leson an, konsantrew sèlman sou lanmò a.

Eksplike yo Jezi pat fè li paske yo te oblije li ou byen sa te rive konsa konsa, ou byen paske Jwif yo te vle li konsa. Men okontrè, se te yon bagay kite anonse byen lontan.

Jezi te konnen sa ki pral rive li. Li te aksepte sakrifye li pou nou, li fè li ak konsyans li, epi sou volonte li.

Finalman, lanmò li mete yon ponant nouvo epi ansyen testaman yo, pandan la akonpli pwofesi yo ou byen ekriti yo.

APLIKASYON NAN LAVI A CHAK JOU

Debitan yo bezwen konnen lanmò jezi gen anpil enspliklasyon nan lavi yo. Nan laj sa yo pa gen anpil ide sou sa ki peche ou byen responsblite espirityèl. Li enpòtan tou ou menm kòm pwofesè eksplike yo sakrifis la se te pou yo menm tou. Li nesesè pou yo santi yo koupab de lanmò Jezi a, men se pa nan sans pou yo santi yo mal. Sa enpòtan. Paske anpil moun kwè yo pa gen anyen pou yo wè ak lanmò Jezi kris. Yo panse sa se bagay lòt moun.

ANÈKS
Dènye sakrifis la

Wap bezwen fèy aktivite chak elèv yo, kreyon koulè, fet, epi sizo.

Poze yo kesyon : kisa ki tap pase si foul la te mande pou yo te kloure barabas nan plas Jezi? Mennen diskisyon nan yon pwen ki defini kote jezi pat mouri. Epi malgre tout sa li pat merite mouri, li te mouri lakay li.

Eksplike yo, depi nan kòmansman ansyen testaman an Bondye te gentan avèti limanite sou enpòtans peche, epi, pinisyon pou moun ki fè li se te lanmò, menm jan li te di ak Adan ak Ev. Nou konn san an ansyen testaman, epi tou, lè jezi te vin viv sou late, moun yo te konn pote bèt nan tanp la pou prèt yo te konn sakrifye pou yo. Nan fason sa yo te konn montre Bondye yo repanti de peche yo a epi yo pa vle mouri pou sa.

Menm si yon foul moun an kolè te mande pou yo touye Jezi, yo te kapab sèlman fèl paske li te pèmèt yo fè li. Non sèlman li te pran plas barabs la, men tou li te prè pou li te sèvi pou dènye sakrifis mechanste limonite.

Kite ti moun yo swiv enstriksyon kinan fèy aktivite a, ede sa yo ki pa kapab fè aktivite sa yo. Li women 5:8 epi repran pwen Jezi te mouri pou nou an. Kounyea li pa nsesè ankò pou nou sakrifye bèt paske Jezi se te dènye sakrifis la.

Kwa Kris La

Wap bezwen fèy aktivite chak elèv yo, sizo ak kòl. Prepare yon demonstrasyon lakay ou avan ou vin fè kou jodia. Bay chak elèv fèy yo a epi mande yo pou yo fè kwa pa yo a.

Itilize sa ou te fè a pou yo ka wè kijan paw la ye. Pa bliye mete non elèv yo sou chak fèy aktivite.

Itilize aktivite sa pou refè leson leson semèn pase a. li gen koneksyon ki menm ak leson jodia. Di debitan yo lè yo wè yon kwa sa dwe raple yo sa se senbòl ki te fèt plis pase mil ane pou idantifye kretyen yo, epi sa senbolize sakrifis Jezi te fè pou nou tout san nou pat menm merite li. Di yo klè se lanmou Jezi gen pou nou ki fè li te fè sa.

SA OU DWE KONNEN

Siw te itilize system kè yo pou konpetans ti moun yo. Mande youn nan elèv ki gentan konn tèks la pou li di li, apre mete kè a kote ki plase pou sa, pou leson sa itilize tèks ki gen desen kè kote li a. chante yon chan ki gen relasyon ak leson wap fè a. mande ti moun yo pou yo fè yon wonn epi mache nan sal la epi lèw di "kanpe" pou yo tout repete tèks la. Kontinye fè sa plizyè fwa.

Apre made kiyès ki aprann tèks la, si li fè li byen mete yon kè pou li kòm prèv li te byen aprann li.

KONKLIZYON

Ede ti moun yo pou yo pa bliye anyen nan sa yo dwe pote lakay yo (fèy aktivite yo). Remèsye chak ti moun paske yo te vini pou yo asiste kou a, fè entwodiksyon sou leson semèn kap vini an pandan wap fè yon koneksyon nan sa ou sot fè a, ankouraje yo pou yo kontinye swiv etid la.

Ankouraje sa ki poko konn tèks la pou yo aprann li lakay yo pandan semèn nan. Di yo pwochen kou a se revizyon lap ye pou inite a.

NÒT:

JEZI VIVAN

ASPÈ JENERAL

Baz Biblik: Sen Lik 24:1-12; 36-53

Tèks Pou Konnen: *Men se nan sa Bondye montre lanmou li pou nou: menm lè nou te toujou nan peche, kris mouri pou nou.* (Women 5:8).

Objektif Leson An: Leson sa pral ede debitan yo selebre Bondye paske li leve Jezi kris nan lanmò, jodia lap viv.

PREPARASYON PWOFESÈ A

Rezireksyon Jezi a, ak lè espri sen te vini an fòme sijè tout mesaj nouvo testaman yo. Epi li sèvi kòm baz pou ankouraje apot yo pote levanjil la nan lemond antye.

Li ofri preske tout posiblite pou lòm lan kapab antre an kontak ak sa kin nan syèl la, youn nan premye reaksyon yo se krent yo genyen lè sa rive, sa te rive medam ki te nan tonm vid la. Zanj yo te mande yo poukisa yap chèche Jezi nan mitan moun ki mouri yo. Epi zanj yo te fè yo sonje pwofesi kit e ekri sou lanmò Jezi ak rezireksyon li an.

Menm si nan moman sa, medam yo pat kapab konprann mèvèy ki te genyen nan sa. Apot yo tou te konfonn lè medam yo te vin di yo sa, yo te wè jan Jezi te mouri sou kwa a nan yon fason ki te kriyèl. Men, lè yo te tande verite sou sa zanj yo te di ak tonm ki te vid la sa te ba yo plis doulè. Yo te vin raple yo de pawòl senyè a : se lè sa yo vin rann yo kont pwofesi sa yo te akonpli.

Tout sa yo te tande mèt yo a te di yo te rive jan sa te gen poul pase. Manke konpreyansyon epi oubli disip yo te tankou memwa ti moun piti. Yo menm te vin raple yo Jezi te di lap resisite apre twa (3) jou, se pou sa, yo te mande pou Pilat mete siveye bouch kav la.

Lik pat mete tout detay lòt levanjil yo te mete a, li fè yon rezime sou tonm vid la epi zanj yo preche bòn nouvèl la sou rezireksyonJezi. Objektif la se te preche rezireksyon Jezi a san mank.

Jezi vivan !

ADAPTASYON

Debitan yo te gentan tande sa ki enteresan yo nan leson an, jodia yo pral aprann lanmou Bondye pat mouri sou kwa a ak Jezi, men, pito, li te soti nan yon tonm vid. Se menm lanmou senyè a ki jwenn nou paske Jezi ap viv jodia!

Timoun yo renmen fèt, yo bezwen santi menm sansasyon ak ou menm lè wap rakonte yo leson an. Fè yo konnen fèt pak la se youn nan selebrasyon lanmou Bondye, e li kapab vinn yon selebrasyon espesyal pou yo.

Nan peyi tankou etazini yo selebre fèt pak la ak lapen, yo fè kado lòt rad. Bagay sa yo parèt tankou yon fèt ki bay plezi, men se plis ke sa, se selebrasyon lanmou Bondye, selebrasyon yon lòt vi nan Jezikris.

DEVLOPMAN LESON AN
Entwodiksyon

Si nan leson ki te pase deja a ou te rive fè timoun yo santi valè pèsonèl lanmou Jezi a, nan sa, satisfè yo ak nouvèl Jezi te resisite a.

Asire w yo konprann enplikasyon espirityèl sa reprezante.

Leson sa plen ak la jwa epi rejwisans, pwofite pou dekore klas la, ekri plizyè gwo katon ki ekri "li vivan", "lap viv jodia", "li vle viv nan ou" (itilize fason sa pou montre enterè timoun yo).

DEVLOPMAN ISTWA BIB LA

IKòmanse entwodiksyon leson an tankou ou tap pale, kòm yon jounalis, kap pale de rezireksyon an kòm si se jodia li te rive e nouvèl dwe bay (ak foto, epi jounal).

Aranje ak jounalis yo kapab rakonte istwa , pou yo fè li yon fason ki etonan, yo kapab di: nouvèl dènye moman an! Jezi resisite! Li akonpli pwomès poul te resisite a! li pa mouri ankò ! tonm nan vid! Jounali yo kapab plizyè elèv ou byen lòt envite, ou byen lòt timoun nan lòt klas.

Epi a an reyalite se saki te pase. Bondye te bay disip yo nouvèl dènye moman an, li te bay lavi li, poul te ka viv pou tout tan.

Apre dialog la, rakonte istwa a yon fason ki enteresan epi menasan. Pa bliye fini ak yon ti kè ou byen mouvman tankou : "kris pa mouri ", "li vivan ", "lap viv nan mwen".

Ou byen mete yon ti kè ki gen jwa ladan li. Sonje leson sa, se bòn nouvèl ak lajwa li pote.

Pwofite etid la pou w poze timoun yo kesyon, si yo vle aksepte kris kòm sovè pèsonèl yo, epi fè moman fèt pak la moman ki pi espesya nan lavi yo.

APLIKASYON NAN LAVI A CHAK JOU

Nan aktivite sa Bondye ap swiv nou kap bay nouvèl la, mennm si sa te pase depi de mil an. Menm si li toujou ap transfòme lavi moun. E enkwayab sa ka parèt, gen moun ki pa janm tande li, se pou sa li se yon nouvèl dènye moman pou yo; e si yo tandel yo konprann li lap chanje lavi yo pou tout tan.

Siw te prepare kesyon se moman pou fè li. Pote ti kado pou motive elèv yo reponn byen. Raple w pou poze kesyon ki senp epi nan yon langaj ki klè.

ANÈKS
Kisa Pak La Vle Di?

Wap bezwen fèy kalkil pou chak elèv yo. Kreyon koulè, fet, sizo.

Fè yon demonstrasyon avan kou a pou elèv yo kapab wè kijan paw la ye. Di yo pou yo fè de (2) kat fèt pak, youn po yo fè kado epi lòt la pou yo.

Kat sa yo pral ede elèv pale de vrè mesaj pak la. Montre yo kijan zanj la tap vole lè yo fin koupe li. Epi pliye kat yo. Ankouraje yo pou yo desine yo epi dekore yo.

Itilize travay manyèl sa pou eksplike yo vrè sinifikasyon istwa pak la se mèvèy jezi, soufrans li, kloure epi li mouri sou kwa. Nan tout sa yo, rezireksyon an kapab sèvi pou fè revizyon nan tout inite a.

SA OU DWE KONNEN

Siw toujou itilize system kè yo pou evalye konpletans yo kòmanse bay elèv yo posiblite pou yo aprann tèks la. Pou leson sa, kite elèv yo pote kè yo nan fen kou a, epi ede sa ki pa kapab konnen li.

Pale ak paste legliz la pou li kite timoun yo prezante devan kongregasyon an pou yo ekspoze sa yo te aprann nan inite a, pou yo repete kèk tèks yo te aprann epi chan yo te aprann yo.

KONKLIZYON

Ede ti moun yo pou yo pa bliye anyen nan sa yo dwe pote lakay yo remèsye chak elèv paske yo te vin asiste kou a, anonse yo lòt semèn wap kòmanse ak yon lòt inite. Si w vle, kite yo pote lakay yo nan materyèl ou tap itilize yo kòm souvni, petèt pou ou yo ka pa gen vale, men pou timoun yo wi. Fini ak yon priyè pa bliye mande yo si yo gen demand lapriyè pou w ka ajoute yo. Siw kapab fè yon won epi mande yon volontè pou fè lapriyè a, epi apre ou menm mete nan priyè w la remèsiman pou Bondye paske l te voye pitit li Jezikris, li menm ki ba nou ekzanp soufrans, doulè, sèvis, lapriyè. Sa ki reprezante fyète nou tankou kretyen.

NÒT:
_____
_____
_____
_____
_____
_____
_____
_____
_____

VERITE AK OBEYISANS

Baz Biblik: Nonm 13:1-3, 17-33; 27:15-23; Jozye 3-4; 6:1-27; 1 Samyèl 1:2, 21; 3:1-27; Neemi 1–4; 6 y 8; Esdras 7.

Tèks Inite A: *Mete konfyans ou nan Bondye, non pa nan saw konnen mete Bondye nan tout sa wap fè epi lap ede w nan tout bagay.* (Pwovèb 3:5-6).

OBJEKTIF INITE A

Inite sa pral ede debitan yo:

✘   Konprann Bondye te travay ak gason e fanm ki te met konfyans yo nan li pou te akonpli pwomès yo.

✘   Grandi nan gwo konesans Bondye, mete konfyans nan pouvwa li genyen pou reyalize plan yo.

✘   Mete yo prè pou Bondye epi konfye nan li epi obeyi li.

✘   Konprann konfyans ak obeyisans se de bagay ki fondamantal nan relasyon fanmi yo, sosyal yo, ak espirityèl.

✘   Aprann konfyan Bondye kapab reponn priyè yo.

LESON INITE A

Leson 15: De (2) Di "Wi" Epi Dis (10) Di "Non"
Leson 16: Yon Lòt Chef Pou Pèp Bondye A
Leson 17: Jozye Gen Konfyans Nan Bondye
Leson 18: Lè Miray Yo Tonbe
Leson 19: Ana Priye Epi Li Kwè
Leson 20: Samyèl Obeyi Bondye
Leson 21: Lòt Miray Pou Vil Jerizalèm Nan
Leson 22: Pèp Bondye A Tande E Obeyi Li

POUKISA DEBITAN YO BEZWEN INITE SA

Anpil nan debitan yo sibi move eksperyans ki kapab fè yo pèdi konfyans nan kèk moun. Pou rezon sa, li parèt difisil tou pou yo konfye Bondye, ensèyman inite sa pral ede debitan yo konprann plis pouvwa epi grandè Bondye. Pou plis presizyon, pouvwa li genyen pou li reyalize plan li gen pou mond sa. Dezyèm pwen yo kinan leson sa, se paske Bondye pa janm travay pou kont li, men okontrè, li chèche lòt moun ki pou reyalize objektif yo, a travè aksyon obeyisans moun ki mete konfyans yo nan li. Lè nou obeyi li, li ede nou reyalize aksyon nou yo. Lè nou tande istwa Jozye, Ana, Samyèl, Neemi epi Esdras elèv nou yo pral dekouvri plis bagay sou grandè epi pouvwa Bondye. Yo pral wè tou plizyè fason Bondye pase pou li akonpli plan li yo avèk moun ki fonfye epi obeyi li.

Eksplike yo Bib la pa eksplike nou tout sa kite pase ak moun sa yo ki site a, nou konnen yon ti kras bagay ki pase moun sa yo, nan sa yo te pase. Se pandan, pèsonaj Biblik yo te gen pou yo konfye nan Bondye jou apre jou, menm jan nou fèl jodia. Nan inite sa ti moun yo pral konprann li toujou akonpanye nou, li toujou ede nou plizyè fason san ke nou pa rann nou kont. Lè nou konfye nou nan senyè a epi fè volonte li n'ap ede li fè travay li nan mond sa. Se ki plis enpòtan an.

41

YO DE (2) DI "WI" EPI YO DIS (10) DI "NON"

ASPÈ JENERAL

Baz Biblik: Nonm 13:1-3, 17-33; 14:1-35

Tèks Pou Konnen: *Mete konfyans ou nan Bondye, non pa nan saw konnen mete Bondye nan tout sa wap fè epi lap ede w nan tout bagay.* (Pwovèb 3:5-6).

Objektif Leson An: Leson sa pral ede debitan yo rekonèt lè yo konfye nan Bondye epi obeyi li, l'ap ba yo fòs pou yo pou yo fè sa ki byen.

PREPARASYON PWOFESÈ A

Plan Bondye sete pou pèp Jwi sou la tè li te pwomèt la, yon kote lèt ak myèl tap koule. Li te fè anpil gwo mirak pou li te retire yo sou tè ejip la epi Mennen yo sou fwontyè kanaan yo. Menm, si pèp la te manke la fwa; yo pat vle antre paske yo te wè kijan lòt bò a te ye. Misyon ki te gen 12 lòm ladan li an pou yo te ale espyone a, se pat' pou yo wè si yo t'ap kapab pran tè a, paske Bondye te gentan di yo deja y'ap pran l'. misyon yo se te pou yo pran enfòmasyon sou kijan tè a teye ak moun k'ap viv ladan li, epi konstwi yon wout pou izraelit yo kapab swiv pou yo antre sou li.

Nouvèl dis (10) lòm yo pa bay dout sou tè a te bon epi yo gen enterè pou yo pran li. Se panda, yo te rakonte difikilte ki genyen pou antre sou tè a epi pran li. Men Kaleb ak Jozye te gen ide diferan de sa yo te panse a. yo menm tou yo te wè gwo miray ak potorik gason yo lòt pèp la te genyen. Se pandan, yo te raple yo Bondye te pwomèt yo l'ap ba yo tè a. konfyans yo nan Bondye te plis ke krent yo te genyen. Apre nouvèl dis (10) lòt moun yo, pèp la te vin pi pè, yo te menm refize antre nan kaaan. Dezobeyisans epi mank konfyans yo te fè Bondye fache. Li te bay lòd tout moun ki te gen plis pase 20 an yo pap antre kanaan. Jozye ak Kaleb. Lòt yo ap mouri pandan pèp la nan dezè a pandan 40 an an.

ADAPTASYON

Zanmi yo ap enfliyanse sou ti moun yo, anplis de sa yo, menm si yo konnen sa ki bon. Anpil fwa yo aksepte fè sa ki pa bon, sèlman pou zanmi yo kapab dakò avèk yo. Nou bezwen ede ti moun nou yo, pou yo konnen yo dwe fè sa ki byen.

Li enpòtan anpil tou, pou yo aprann fè Bondye plis konfyans. Pou yo konnen se sèlman Bondye ki kapab ba yo fòs pou yo fè sa ki byen. Jozye ak Kaleb te deside fè Bondye konfyans epi yo te obeyi li. Sa te ba yo kouraj.

Sa se yon ekzanp debitan yo dwe swiv.

DEVLOPMAN LESON AN
Entwodiksyon

Rive pran tè ki te pwomèt la se te evenman ki motive pèp izrael la nan liv Ekzòd la. Rive nan plas sa se te distans lan, yon objektif ki tèlman gwo epi difisil nan vwayaje a. se pandan, nan yon ti distans ak tè ki te pwomèt la yo te voye espyon pou ale gade li.

DEVLOPMAN ISTWA BIB LA

Rapò espyon yo te pote dekourajman nan pèp la, sa ki te menm pote yon feblès lakay jiskaske yo te mande pou yo retounen kote yo te ye a nan lesklavaj nan peyi Ejip. Mete aksan sou gwo efò yo te fè pou yo te rive kote yo ye a. ou kapab chante chan sa: "Bondye pat Mennen nou la pou nou te tounen dèyè" (si yo konnen li), ou byen chante yon chante ki gen rapò ak sa wap fè a. kenbe nan tèt Objektif Leson An pandan wap rakonte istwa a.

Itilize yon langaj ki klè epi ki senp. Raplew pifò nan ti moun yo pa konn anpil istwa kin an bib la. Li t'ap pi fasil si w itilize vèsyon bib kounyea yo pou w ka fasilite konpreyansyon yo. Si w kapab pote yon grap rezen, ou byen pote sèlman ji a, (ou byen lòt ji). Sa pou w kapab montre kijan tè bBondye te pwomèt la kijan lit e gen bon bagay ladanl.

APLIKASYON NAN LAVI A CHAK JOU

Pwofite leson sa pouf è debitan yo konprann gen anpil ti moun nan laj yo ki pa renmen fè sa ki byen. Ou byen okontrè, pifò nan yo renmen fè sa ki pa byen. Men yo menm yo dwe pran yon desizyon ki pèsonèl, menm jan Jozye ak Kaleb te fèl la, yo menm sa pat entèrese yo pou yo te fè menm wout ak pifò moun yo, yo te obeyisan pou Bondye. Finalman, lè nou deside obeyi Bondye, nou fèl plezi epi l'ap ede nou.

Ankouraje elèv yo pou yo imite ekzanp de (2)

espyons sa yo, pou yo sonje istwa sa chak fwa yo nan yon sitiyasyon pou yo pran yon desizyon ki enpòtan nan la vi yo. Espesyalman, lè yo obeyi pou yo fè sa ki byen, gen anpil zanmi yo genyen k'ap tounen kont yo.

ANÈKS|
Kiyès Ki Te Wè Kisa?

(Wap bezwen fèy kalkil elèv yo, sizo, kòl, ak tep). li deklarasyon yo ki nan mitan fèy kalkil elèv yo, apre swiv enstriksyon yo pou w konplete aktivite a. elèv yo dwe mete mo ki koresponn ak desen yo pou yo ka montre kijan dis (10) espyon yo te santi yo, epi apre, montre kijan Jozye ak Kaleb te santi yo. Poze yo kesyon : kisa yo t;ap fè si yo te Jozye ak Kaleb? (yo t'ap chwazi mete konfyans nan Bondye, yo te vle obeyi kòmandman Bondye yo pou yo te antre kanaan).

Di yo mete konfyans nan Bondye pa vle di kretyen yo pa janm santi yo pè. Si non anvan nou tonbe anba krent lan, nou kapab met konfyans Bondye ap ede nou. Lè nou fè senyè a konfyans l'ap ede nou reyalize plan nou yo. Fè ti moun yo kole kat ki gen mo yo nan imaj yo, pou yo ka montre santiman Jozye ak Kaleb yo.

Defi Konfyans Lan

Wap bezwen sizo, kreyon koulè ou byen fet. Opsyon: siw kapab jwen plastic trasnparan tep kiyè, pou w kapab mete limyè yo byen.

Siw vle elèv yo fè travay sa yo nan klas la swiv konsèy ki nan fèy kalkil la, mande elèv yo pou yo desine kouvèti yo pou yo kapab mete limyè yo epi konplete kouvèti Jozye ak Kaleb yo.

Li Nonm 14:9. (Desine bò kote anwo sou bò goch fèy la). Nou kwè nan èd Bondye nou pa pè! Kesyon ne yo : kiyès ki te di pawòl sa nan istwa jodia?, (Kaleb ak Jozye). Di yo: yo te mete konfyans yon an Bondye epi li te ba yo kouraj pou yo fè sa ki bon an.

Menm si tout lòt moun yo te chwazi dezobeyi Bondye.

Si yo pa fè aktivite sa nan klas la, mande yo pou yo fè li lakay yo lòt kou a pou yo vini avè li. Di yo: kouvèti sa yo pou yo ka fikse limyè, yo kapab mete li nenpòt kote nan kay la.

Pou yo konnen Bondye toujou avèk yo tou. Raple yo konfyans yo mete nan Bondye ap fè li ba yo kouraj pou yo toujou fè sa senyè mande pou yo fè.

Di yo: lòt semèn ou pral kesyone yo sou pwoblèm yo te jwen pandan yo te lakay yo, l'ap ede yo pou yo konfye

yo plis nan Bondye, paske l'ap ba yo fòs pou yo fè sa.

SA OU DWE KONNEN

Mande tout elèv yo pou yo repete tèks biblik la, apre divize klas la an de (2) gwoup gason ak fi, siw kapbab pote yon materyèl vizyèl ki kapab ede elèv yo aprann tèks la, (ou kapab ekri li sou yon gwo katon). Desine li ak anpil koulè pou li ka plis atiran, si w pakapab fè sa mande yon moun nan legliz la edew fè sa.

Si li posib, siw ka jwen yon òdinatè, enprime tèks la an grand lèt, poze kesyon sa yo sou leson an:

✘ Konbyen espyon ki t'al gade kanaan? (12).

✘ Kijan rapò dis (10) espyon yo te ye? (Yon bon tè, yon vil ki bare, jenn gason anpil danje, nou pap ka pran tè a).

✘ Nan kisa rapò Jozye ak Kaleb la te diferan, nan sa dis (10) espyon yo te di a?, (Yo te di, Bondye avèk nou, nou kapab pran tè a, n'ap obeyi Bondye).

✘ Lè Izraelit yo te fin rapò tout espyon yo kisa yo te fè? (Yo te kriye, yo te refize kwè nan Bondye epi yo pat vle antre sou tè a).

✘ Kisa ki pase lè moun yo te deside konfye nan Bondye epi obeyi li? (Yo te kontribiye pou yo fè volonte Bondye).

Ajoute kèk fason elèv yo kapab fè Bondye konfyans epi obeyi li. (Aksepte nenpòt repons ki rezonab).

KONKLIZYON

Avan w fini kou a, ede ti moun yo pou yo pa bliye anyen nan sa yo dwe pote lakay yo. Remèsye chak ti moun ki te vin asiste kou a, fè yon koneksyon ak leson ou pral fè lòt semèn nan ak sa ou te fè jodia, ankouraje yo pou yo toujou vini.

Mete fen ak lapriyè, siw vle fè yon wonn, youn pou gason, youn pou fi, chwazi yon moun pou fè priyè a. apre ou menm, priye pou yo tout. Mande si gen demand lapriyè metel nan sa w'ap fè a.

YON LÒT RESPONSAB POU PÈP BONDYE A

JENERAL

Baz Biblik: Nonm 27:15-23; Detewonòm 31:1-8; Jozye 1

Tèks Pou Konnen: *Mete konfyans ou nan Bondye, non pa nan saw konnen mete Bondye nan tout sa wap fè epi lap ede w nan tout bagay.* (Pwovèb 3:5-6).

Objektif Leson An: Leson sa pral ede ti moun yo mete konfyans yon an Bondye epi obeyi li, menm jan yo obeyi epi mete konfyans nan lidè Bondye ba yo. (paran yo, pwofèsè yo, paste yo).

PREPARASYON PWOFESÈ A

Apre lè pèp la fin nye konfyans Bondye pou yo te pran tè ki te pwomèt la, Izraelit yo te kòmanse yon pelerinaj 40 an nan dezè a. pandan tan sa tout moun ki te gen plis pase 20 an te mouri.

Pandan tout tan sa Moyiz te toujou ap gide pèp Bondye a. epi lè li te vin gran moun, Bondye te di li moman an rive pou pèp la gen yon lòt chef. Petèt li pat etone lè Bondye te chwazi Jozye pou te vin ranplase li.

Depi lè yo te kite ejip la, Jozye t'ap sèvi Moyiz, li se te yon chèf tou ki t'ap siveye pèp la, lè pè p la te poze kesyon sou pozisyon Moyiz te genyen, Jozye te toujou rete fidèl nan pozisyon li, men sa ki te plis enpòtan nan pozisyon li te genyen an, se paske li te rete detèmine nan pozisyon li pou li te obeyi Bondye.

Jozye vle di "jeova ap sove" lè non sa chanje an grèk li vle di "Jezi" epi gen yon pwen ki enpòtan nan non sa ak non pitit Bondye a. yo pat jwen okenn mal sou Jozye, li se te yon nonm ki gen karaktè epi pèseverans. Li te koute pawòl Bondye yo epi li akonpli travay Bondye te ba li, li te vle konnen epi fè volonte Bondye. Epi lè Bondye te bezwen yon lòt lidè pou pèp la, li te tou chwazi l'.

ADAPTASYON

Pou plizyè rezon, respè nan lidèchip lan pa sèvi pifò nan sosyete yo. Anpil fwa, nou wè lidè yo k'ap chèche pwòp enterè pa yo, men yo pa chèche bebefis lòt moun k'ap swiv yo, yo pèdi nan verite yo, lidè yo toujou montre kritik nan sa y'ap fè, ou byen nan desizyon yo.

Debitan yo konn tande jan de kritik sa yo deja, se konsa yo konn aprann jan de fason sa yo, epi nan okazyon sa yo li konn difisil pou yo mete konfyans yo nan lòt moun yo. Li pa bon pou di ti moun yo chèf yo dwe toujou gen rezon, se pandan, nou dwe fè yo konprann se Bondye ki ba yo otorite a (women 13 : 1 - 17). Se pou tèt sa nou menm kretyen nou dwe trete lidè yo byen (timote 3 :

1). pa Trete lidè yo byen vle di nou pa trete Bondye byen tou, paske se li menm ki mete otorite yo.

Respekte chef ki nan Legliz nou an (1 tesalonisten 5 : 12 -13). Moun sa yo gen responsablite pou yo ede wayòm Bondye etabli , respè ak kolaborasyon fanmi nan legliz yo ap ede travay la devlope pi byen.

DEVLOPMAN LESON AN
Entwodiksyon

Lanmò moyiz la se te yon bagay ki te tris anpil pou pèp la, men espesyalman pou Jozye, li menm ki te sèvitè moyiz pandan anpil tan. Se pandan, Bondye te gentan gen nouvo chèf la pou yo. Leson sa pral sèvi pou debitan yo konprann Bondye konn chanje lidè yo. Sa pral ede yo tou kapab genyen chanjman pastè nan legliz la, ou byen chanjman anseyan nan lekòl dominikal la.

Lè yon pastè ap soti nan Legliz la pou kèlkeswa motivasyon an, travay Bondye a ap toujou kontinye fèt, li pap kanpe. Bondye ki te met Moyiz chèf la kontinye ap viv, li kontinye ap fè lidè jodia nan mitan pèp li a, nan Legliz la.

DEVLOPMAN ISTWA BIB LA

Si w gen aksè ak achiv legliz lokal la, pote nan kou a kèk foto ak enfòmasyon sou lidè ansyen yo legliz la te genyen deja. (paste, anseyan). Eksplike debitan yo, pou travay Bondye kontinye sou tè sa, senyè a ap bezwen pèsonaj responsab ki prè pou obeyi li, epi, mete konfyans nan li.

Di yo, yo se fiti chèf legliz la e sosyete a. Bondye konte sou yo, menm jan jodia Bondye konte sou pastè Yo ak anseyan yo menm jan ak ou. Ou kapab ajoute kèk temwanyaj pou w ka fè leson an plis enteresan.

APLIKASYON NAN LAVI A CHAK JOU

Leson sa gen yon enpòtan anplis, non sèlman li pa anseye debitan yo obeyisans ak respè pou lidè yo, men tou, li fè yon pon ak ansyen lidè yo epi sa ki la kounyea. Epi an menm tan an li fè yon pon tou ak sa ki la jodia e sa k'ap vini yo. Epi se nan sa a elèv pral pran plas yo.

Li bon pou w mande yo ki sa yo swete devni demen. Asire yo, pou yo vin fè yon bon chèf demen premyeman fòk yo swiv Bondye, menm jan Jozye te fèl la.

ANÈKS
Respekte Lidè Bondye Yo

W'ap bezwen fèy kalkil elèv yo ak yon boul ki moun. Mande ti moun yo: kijan yo te respekte epi obeyi lidè yo Moyiz, Jozye ak pèp izrael la? (Moyiz ak Jozye te obeyi lòd Bondye te ba yo. Jozye te obeyi nan sa Moyiz te ba li fè, sòlda lagè yo te dakò epi obeyi Jozye).

Raple yo pwomès sòlda lagè yo te fè Jozye (Jozye 1:16-17). Mande yo:

Eske yo kapab panse pou ki rezon sòlda yo te gen dwa gen difikilte pou yo fè jozye konfyans epi obeyi li? (Li te yon chèf ki fenk enstale, Moyiz te yon responsab pandan anpil tan, epi anplis de sa li te yo gwo chèf, yo pat konnen si Jozye te yon bon lidè).

Di : lè sòlda lagè yo te deside obeyi chèf yo Jozye, yo te kwè epi yo te gen konfyans Bondye te ba yo yon nouvo chèf.

Kòman obeyisans yo a te ede yo pou plan Bondye yo te kapab reyalize pou yo? (Li te sèvi pou yo te kapab antre kanaan, tè ki te pwomèt la).

Lè nou obeyi chèf nou yo, n'ap obeyi epi n'ap mete konfyans noun an Bondye tou. Epi konsa n'ap kontribiye pou nou kapab akonpli volonte Bondye yo.

Fè ti moun yo vire wou yo te fè a nan fèy aktivite a. nou pral panse kijan nou kapab fè Bondye konfyans epi obeyi li, n'ap fè lidè nou yo konfyans epi n'ap obeyi yo.

Diskite sou twa (3) imaj ki parèt sou wou a, pandan wap fè kesyon sa yo :

Kisa k'ap pase nan imaj sa?

Eske ti moun sa yo ap obyi lidè yo?

Kisa ki fè w panse yo pap fèl?

(Repons: ti moun kin an imaj en (1) ak de (2) yo ap obeyi. Nan imaj twa (3) a kapab gen plizyè repons, ladan li ti moun ki chita yo ansanm yo kapab ap obeyi wi ou non).

Fè yo kanpe pou fòme yon wonn. Bay youn ladan yo yon boul, epi pou yo pase nan men yo tout. Lè w di kanpe! Yo dwe sispann pase boul la, nan men ti moun boul la rete a dwe bay yon fason ki montre kijan yon moun kapab montre respè ak obeyisans pou lidè nou yo. Fè aktivite sa plizyè fwa. Fini leson pandan w'ap di se Bondye ki ba nou lidè nou yo, pou sa nou dwe obeyi yo epi respekte yo. Paske pandan n'ap fè sa tou, n'ap obeyi epi respekte Bondye. Anvan ou fè lòt bagay poze kesyon sa yo : ki pwomès Bondye te fè jozye lè li te chwazi kòm nouvo chèf pèp Izrayèl la? (L'ap ede li menm jan li te ede Moyiz la). Ki enstriksyon Jozye te bay sòlda yo ? (Pou yo mete konfyans ak obeyisans nan lòd Bondye). Ki repons sòlda yo te bay Jozye? (N'ap obeyi w menm jan nou te obeyi Moyiz).

SA OU DWE KONNEN

Itilize menm tèks semèn pase a. pou semèn sa koupe sèlman mo ki nan tèks la mete li nan istwa Biblik la. Repete li plizyè fwa: apre mande ti moun yo pou yo ede w kole tout mo yo an dezòd sou yon tab; fè chak ti moun pran yon mo (si gwoup la piti fè yo pran de (2) petèt, si gwoup la anpil ou kapab fè li pa gwoup, konsa tout ap kapab patisipe).

Apre mande pou yo kole tèks yo nan lòd, ki te yo tout patisipe pou yo kapab verifye lòd kòrèk tèks la. Lè yo finn mete l nan lòd fè yo repete li plizyè fwa, lè yo fini mete mo yo sou tab la ankò (ou kapab divize gwoup la an fi e gason, epi fè yon ti konparezon pou wè ki gwoup ki aprann li pi byen, siw vle fè pote de (2) katon ki gen tèks la).

KONKLIZYON

Fini kou a ak yon priyè. Pa bliye remèsye Bondye pou lidè liba nou yo nan legliz la, pou sa yo nou gen jodia, epi asireman, pou elèv ki pral chèf demen yo.

JOZYE KONFYEL NAN BONDYE

ASPÈ JENERAL

Baz Biblik: Jozye 3-4

Tèks Pou Konnen: *Mete konfyans ou nan Bondye, non pa nan saw konnen mete Bondye nan tout sa wap fè epi lap ede w nan tout bagay.* (Pwovèb 3:5-6).

Objektif Leson An: Ede debitan yo pou yo konfye yo nan Bondye epi obeyi pawòl li, menm lè li parèt difisil pou yo.

PREPARASYON PWOFESÈ A

Bon kounyea 40 an chemen nan dezè a te gentan fini, lè Bondye te Mennen pèp Izrayèl la ankò bò rivyè jouden an. Objektif pou yo se menm bagay la avan sa: yo ta pral pran tè kanaran an. Se sa Bondye te pwomèt Abraram san (100) an avan sa. Obeyi lòd li yo kounyea ta pral tèlman difisil menm jan li te ye 40 an avan sa; men, petèt plis, pasek larivyè jouden an te parèt pi plen ke jan li te ye avan an. Anba gouvènans Moyiz la, Bondye te manifeste pou pèp la nan yon nyaj la jounen epi yon poto dife lan nwit pou gide yo. Kounye, kontra lotèl la se yon siyal vizib ki make prezans Bondye avèk yo. Prète yo tem ache devan nan yon bèl distans ak li devan pèp la, sa ki te senbolize prezans Bondye k'ap gide yo.

Lè yo fin rive bò larivyè jouden an epi yo te kanpe la, Jozye te tann twa (3) jou pou l' te jwen lòd Bondye. Finalman li te di pèp la pou yo te prepare yo. Paske senyè a te ba li lòd pou l' kontinye : konsekrasyon an te prepare yo pou yo te wè mèvèy pwisans Bondye. Sa a tou te montre yo kijan Bondye pa depann de anyen. Nou menm tou, sa montre nou lè n'ap mache ak Bondye epi lè nou depann de li li kapab fè anpil gwo bagay avèk nou.

apre konsekrasyon an, pèp la te prè pou yo te traverse rivyè a. lè pye prèt ki te pote lotèl la te touche dlo a rivyè a te separe an de (2) moso. Prèt yo te separe nan mitan li pou pèp la te kapab travèse pye sèch. Lè tout te fin travèse Jozye rele yon reprezantan nan chak tribi, pou chak kapab pran yon wòch nan mitan rivyè a kote prèt yo te kanpe a, avèk yo pou yo konstwi yon lotèl. Sa ap sèvi yo siyal pou raple pèp la pwisans Bondye lè yo te obeyisan.

ADAPTASYON

Istwa biblik la pale pandan moman Bondye t'ap itilize pwisans li pou l' te ede sa yo ki te mete konfyans yo nan li epi ki te obeyi li. Debitan yo bezwen konnen Bondye pwisan an epi kreyatè a entèrese nan tout sa y'ap fè. Yo dwe konnen san yo pa rann kont de sikonstans lan ou byen sitiyasyon y'ap travèse a yo kapab konfye nan Bondye. Kou sa ki baze sou konfyans lan li se pilye obeyisans lan. Obeyisans lan nan pratik li ap ede nou ranfòse konfyans

nou. Nan fason sa, lè nou obeyi nou kapab wè Bondye ap travay nan lavi nou. Se nan fason sa Bondye kite nou ede li, pou li reyalize pwojè li pou tè a.

Anpil nan debitan yo poko benefisye travay pwisans Bondye fè nan lavi yo. Se pandan, nou kapab ede yo devlope konfyans yo nan li, lè n'ap anseye yo istwa Bondye, epi pèp li a, menm jan ak douz (12) wòch yo k'ap raple pèp la pwisans Bondye (Jozye 4). Sa ap anseye nou epi raple nou kiyès Bondye ye.

DEVLOPMAN LESON AN
Entwodiksyon

Mirak nan travèse larivyè jouden an se rezilta angajman pèp la lè li obeyi Bondye a travè lidè li bay la (Jozye). Se pat premye fwa yo ta pral travèse dlo a, avèk Moyiz yo te travèse lanmè wouj. Se pandan, pèp la kounyea te avèk jozye, se te yon lòt jenerasyon; gen ladan yo se te ti moun, gen lòt ki te fèt apre yo te fin travèse lanmè wouj la, konsa, sa se te yon lòt istwa pou yo.

DEVLOPMAN ISTWA BIB LA

Nan devlopman leson sa mete aksan sou obeyisans ki te fè mirak la posib. Nan kondisyon pèp la te travèse rivyè a te difisil, premye paske nan moman sa lit e desann, "debòde" (se te pi move moman pou yo te fè yon aksyon konsa). Nan opòtinite sa, pèp la pat prese, ou byen, te gen presyon pou yo te travèse lanmè wouj la; lè yo te fè li pat gen lòt chemen paske Faraon te tou prè yo. Men, opòtinite sa, pwoblèm nan te kapab se pa pran presyon nan men pèsòn. Se pandan, pèp la te obeyi jozye epi sa te tounen pouf è Bondye konfyans.

Rakonte istwa yon fason ki kreyatif, siw kapab pote kèk eleman sou leson an, tankou : dlo, sab, 12 wòch. Mete aksan sou gwandè mirak epi pwisans Bondye genyen sou lanati. Finalman, mete aksan sou gratitid pèp la epi konstriksyon lotèl la ak 12 wòch yo.

Nan kòmansman, fè yon sèk avèk debitan yo epi mete 12 wòch yon an mitan (siw kapab fè li anfòm yon lotèl). Apre, mande yo kisa yo kwè wòch yo reprezante (kite yo reponn). Di yo: leson jodia gen rapò ak 12 wòch yo, mande yo pou yo chita epi kòmanse leson an.

APLIKASYON NAN LAVI A CHAK JOU

Debitan yo dwe konnen Bondye se yon Bondye mirak, epi sa, menm si li poko fini; men, menm jan nan ansyen testaman an, Bondye toujou bezwen fanm ak gason, ti fi ak ti gason pou yo aprann kwè nan li. Fè kwè yo menm yo kapab nan mirak Bondye tou, lè yo deside kwè nan senyè a.

Repons yo kapab bay : 1) pou figi ki anba agoch la, konfye epi obeyi Bondye lè ou swiv lòd paran ou ba ou lè pou w travèse lari a, nan yon katye ki vyolan ou kapab konfye w nan Bondye l'ap ede w, pwoteje w, gide w, poufè sa ki byen. 2) pou imaj ki anwo adwat la: respecte sa yo ki gen otorite, menm si gen lòt ki pa vle obeyi; refize fè sa ki mal, menm si gen lòt ki fèl epi yo mande w pouw patisipe, menm si nan yon bagay ki difisil.

Imaj Nan "Moman Espesyal Yo"

Repete kesyon ou sot fè yo nan moman yo pa panse, repons ou ka jwenn yo se: 1) nan imaj adwat ki anwo a : la Bib montre nou pou nou priye youn pou lòt (Jak 5: 14); men, tou, nou dwe swiv enstriksyon doktè a. 2) figi agoch ki anba a: nou dwe obeyi enstriksyon ponpye yo, lè gen dife, nou dwe konfye nan Bondye menm nan sitiyasyon difisil yo, ou byen si tout fwa nou gen yon bagay mal ki rive nou.

ANÈKS

Travèse Rivyè Jouden An

Mete prè fèy kalkil elèv yo, menm jan tou nan presizo. Swiv enstriksyon ki nan fèy kalkil la (sa se pou w ka asire w klè, elèv yo konprann). Pote mateyèl ki prè pou sa, pèse fèy kalkil la avan w mete eksplikasyon pèp la k'ap travèse larivyè a (pou sa yo w'ap bezwen itilize yon kouto ki kapab koupe papye yo). Mande yo: kilè Bondye te kanpe rivyè jouden an? (lè pye prèt yo te touché bò dlo a).

Li Jozye 3 : 15 -16 epi mande yo : kisa yo kwè ki te kapab pase si prèt yo te pè pou yo te konfye yo nan Bondye epi obeyi chemen li yo? (petèt, Bondye patap fè mirak la, ou byen yo t'ap gen pou yo te pase plis tan ankò, poul te kapab Mennen pèp la sou tè li te pwomèt la, menm jan sa te pase Moyiz la).

Pou kisa yo kwè prèt yo te prè pou yo te obeyi lòd Bondye yo ? (Yo menm tou, yo te mete konfyans yo nan Bondye, menm si li te mande yo pou yo te fè yon bagay ki gen danje ladan li epi difisil). Kisa yo kwè pèp la te panse lè yo t'ap travèse rivyè a? aksepte repons debitan yo.

An Nou Mete Konfyans Nou Epi Obeyi Depi Jodia

Debitan yo ap gen pou yo konbat satiyasyon ki parèt difisil pou yo. Ann panse ak kèk difikilte nou ka jwenn nan lavi a. montre ti moun yo imaj ki nan fèy kalkil la. Fè yo wè nan tout moman, menm nan moman espesyal, nou dwe mete konfyans nou nan Bondye epi obeyi li. Kesyone yo : ki kote, ou byen pa rapò ak kiyès nou kapab jwen enstriksyon Bondye ba nou yo? (Nan Bib la, nan yon pastè,

pwofesè kretyen nou yo, nan zanmi yo epi lè Bondye pale avèk nou dirèkteman). Nan ki imaj nou genyen nan fèy kalkil la ki montre nan ki okazyon nou dwe mete konfyans noun an Bondye epi obeyi li? (Imaj ki agoch anba a epi sa ki an wo adwat la, se aksyon ki konn rive).

Imaj Nan Abitid

Eksplike sa di yo: kijan ti moun yo kapab mete konfyans yo epi obeyisans yo nan Bondye nan sitiyasyon sa yo?

SA OU DWE KONNEN

Koupe yon moso na yon gwo kè – koulè ki prefere a se wouj. Andedan li ekri Tèks Pou Konnen an. Ekri li tou nan plas kote 12 wòch yo te ye a pou kou a. fè tankou se pawòl Bondye a n'ap mete nan kè nou, pandan n'ap raple nou se tankou se te 12 wòch yo te pran nan rivyè jouden an.

Siw kapab ou byen siw gentan, prepare yon ti kè pou chak elèv yo. Sa ap sèvi pou yo pote Tèks Pou Konnen an lakay yo. Mande yon an plas dèyè pou yo desine yon lotèl ki gen 12 wòch yo.

Fè kesyon sa yo pou revizyon :

✘ Ki pwomès Bondye te fè pèp la nan nwit avan pou te travèse rivyè jouden an epi antre nan tè yo te pwomèt yo a?

✘ Ki lòd Jozye te bay pèp la pandan yo t'ap prepare yo pou yo te travèse rivyè jouden an? (Gade epi swiv prèt rete lwen lotèl la).

✘ Kisa ki te pase lè pye prèt yo te touche rivyè jouden an? (Rivyè a te sispann koule epi yo te pase nan yon tè ki sèch).

✘ Kisa Jozye te fè ak 12 wòch yo te pran nan mitan dlo a? (Li te konstwi yon lotèl).

✘ Pou kisa Jozye te konstwi lotèl la? (Pou li te kapab fè pèp la sonje epi fanmi ki te gen pou vini yo mirak Bondye te fè nan jou sa yo).

KONKLIZYON

Avan ou fini kou a, ede elèv yo pou yo pa bliye anyen nan sa yo dwe pote lakay yo. Remèsye yo paske yo te vin asiste kou a, fè yon ti entwodiksyon sou leson ou gen pou wè a semèn k'ap vini pandan w'ap etabli lyen ki gen ladan yo, ankouraje yo pou yo toujou vin swiv etid la. Fini nan lapriyè. Ou kapab fè elèv yo fè yon wonn epi priye pou yo nan mitan 12 wòch yo. Pa bliye mande yo, si yo gen rekèt priyè, epi priye pou sa.

LÈ MIRAY YO TONBE

ASPÈ JENERAL

Baz Biblik: Jozye 6:1-27

Tèks Pou Konnen: *Mete konfyans ou nan Bondye, non pa nan saw konnen mete Bondye nan tout sa wap fè epi lap ede w nan tout bagay.* (Pwovèb 3:5-6).

Objektif Leson An: Ede debitan yo konprann yo kapab mete konfyans yo nan pwomès Bondye fè yo. Pou yo aprann obeyi nan sa Bondye mande yo, menm si sa pa parèt yon bagay ki fasil.

PREPARASYON PWOFESÈ A

Lè 12 espyon yo te sot kanaran. Yo tout te dakò vil la te gwo, rich epi bare. Jozye 6 : 1 di pòt miray jeriko yo te byen fèmen epi solid, moun ki t'ap viv anndan li te santi yo an sekirite; yo pat konnen ke sa pat reprezante yon defi pou Bondye te akonpli objektif li.

Lòd Bondye te bay Jozye pou yo te kapab pran vil jeriko, asireman sa te parèt etranj pou sòlda Izraelit yo. Se pandan, yo te kwè nan pwomès Bondye yo (v.2) epi yo te obeyisan "li te remèt yo jeriko nan men yo". Yo te fòme yon caravan : sèt (7) prèt avèk twonpèt ki te nan fòm kòn mouton, lach kontra a, Jozye ak sòlda yo, yo tout fè yon vire nan vil la pandan sis (6) jou. Nan setyèm jou a yo mache sèt (7) fwa, lè yo pral fini, pandan yo soufflé twonpèt la, yo tout kriye, gade yon fason ekstraòdinè pou kwaze miray yon vil !

Sa pa sanble ?

Se pandan, plan an te fonksyone paske Jozye ak pèp la te mete konfyans epi obeyi Bondye, menm si yo pa konprann pou kisa lòd sa yo. Bondye te fè sa li te pwomèt li t'ap fè a.

ADAPTASYON

Aprann mete konfyans nou nan Bondye gen yon koneksyon dirèk nan fason w'ap mete konfyans nan lòt moun yo. Granmoun yo konn mande debitan yo pa fwa pou yo fè yon bagay yo pa konprann. Lè yo mande pou kisa nou dwe ede yo konprann ki rezon demand lan; pandan w'ap fè sa l'ap ede nou.

Se pandan, gen moman debitan yo dwe swiv lòd moun ki plase pou sa ba yo nan lavi yo. Menm si yo pa konprann pou ki rezon . Se la yo dwe mete konfyans nan paran yo, nan responsab yo, pandan yo konnen sa ki bon an.

Lè paran yo ou byen responsab yo devlope jan de relasyon ki rann konfyans debitan yo pi fasil pou yo obeyi nan sa yo mande yo fè, menm si yo pa konprann anyen nan sa yo mande yo fè a.

Lè Bondye mande nou pou nou fè yon bagay li p'ap janm di nou pou kisa, epi nan ka sa yo li parèt plis difisil pou nou obeyi; se pandan, nou dwe toujou obeyi. Ede debitan yo konprann yo menm tou yo kapab obeyi Bondye san krent, avèk asirans li konnen sa ki pi bon pou nou.

Leson jodia se yon bon ekzanp sou tip de konfyans sa a. lòd Bondye te bay Jozye yo te kapab menm parèt yon jan ki fawouch; se pandan, obeyisans li, ak pèp la te pèmèt Bondye reyalize plan li yo epi miray jeriko yo e tonbe.

DEVLOPMAN LESON AN
Entwodiksyon

Pèp Izrael la te travèse rivyè jouden an epi yo t'ap mache pou y'al pran premye vil ki te plis rich la, nan jeriko. Sa se te tout riches la epi miray yo te parèt gwo pou gwosè li. Pou travay sa pèp la pat prè fizikman. Si tou pou tout tan yo te pase nan dezè a epi selon kontèks istwa a yo p'ap gen ase esperyans nan zam lagè yo ou byen estrateji yo. Sè; moun ki te antrene pou jan de aktivite sa yo se te Moyiz (li te grandi nan palè tankou pitit, nan fason sa li te resevwa fòmasyon militè ejipsyen yo).

Men, Moyiz te gentan pat avè yo, e yo pat gen zam pou lagè. Paske istwa yo a sèlman te baze nan mache nan dezè a. yo pat janm devlope yon lame pou lagè. Pale kijan sa te parèt difisil nan travay sa: nan sa ki te plis etranj nan lòd yo, e nan sa ki te plis enpòtan nan obeyisans lan.

DEVLOPMAN ISTWA BIB LA

Prepare yon dialog pou fè ak elèv yo ou byen de (2) nan yo ki vle (li kapab jèn ou byen ti moun). Eksplike trajè nan epòk Biblik sa pou de (2) pèsonaj yo kapab eksplike li (ou kapab itilize dra ou byen sèvyèt an koulè). Dialog dwe yon ekriti, li menm k'ap devlope an de (2) sòlda pèp Izrael la. Pa bliye mete aksan nan kijan lòd yo te parèt yon ti jan fawouch pou yo te kapab kraze gwo miray la.

Nan dialog la youn nan sòlda yo dwe tètdi epi lòt la dwe ap ba li konfyans; youn dwe mete aksan sou kijan travay la parèt difisil, epi lòt la nan sa Bondye sere epi nou kapab mete konfyans nou nan li, menm si lòd yo pa sanble lojik.

Fè fason pou dialog pa ni twò kout ni twò long. Fè li yon jan pou li tou sèvi kòm yon pati nan leson an, epi kite pou elèv yo ou byen envite yo devlope li, nan finsiman an. Rakonte istwa biblik la, toujou pale sou Objektif Leson An repete mo ki enpòtan yon an ansèyman objektif la, tankou kofyans, la fwa, obeyisans (siw vle ou kapab ekri yo an grand lèt epi kole yo sou tablo a ou byen nan mi an).

Pandan kou a siveye konpòtman ti moun yo epi si veye ekspresyon vizaj yo, sa ap ba ou yon ide kijan yo resevwa pawòl ou a. pale yo: nou tout nou genn miray nan lavi nou, yo menm ki parèt difisil pou yo kraze, men si nou aprann mete konfyans nou nan Bondye epi obeyi li miray sa yo ap tonbe, menm jan ak miray jeriko a. (pale de miray tankou yon ènmi, ògèy, pwoblèm nan fanmi yo).

Fini leson an pandan w'ap fè kesyon sa yo pou fè revizyon:

- ✘ Kijan premye vil Bondye te bay pèp Izrayèl la lòd pou te pran anvan an rele? (jeriko).
- ✘ Kisa Bondye te di Jozye epi pèp la pou yo te fè pandan sis (6) jou? (pou yo mache nan alantou miray la san yo pa di anyen).
- ✘ Ki sa prèt yo te fè lè pèp la te fin fè setyèm vire a nan setyèm jou a? (yo te fè twonpèt yo sonnen).
- ✘ Kisa pèp la te fè lè lit e tande son twonpèt la? (yo te kriye).
- ✘ Kisa kit e pase miray jeriko yo lè pèp la te kriye a? (yo te tonbe).
- ✘ Kisa ki t'ap pase si jozye ak pèp la pat obeyi lòd bon dye ? (miray jeriko yo patap tonbe).
- ✘ Fini ak priyè sa: istwa Jozye ak miray jeriko yo anseye nou nou dwe obeyi lòd Bondye yo, menm si nou pa konprann pou ki rezon.

Fini pandan w'ap repete Objektif Leson An. Raple w pou mete nan chak kou ti kè ki koresponn ak leson w'ap fè, tankou nan leson sa chante kè ki di: Izayelit yo te fè sèt wonn miray jeriko, ou byen kèk lòt kè ki gen rapò. se Pandan y'ap chante mande pou yo vire nan klas la

pandan sèt fwa. Nan lavi nou chak jou kapab rive menm bagay la, ekziste lòd ou byen règ, menm si nou pa ran nou kont yo la e nou dwe obeyi yo. Pa ekzanp, menm si yo pa ekri nan riyèl, nou konnen genyen prensip pou machin yo e pou pyeton k'ap sikile. Si nou mache nan mitan lari a gen pwoblèm ki kapab rive nou, nou kapab menm pèdi lavi nou. Debitan yo dwe rekonèt n'ap viv nan yon mond ki chaje ak prensip nou dwe obeyi, sa yo konnen ak sa yo pa konnen te deja la avan menm yo ekziste. Nan plizyè kay yo manje ak yon lè ki fikse. Nou pakab rive epi mande nan yon lè ki gentan pase pou sa. Pale sou sa, pou fè ti moun yo konnnen obeyisans se youn nan ekzijans nou gen nan lavi nou, kite kèk nan yo bay ekzanp ki gen lyen ak relasyon sa.

APLIKASYON NAN LAVI A CHAK JOU

Leson sa dwe ede debitan yo konnen obeyisans enpòtan nan lavi yo, non sèlman anndan legliz la, men nan relasyon yo ak Bondye, men tou nan lavi nou. lakay nou, nou dwe obeyi prensip ki genyen nan fanmi an, menm bagay la tou pou lekòl la : nou dwe obeyi prensip yo ak règ yo. Pou sa, nou pa dwe pa konnen yo ni dezobeyi yo, paske si nou fè li konsyans nou ap peye sa.

ANÈKS

Puzzle:

Konfyans – Obeyisans

(W'ap bezwen sizo, selon opsyon an: kreyon, fet, yon fèy ak kòl).

Ede debitan yo koupe puzzle yo epi jwen mesaj ki ladan li a. sa ki vle kapab desine pa yo a, pou yo ka fèl plis rezistans, kole fèy kalkil la sou katon an epi koupe li; sa ap fè pyès yo plis rezistan.

SA OU DWE KONNEN

Ekri tèks la sou tablo a epi repete li twa (3). Efase kèk mo ladan li; repete tèks de (2) fwa anplis, apre efase kèk mo ankò, epi repete li twa (3) fwa anplis ankò. Apre efase kèk mo epi fè menm bagay la ankò, kontinye fè sa jiskaske pa gen mo sou tablo a ankò. Apre pou yo vire sèt (7) fwa nan klas la apre pou yo chita fè tankou miray la pral tonbe, pou yo repete tout tèwks lan ankò.

KONKLIZYON

Remèsye chak elèv paske yo te vin asiste kou a jodia. Fè yon ti pase sou leson ou pral fè a pandan w'ap eseye fè koneksyon sou sa w sot fè a, ankouraje yo pou yo pa kite etid la.

Fini klas la ak yon priyè. Pa bliye mande yo si yo gen demand lapriyè pou ajoute li nan sa w'ap pral fè a.

ÀNA PRIYE E LI KWÈ

ASPÈ JENERAL

Baz Biblik: 1 Samyèl 1:1-2, 21

Tèks Pou Konnen: *Mete konfyans ou nan Bondye, non pa nan saw konnen mete Bondye nan tout sa wap fè epi lap ede w nan tout bagay.* (Pwovèb 3:5-6).

Objektif Leson An: Pou ti moun yo aprann konfyans nan Bondye kapab reponn priyè yo nan pi bon fason ki posib la.

PREPARASYON PWOFESÈ A

Ana se te madanm Elkana, men se pat li menm sèl. Menm jan Bib la di nou nan lòt ka yo, jan de maryaj sa yo bay pwoblèm. Lòt madanm Elkana a te rele Penina. Li te genyen pitit, men Ana pat genyen. Yon bagay ki te yon repwòch nan epòk yo t'ap viv la. Se pandna, sa pat deranje lanmou Elkana te genyen pou Ana, menm si deja li pat fè pitit pou li, li te plis renmen Ana ke Penina. Nan moman sa, gen yon pitit gason se te yon onè pou mari a. e pou Ana paske li pa kapab fè pitit pou Elkana se te ba li yon gwo soufrans. Lè yo te fè vwayaj a nyèl yo a pou ale silo pou y'al Adore, Ana te made Bondye avèk asirans pou l' ba li yon pitit. Pou l' te demontre Bondye demand li an pat gen ògèy ladan li, li te di l'ap kite li nan tanp lan poul sèvis Bondye.

Lè Bondye te reponn priyè Ana li te ba li yon pitit gason, li vin sonje pwomès li te fè a, lè samyèl te fin prè li te Mennen li silo li te prezante li bay prèt Eli, pou l' te kapab sèvi senyè a nan tabènak la.

Priyè remèsiman Ana n'ap jwen li nan 2 ki nan 1 Samyèl la epi yo rekonèt li tankou *"magnificat"* ansyen testaman an. Janw kontan pou w bay Bondye louwanj li sanble anpil ak priyè a nan Lik 1. Bondye te tèlman kontan de sa Ana te fè a li te rekonpanse li ak twa (3) pitit gason e de (2) pitit fi.

Ana pat bliye pitit li a pandan li t'ap grandi anba kontwòl Eli. Chak ane li te fè yon manto nèf pou li, li te pote li pou li lè fanmi an prale silo pou yo ale adore Bondye.

ADAPTASYON

Anpil nan debitan yo – petèt pifò ladan yo – pifò ladan yo fè priyè ki santre sou yo sèlman; petèt kèk nan yon pwogrese jiskaske yo kapab di Bondye gran, Bondye bon. Nan pifò priyè yo yo remèsye Bondye pou sa li te ba yo, ou byen pou repons yo te jwen pou demand yo.

Sa pa vle di yo p'ap priye; se pandan, yo kapab aprann priye nan yon fason ki gen plis sans si yon frè ki pi gran montre yo fè sa.

Ede ti moun yo konprann yo kapab pale ak bon dye jan yo vle de nenpòt sijè. Yo kapab mete tou remèsiman pou sa li genyen, menm jan lè y'ap fè demand pou yo ou byen lòt moun.

Debitan yo bezwen konnen, yo dwe ede yo konprann lè y'ap priye fòk yo mande Bondye pou li fè volonte li nan lavi yo; nan sans sa y'ap tann repons priyè yo nan men Senyè a. Sa pa yon leson ki fasil pou aprann, menm pou granmoun yo.

DEVLOPMAN LESON AN
Entwodiksyon

Mande elèv ou yo kisa yo konnen sou lapriyè. (kite yo reponn). Envite youn ou byen plizyè moun vin temwanye kèk eksperyans yo fè lè Bondye reponn priyè yo. Di yo: nou kapab priye Bondye nan nenpòt moman, nou kapab pale avèk li sou nenpòt bagay. Apre mande yo: ki lè nou menm, nou priye? (avan nou manje, nan legliz, avan nou kouche).

Lè n'ap priye nou dwe kwè nan kèk prensip sou Bondye. Nou dwe fè twa (3) deklarasyon, epi mande elèv yo si yo dakò ak deklarasyon sa yo.

1. Nou dwe kwè Bondye tande nou lè nou priye.

2. Nou dwe kwè Bondye kapab reponn priyè nou yo.

3. Nou dwe kwè Bondye vle sa ki pi bon an pou nou.

Di yo: nan leson biblik sa nou pral aprann plis bagay sou lapriyè. Apre leson sa poze yo kesyon sou twa (3) pwen deklarasyon sa yo.

DEVLOPMAN ISTWA BIB LA

Avan w kòmanse chèche yon pope. Chèche rad plizyè

koulè pou abiye li. Pale sou priyè Ana te fè e li te kwè nan Bondye. Pou w ka rakonte istwa sa vini nan klas la ak pope a, pou w ka fè demonstrasyon lè yo te kite Samyèl nan tanp lan ak yon ti laj.

Si li posib pote plizyè tip rad, pou w kapab eksplike Àn te konn vizite pitit li a chak ane e li te konn pote yon rad diferan pou li.

Nan devlopman an, ou pral pran ou konte konbyen tan elèv yo pral prete atansyon yo, rakonte istwa yon fason ki amizan epi enteresan. Si w wè elèv yo pa bay anpil atansyon nan sa w'ap fè a, fè rapid pou w fin fè leson an, li pi bon si w ta ajoute yon chan ak mouvman apre pou w kontinye.

Raple w anbyans klas la depann de preparasyon ou te fè a.

Fini leson an pandan w'ap fè kesyon sa yo:

✘ Pou kisa Àn te tris? (paske li pat gen pitit).

✘ Kisa Àn te fè lè li ak mari li Elka yo te ale silo pou al adore Bondye? (li te priye e li te mande Bondye yon pitit).

✘ Ki pwomès Ana te fè Bondye si li ba li yon pitit? (l'ap bay pitit sa pou ka sèvi nan kay Bondye a pou tout tan).

✘ Kisa prèt Eli te di Ana, lè li te konnen demand Ana ? (ale an pè, Bondye tande priyè w yo).

✘ Kijan Bondye te reponn priyè Ana a? (li te ba li yon pitit, Samyèl).

✘ Vrè ou fo : Ana te akonpli pwomès li a lè li te bay Samyèl pou sèvi Bondye pou tout tan. (Vrè).

✘ Kisa nou kapab di Bondye lè n'ap priye? (tout sa ki enpòtan pou nou).

✘ Ki twa (3) fason sa yo Bondye kapab reponn priyè nou yo? (wi, non, tann).

APLIKASYON NAN LAVI A CHAK JOU

Leson sa apwopriye pou w kapab eksplike pwisans lapriyè. Briyèvman, eksplike ti moun yo lapriyè se pale ak Bondye, se pa fè repetisyon ki pa gen sans.

Pale sou ki di : lè n'ap priye nou dwe mete konfyans Bondye tande nou epi li pwisan pou li reponn priyè nou yo, men li pral reponn nan fason ki pi bon an pou nou. Kwè se pwen ki plis enpòtan, ti moun yo nan yon etap ki kritik nan lavi a, nan relasyon pou kwè, y'ap soti nan etap ti moun nan tout sa yo kwè (kwè nan sen, sipèmàn, lòm arenye). Nan etap lavi sa y'ap rann yo kont anpil

bagay yo te konn ba yo pou yo chita lè yo te ti moun, kounyea yo dwe kesyone yo, y'ap jwen kèk ladan yo se manti yo ye. Sa ap pote yon chèn ki Mennen yo nan yon dekonfyans total. Sa tou ap enfliyanse kwayans espirityèl tou. Kèk nan yo kòmanse ak kesyone sou ekzistans Bondye epi pouvwa li.

Li enpòtan pou w priye pou elèv ou yo pou Bondye ba yo sajès pou yo devlope sijè sa yo. Ou menm tankou anseyan ou se papye pou kritik la ou byen detèminan nan lavi espirityèl ti moun yo.

ANÈKS
Wi, Non, Ret Tann.

(W'ap bezwen fèy travay la, kreyon, ak fet).Mande yo: Kisa Sòm 4:3 a di, kisa Bondye pral fè lè nou priye li? (li tande nou). Eske sa vle di Bondye toujou fè sa nou mande li? (kite ti moun yo reponn). Eksplike Bondye toujou tande epi reponn priyè nou yo; li repon nou, li ba nou sa ki pi bon pou nou an, pa fwa li di nou wi, nan lòt li konn mande nou pou nou tann, epi nan lòt li konn di nou non.

Nou kapab pale ak Bondye sou nenpòt sijè. Nou dwe ret kwè l'ap reponn priyè nou yo an kò ak volonte li e sa ki pi bon pou nou. Repons l'ap ba nou an pa enpòtan, nou dwe toujou ba li louwanj paske li tande priyè nou yo. Bondye renmen nou li pran plezi nan tande nou.

Dirije atansyon ti moun yon an pati final fèy kalkil li, kote yon jwen limyè yo. Eksplike yo, apre chak sitiyasyon, yo dwe di ki koulè limyè ki kapab adapte ak sitiyasyon an. Koulè wouj la vle di "non", koulè jòn nan vle di "ret tann", koulè vèt la vle di "wi" Bay ide sou repons yo san w pa twò rèd ak yo. Kèk nan elèv yo kapab gen diferan repons youn de lòt. Kite yo eksplike pou kisa se sa ki bon pou yo, fè koreksyon lè sa nesesè, san w pa ofanse elèv la ni fèl santi li mal.

Shshshsh, Silans, M'ap Priye

(Ou bezwen kote ki nan tèt tou de (2) fèy aktivite yo, sizo ak kòl. Opsyon : kreyon, papye epi tep ou byen transparan).

Fè ti moun yo koupe de (2) pati ki nan tèt fèy aktivite yo (kole yon an pòt la). Kite timoun yo dekore li, apre mande yo pou yo kouvri li ak papye adezif transparan pou li kapab gen plis pwoteksyon. Di yo travay sa se pou yo kole li nan pòt ki nan antre chanm yo a, pou lòt moun yo kapab konnen lè y'ap priye. Lè yo fin priye, pou yo vire lòt bò a ki di : Bondye tande priyè m nan.

Sòm 4:3

(W'ap bezwen fèy aktivite yo ak kreyon).

Kite ti moun yo eseye jwenn mo ki manke yo nan tèks la. Apre pou yo kole yo nan espas ki vid yo jiskaske yo konplete tout fèy kalkil la.

SA OU DWE KONNEN

Ou kapab itilize youn nan metòd nou konn itilize yo nan leson ki pase deja yo, ou byen chèche yon lòt fason ki plis amizan pou montre ti moun yo.

Ede ti moun yo pou yo pa bliye anyen nan tout sa yo dwe pote lakay yo (fèy kalkil yo). Remèsye yo tout paske yo te vin asiste kou a epi fè kèk koneksyon nan lòt leson an.

KONKLIZYON

Fini etid la ak lapriyè. Mande pou twa (3) ou byen kat (4) priye pou yon moun ou byen yon bagay . pandan moman sa remèsye Bondye paske li tande priyè yo, epi paske l'ap reponn nou nan yon fason ki pi bon pou nou.

NÒT:

_____

_____

_____

_____

_____

_____

_____

_____

_____

_____

_____

_____

_____

_____

_____

_____

_____

_____

_____

SAMYÈL OBEYI BONDYE
ASPÈ JENERAL

Baz Biblik: 1 Samyèl 3:1-27; 7:3-17; 8:21; 9:16-17

Tèks Pou Konnen: *Mete konfyans ou nan Bondye, non pa nan saw konnen mete Bondye nan tout sa wap fè epi lap ede w nan tout bagay.* (Pwovèb 3:5-6).

Objektif Leson An: Leson sa pral ede debitan yo konprann Bondye pale ak moun ki tande vwa li epi obeyi li eson ayudará a los principiantes a entender que Dios les habla a los que escuchan su voz y lo obedecen.

PREPARASYON PWOFESÈ A

Samyèl se yon moun nou kapab rele "pitit mirak", paske li te fèt pou bay manman li repons nan priyè li te fè. Menm lè li te ti moun, fanmi li te Mennen li silo pou li te kapab viv ak prèt Eli. Manman li te fè sa pou l' te ka akonpli pwomès li te fè Bondye a, lè ti moun nan fèt li tap bay li pou sèvi nan tanp Bondye a pou tout lavi li. Lè Samyèl te grandi li tap ede Eli nan plizyè travay nan tanp lan. Se la tou li te resevwa edikasyon, sansiblite pou li te obeyi vwa Bondye, lè li te tou piti. Li te tande vwa Bondye ki tap rele li pou l' te bali yon mesaj pou Eli, li pat fè silans. Samyèl tap viv nan yon moman tranzisyon nan istwa pèp Izrayèl la. Moman jij yo tap pral rive nan finisman yo, epi moman wa yo tap pral kòmanse. Nan fidelite li te genyen pou l' te tande vwa Bondye. Pèp la te mete konfyans yo nan Samyèl pou yo te depann de li epi pou l mennen yo. Lè Bondye chwazi yon chèf, Samyèl te resevwa lòd pou l' te bay pèp la.

ADAPTASYON

Debitan yo nan laj pou yo pran responsablite yo. Yo vle vin "granmoun" epi "depann de yo menm". Sa yo pa konprann, tout tan yo plis endependan se konsa responsablite yo plis pou yo pran. Samyèl te tande vwa Bondye lè li te tou piti, epi li te fè sa li te mande pou li te fè a. sansiblite saa nan ti laj sa pou tande vwa Bondye te etabli yon paramèt nan tout lavi li. Tande plizyè fwa li te mande anpil fòs ak konsantrasyon. Debitan yo bliye pi fasil sa paran yo mande pou yo fè ou byen lòt moun ki pi gran pase yo mande pou yo fè. Menm bagay sa rive ak paran yo tou. Gen nan sitiyasyon yo bliye sa pitit yo mande yo. Li pa fasil pou w devlope entèlijans pou w tande. Ede elèv yo konprann yo menm kapab devlope pi byen entèlijans yo pou yo tande paske yo jènn. Pou yo prepare yo pou yo tande vwa Bondye, yo pa bezwen tann se lè yo gran moun pou sa. Pale nan kijan Bondye kapab itilize yo plizyè fason pou moun yo konnen volonte li. Fè yo konnen li toujou avèk yo epi l'ap ede yo pou fè sa ki bon.

DEVLOPMAN LESON AN
Entwodiksyon

Depi tou piti, Samyèl te aprann tande vwa Bondye. Detay sa enpòtan anpil pou ti moun yo, paske souvan yo panse yo twò piti pou yo entèrese nan bagay senyè a. mete aksan sou Samyèl ki te grandi nan legliz la, epi sa se yon ekzanp yo kapab swiv. Laj pa kapab sèvi kòm defans pou yon moun antre nan relasyon ak Bondye e pou li kapab tande vwa li.

DEVLOPMAN ISTWA BIB LA

Àn Pou leson sa ou kapab pote yon dra ou byen yo ti matla, pou w kapab montre lè Samyèl te konn ap dòmi epi lè li tap tande vwa Bondye. Mande pou yon volontè kouche epi fè tankou l'ap dòmi. Apre rele li nan non li di li leson jodia gen rapò ak yon moun ki tap dòmi epi ki te tande yon vwa.

Mete aksan sou obeyisans la, paske mesaj Samyèl te resevwa a pat yon mesaj ki te fasil pou l' te bay, paske li te renmen epi respekte prèt Eli. Se pandan, li te obeyi e li te bay mesaj la jan Bondye te mande pou l' te fè li a. fè koneksyon ak leson nan semèn pase a, pandan wap di Samyèl se pitit Àn. Prezante fason Bondye kapab pale avèk nou nan plizyè fason. Bay kèk nan klas la, pou yo kapab konnen epi kòman yo kapab tande vwa Bondye.

APLIKASYON NAN LAVI A CHAK JOU

Pa fwa, di ou byen fè volonte Bondye se pa yon bagay fasil. Espesyalman, lè pwòp fanmi nou ou byen chèf yo antre ladan li. Menm si nou dwe fè sa ki bon an, e Bondye kapab itilize nou nan sa. Ka Samyèl la se yon ekzanp. Eli te preske yon papa pou li, li te kapab wè fanmi li yon sèl fwa nan ane a. akonpli mesaj Bondye te ba li a pat fasil.

Pa fwa ti moun yo konn gen posiblite pou yo wè paran

53

yo ou byen chèf responsab yo k'ap fè vye bagay, s ki konn mete nan yo yon konfli nan relasyon y'ap afwonte, ou byen nan kèk sitiyasyon. Gide yo nan sans yo kapab pale ak tout verite lè yo panse yon bagay pa bon, men yo pa dwe janm manke respè ak pyès moun. Lè Samyèl t'ap pale ak Eli a li te fè li ak respè epi anpil lanmou. Sa se yon manyè kòrèk pou jan de sitiyasyon sa yo.

Siw kwè aplikasyon sa ap bay plis pwoblèm ke solisyon yo, e byen, gide atansyon klas la nan diferan fason Bondye pale. Priye pou senyè a gide yo nan sitiyasyon sa yo.

ANÈKS
Mete Konfyans Ou Nan Bondye Pou W Fè Sa Ki Bon

(W'ap bezwen fèy aktivite ti moun yo ak kreyon).

Kite ti moun yo itilize kòd ki nan fèy aktivite yo pou w kapab fini vèsè Biblik la. Lè yo fin konplete vèsè a. fè yo repete li ansanm. Opsyon : chwazi kèk volontè pou kapab di li, sa ki genyen kat. Kite tout ti moun yo patisipe. Mande pou yo wè vèsè y'ap konplete a; di yo: sa se yon priyè pou Bondye. Kesyone yo: a kiyès ekriven an ap pale? (ak Bondye). Kisa l'ap mande Bondye? (pou li montre li, epi Mennen li).

Kijan Bondye Pale?

(W'ap bezwen: sizo, kòl, ou byen riban tep, papye pou desine, kreyon desen ou byen fèt).

Prezante yon demonstrasyon de aktivite a. Montre elèv yo li epi di yo: nou pral pale de kèk fason Bondye kapab pale avèk nou jodia. Fè ti moun yo pran fèy kalkil yo, epi pou yo pale sou sa k'ap pase nan plizyè desen yo wè yo: pèmèt yo di nan ki youn nan aksyon sa yo Bondye kapab pale ak nou. Diskite sou chak sitiyasyon jan ti moun yo ap bezwen sa. Sitiyasyon desen yo pou diskisyon yo se:

_Mizik / Chan yo.

_La Bib.

_Liv Kretyen.

_Predikasyon.

_Anseyan lekòl dominical.

_Priyè.

Kesyone yo: kijan Bondye pale ak moun yo ? (pa rapò ak kimoun, ou byen lekti pawòl li. Yo itilize mizik la pou ba li louwanj. Bib la montre nou fason ki bon pou nou viv. Priyè fè nous anti sa Bondye vle nou fè. Anseyan dominikal la epi pastè yo kapab genyen mesaj ou byen

leson, youn yo bezwen tande pou ankouraje yo chanje lavi yo.).

Pale sou Samyèl epi repons li pou Bondye. Li te di: pale, Jeova, sèvitè w ap tande (1 Samyèl 3:9). Di: nou te etidye plizyè fason Bondye kapab pale ak nou. Lè li pale ak nou nou dwe tande li. Bay chak elèv yon fèy pou yo desine . di yon an fèy kalkil la pou yo koupe imaj ki nan mitan an ki pase nan liy nwa yo epi pliye pwen yo. Sa ap fòme yon fenèt. Apre, pou yo kole fèy kalkil la sou fèy la pou yo desine (nòt: yo pa dwe kole bò fenèt la, yo dwe kite li vid pou yo kapab ouvri li). Apre, pandan wap ouvè fenèt la mande ti moun yo pou yo desine kèk fason Bondye kapab koute nou. Finalman, ankouraje elèv pou yo tande epi obeyi vwa Bondye.

SA OU DWE KONNEN

Ekri tèks pou yo konnen an nan plizyè moso katon. Avan ti moun yo rive nan klas la sere yo (ou kapab kole yo ak tep anba chèz la). Lè moman pou yo repete tèks la rive. Di yo: Samyèl te panse se te Eli ki t'ap pale avèk li. Se apre li te vin rann li kont se te vwa Bondye. Nan kèk fason vwa Bondye te kache pou li kèk fwa. Di yo: vèsè pou yo aprann kache nan yon kote nan klas la. Travay yo se chèche ki kote nan sal la tèks yo kache epi kole yo nan dezòd. Lè yo fin jwen tout, pou yo mete li nan lòd epi repete li plizyè fwa.

KONKLIZYON

Menm jan nan kou avan yo, ede ti moun yo pou yo pa bliye anyen nan sa yo dwe pote lakay yo. Epi remèsye yo chak paske yo te vin asiste kou jodia. Fè yon ti pale sou leson lòt semèn nan pandan wap fè yon ti rapwòch sou sa ki sot fèt la, entèrese yo pou yo toujou vin nan etid la.

Fini ak lapriyè, remèsye Bondye pou fason li kominike avèk nou epi priye pou Bondye fè ti moun yo fè jan de eksperyans sa yo . Pa bliye mande yo si yo gen demand pou lapriyè, si genyen mete li nan sa wap fè a.

LÒT MIRAY POU VIL LA

ASPÈ JENERAL

Baz Biblik: Neemi 1–4, 6

Tèks Pou Konnen: *Mete konfyans ou nan Bondye, non pa nan saw konnen mete Bondye nan tout sa wap fè epi lap ede w nan tout bagay.* (Pwovèb 3:5-6).

Objektif Leson An: Ede debitan yo pou yo aprann mete konfyans yo nan Bondye, l'ap ba nou sa ki manke pou volonte nou kapab akonpli.

PREPARASYON PWOFESÈ A

Moman ki pase nan istwa Biblik Samyèl, Esdras ak Neemi pi plis ke moman ki pase nan period tan Jozye ak Samyèl, ki se 400 an. Pandan samyèl, Esdras ak Neemi se te 600 an. Ak Esdras ak Neemi yo mete yo nan yon period "klasik" nan tan pwofèt yo. Izrael te gentan pwogrese nan kèk tach epi yo te gentan rekile nan lòt yo. Nan tout istwa Biblik sa egziste konfyans ak obeyisans nan Bondye. Li toujou vle sa ki pi bon an pou pèp li a, epi pou yo konfye yo epi obeyis nan pawòl li a.

ADAPTASYON

Debitan yo renmen fè pati nan sa ki konteste nan antouraj yo. Entansyon yo anpil fwa konn plis ke entèlijans yo. Si yon moun ede yo. Yo kapab fè anpil bagay nan sèvis Bondye. Nou dwe montre yo pwisans Bondye ap toujou la pou ede yo, yo pa depann sèlman de fòs yo.

Eksplike yo, menm si nou konnen sa Bondye vle pou nou fè, sa pa vle di li fasil pou nou fè l'. nou dwe gen konfyans nan li, l'ap ede nou reyalize sa li mande nou fè a.

Neemi te dekouvri sa se yon verite. Menm si li te a sire li t'ap fè volonte Bondye. Devan obstak. Se pandan, li te mete konfyans li nan li epi li te fin fè travay li te rekòmande li a.

DEVLOPMAN LESON AN
Entwodiksyon

Nan tan biblik yo, miray nan yon vil te vle di sekirite: li pat sèvi sèlman pou limite men li te yon nesesite. Se pou sa li te yon ijans pou yo te rekonstwi li. Di elèv yo: Bondye wè li nesesè pou yo fini travay yo a. si w kapab pote kèk materyèl konstriksyon nan kou a (mato, brik ou byen blòk). Itilize sa yo kòm apwi pou leson an.

DEVLOPMAN ISTWA BIB LA

Menm si nan Danyèl 9:2 li di nou dezolasyon jerizalèm nan te dire 70 an, rekonstriksyon an te pran plis tan toujou. Jerizalèm te rete nan pousyè depi lè babilòn yo te pran vil la. Dezolasyon an te dire 70 ane, menm jan Bondye te di Danyèl li a. se pandan, vil la te toujou rete blanch pandan 60 ou byen 70 ane apre dezolasyon an; sèlman pòv yo kite rete nan peyi a, lòt babilonn yo te Mennen yo an kaptivite.

Apre pès yo te vin detwi babilonn yo. Epi kontwòl izrayelit yo se te pès yo ki te vin genyen li. Kèk Jwif ki te ekzile te retounen vin viv an Jerizalèm. Men yo pat kapab konstwi miray vil la. Neemi te tande vil la te toujou nan povrete (cc.1-4, 6). Li te detèmine pou li te fè yon bagay pou respè. Li te priye Bondye sou pwen sa, epi lè opòtinite a te prezante, li te pale ak wa a.

Bondye te prepare Neemi pou misyon sa, li te pèmèt li jwen yon pozisyon enpòtan tankou moun ki t'ap sèvi wa a (se li ki t'ap sèvi wa a nan koup li). Pòs sa te gen plis enpòtan ke yon moun ki te yon senp sèvitè, li te yon konseye tou pou wa a. youn nan sa ki te enpòtan pou yon moun te gen pòs sa fòk li te toujou kontan devan wa a. Wa a te wè tristès Neemi e li te mande li pou l'ba li yon eksplikasyon. Li te rakonte li destriksyon Jerizalèm nan e li te mande li si li kapab vwayaje pou ale jida pou li kapab sipèvize travay rekonstriksyon mi yo. Wa pa sèlman ba l'otorizasyon pou l' t'ale, men li te ba li yon kat pou pwoteje li pandan vwayaj la ak materyèl konstriksyon yo.

Lè Neemi te rive Jerizalèm li te jwenn bagay yo te pi mal nan jan li te panse yo te ye a. moun yo te dekouraje epi yo te kwè rekonstriksyon miray yo pa t'ap sèvi anyen. Neemi te ankouraje moun yo epi li te mete yo an gwoup de travay. Chak fanmi te gen pou yo travay nan yon pati nan miray la, nan kote yo t'ap viv la. Sa te motive tout pèp la pou yo te travay.

Yo te vin tande yon rimè ki di y'ap vin atake vil la ankò, Neemi te divize gwoup moun k'ap travay yo epi gad yo. Gad yo t'ap siveye ak epe nan men yo; travayè yo t'ap travay ak epe bò kote yo. Epi se konsa travay la te kontinye.

Avèk sipò senyè a yo te rekonswi miray la nan 52 jou. Izrayelit te fin fè travay la nan yon tan ki tèlman kout menm ènmi yo di Bondye te avèk yo nan konstriksyon miray vil la.

APLIKASYON NAN LAVI A CHAK JOU

Debitan yo bezwen konnen gen miray nan lavi yo ki bezwen rekonstwi. Kapab se fanmi an, ou byen kèk travay espirityèl ou byen emosyonèl. Asire yo, si yo mete konfyans yo nan Bondye epi obeyi li. L'ap ba yo sa ki nesesè pou yo rekonstwi mi ki nan lavi yo a.

ANÈKS

Neemi Rekonstwi Miray Yo

(W'ap bezwen fèy kalkil yo, fèy ki gen wòch yo, koupe yo epi kole yo).

Kite ti moun yo koupe wòch ki nan fèy aktivite a. montre yo fè sa yo genyen repons nan de (2) bò fèy la. Montre yo deklarasyon ki kòrèk kikoresponn ak chak deklarasyon ki nan fèy kalkil la. Apre mande pou yo kole wòch yo ansanm ak lòt fèy kalkil la. repons yo se: 1) sèvitè wa a. 2) miray Jerizalèm nan te detwi. 3) li ki te li al konstwi yon lòt miray. 4) ènmi yo te eseye kanpe yo. 5) pèp la te travay ansanm.

Lè ti moun yo fin konplete travay la, fè kesyon sa yo:
1. Nan istwa sa, kisa w kwè ki te plan Bondye? (pou pèp la te gen pwoteksyon miray yo pou yo te kapab plis an sekirite).
2. Kisa Neemi te vle fè pou li te akonpli plan Bondye yo? (travay ak moun yo epi konstwi miray yo).
3. Pou kisa Neemi ak pèp la te kapab konstwi miray yo rapid konsa? (paske yo te mete konfyans yo nan Bondye, yo te travay ansanm e li te ede yo).
4. Kisa ki te kapab pase si yo pat vle travay? (miray yo patap konstwi epi Bondye patap fè volonte li).
5. Di avèk pwòp mo nou, kisa Bondye montre nou nan leson sa. (nou dwe travay ansanm epi li menm l'ap ede nou lè nou mete konfyans nou epi obeyi li).

Mwen Kapab Ede Travay Bondye A Fèt

(W'ap bezwen sizo, kòl, kreyonkoulè ou byen fet).

Mande ti moun yo pou yo koupe pyès legliz la, nan menm fèy yo te koupe wòch yo pou travay miray yo. Apre pou koupe yo epi kole yo seksyon ki gen rapò ak sa.

Di yo: Bondye te mande Neemi pou li te ede li rekonstwi miray yo, epi li te fè sa senyè a te mande pou li te fè a. nou menm tou nou kapab ede Bondye fè volonte li nan lavi nou. An nou pale de kèk aktivite nou kapab reyalize. Ann kòmanse nan plafon legliz la: kisa pati sa di nou: kite ti moun yo reponn. (wi, adorasyon). Nan ki fason adorasyon an ede nou volonte fè Bondye nan legliz

la? (adorasyon an onore Bondye epi li fè epi li grandi lanmou nou pou li, li raple nou, nou dwe mete konfyans nou nan senyè a epi obeyi li pou li kapab fè volonte li nan lavi nou)

Kontinye nan fason sa jiskaske w rive nan pati ki nan mitan nan legliz la. Lè w fini poze kesyon: eske nou kapab panse yon lòt mwayen nou kapab fè volonte Bondye? (note ide ti moun yo sou tablo a. repons ki posib yo se: priye, fè ofrann, voye kat pou moun kap ede nou, vizite moun ki malad yo, ede gran moun yo, chante nan kè a, ede legliz la, envite yon zanmi nan kou a). lè w fini lis la, mande ti moun yo pou yo chwazi de (2) nan opsyon sa yo epi pou yo ekri nan pye bwa ki parèt nan kote legliz la.

Deside W

Dirije atansyon ti moun yo nan imaj ki bò kote dwat legliz la ki pral fini an . Pale sou sa Neemi te fè pou li te obeyi e fè volonte Bondye, menm si gen kèk moun ki ta eseye kanpe li. Pa fwa gen moun ki chazi opoze ak nou pou nou pa fè volonte Bondye, li dialòg la nan mitan elèv yo epi diskite sou kesyon yo. (Repons yo: 1) Wi, se pa yon move bagay pou jwe boul, men wi, li movè lè w pa akonpli ak règ jwèt la mande w la. 2) Petèt li kapab di pou ti moun nan kite jwèt la, espesyalman si li renmen jwe epi li pa tèlman renmen ale nan jaden. 3) Raple w Bondye ap ede w lè w detèmine pou obeyi li. Sonje istwa Neemi an ak miray yo.

SA OU DWE KONNEN

Ou kapab itilize youn nan metòd ki konn itilizedeja yo, ou byen chèche yon fason ki amizan pou w eksplike yo li.

Ede debitan yo pou yo pa bliye anyen nan sa yo dwe pote lakay yo (fèy aktivite yo). Remèsye yo chak paske yo te vin asiste kou a jodia. Fè yon ti rale sou leson ou gen pou fè semèn k'ap vini an epi konekte yo ansanm. Ankouraje yo pou yo toujou vini nan etid la.

KONKLIZYON

Avan w lage, mande timoun yo pou yo kanpe epi fòme yon wonn. Mande yon moun ki gen volonte poul fè priyè a.

PÈP BONDYE A TANDE E LI OBEYI

ASPÈ JENERAL

Baz Biblik: Esdras 7; Neemi 8

Tèks Pou Konnen: *Mete konfyans ou nan Bondye, non pa nan saw konnen mete Bondye nan tout sa wap fè epi lap ede w nan tout bagay.* (Pwovèb 3:5-6).

Objektif Leson An: Leson sa pral ede ti moun yo pou yo aprann koute vwa Bondye, epi deside mete konfyans nan li epi obeyi li.

PREPARASYON PWOFESÈ A

Nan Bib Ebre a liv Esdras ak Neemi yo fè yon sèl. Liv sa ki rele " liv Esdras ". Nan Bib nou an liv sa geneyen istwa ki diferan tankou: 1) nan chapit en (1) pou rive nan sis (6) la kèk Jwif te tounen Jerizalèm sou gouvènans Zowobabèl ak rekonstriksyon tanp lan. 2) nan chapit sèt (7) la pou rive nan dis (10) la yon lòt retou anba gouvènans Esdras ak sipò Neemi li menm ki te vin arribo apre. Nan mitan de (2) evenman sa yo te vin gen yon moman de kalmi pandan 60 an.

Esdras se te yon prèt epi yon ekriven ki t'ap vin nan peyi pès la. Wa Atejèjes te rekonpanse li nan plizyè fason (gen anpil posiblite pou l' te gen yon pozisyon enpòtan nan lakou wa a). yon jou li te mande wa a pèmisyon pou li t'al nan misyon ansèyman nan jerizalèm, wa a non sèlman te ki te li ale, men li te pèmèt tout izrayelit ki te sou rèy li an akonpanye li nan vwayaj la tou menm prèt ak levit yo. (Esdras 7:13). An plis de sa, li te ba li tou otorite sou non li, pou li te fè aktivite yo tankou mesaje wa a, men tou pou li anseye li sou Jida ak Jerizalèm, (Esdras 7:14).

1500 pèsonaj te benefisye posiblite sa nan dezyèm retou a, ak fanmi li yo epi sèvant li yo. Kantite moun yo te rive nan anviwon 5000. Pou rive nan jerizalèm ekzile yo te dwe mache preske 1,500 km. vwayaj la te pran yo kat (4) mwa.

Menm nan ekzil la, Esdras se te yon etidyan serye nan etid lwa Bondye a. Li te kwè pèp la te dwe tande lwa sa yo. Nan chapit 8 Neemi an rakonte angajman li te fè ak pèp la pou l' te anseye yo sou lwa sa yo..

Lekti Esdras fè sou lwa Bondye yo, nan Neemi 8, te rive yon ti tan apre miray Jerizalèm yo te fin konstwi. Responsab yo te mande li pou li te li pou yo liv lwa Bondye yo. Pou tout moun kapab tande yo epi wè yo. Yo te fè yon gwo plat fòm sou li, li te kapab kanpe. Tout pèp la te nan odyans la: gason, fanm ak timoun yo.

Pandan moun yo t'ap koute. Yo te rekonèt yo t'ap boule pawòl Bondye a epi yo te santi yo koupab. Se pandan, Esdras te vle pou yo wè lwa Bondye a tankou yon aksyon yo gratitid ak Jwisans. Pèp la te pwomèt pou obeyi lwa sa.

Esdras enstwi yo pou yo selebre fèt tabènak yo (Levitik 23: 33-43). Fèt sa te karakterize jibile a. Irzayelit yo te refè yon pase nan siveyans ak pwovizyon Bondye pandan vwayaj ki te sot an ejip la pou rive nan tè ki te pwomèt la.

ADAPTASYON

Kilt yo ak sèk yo nouvo yo ap degrade de tanzantan. Ajoute nan asèyman yo nan Bib la. Kèk pwofesè nan lekòl yo genyen ansèyman ki pa kòrèk nan kwayans kretyen yo. Se pou sa, li enpòtan anpil pou ti moun yo konnen kisa la Bib anseye, pou yo pa sèlman pran li pou yon senp liv. Lè wap anseye leson sa, pèsiste nan pawòl ki di Bib la se pawòl Bondye. Epi sa ki ladan li se verite. Ladan li Bondye montre fason ki pi bon pou nou viv la.

Anpil nan elèv yo gen Bib pa yo. Menm si yo pa gen entèlijans pou yo li. Konseye elèv ou yo pou yo mande paran yo ou byen yon moun ki plis aje pou li istwa yo ki nan Bib la. Epi si yo vle fè yo kado kèk liv, pou yo mande yo yon liv kretyen. (Sijere yo kèk liv ou konnen ki se kèk liv biblik). Di yo pou yo mete atansyon yo lè pastè ou byen mèt lekòl dominikal la ap li Bib la.

DEVLOPMAN LESON AN
Entwodiksyon

Te gen dekourajman nan mitan pèp Izrayèl pandan anpil tan epi posiblite chanjman ki te genyen an te piti anpil. Fè yon pèp nan sitiyasyon sa pran kouraj se te yon travay difisil. Men Bondye, te travay ankò ak moun ki te prè pou te mete konfyans yo nan li epi obeyi li. Pèp la pat sèlman pran kouraj men yo te fè travay la nan yon tan rekò.

Lòt travay la se te pou yo konnen lwa Bondye yo. Sa ta pral yon miray espirityèl plis enpòtan epi plis nesesè ke miray vil la. Paske li t'ap ede yo repouse ansèyman ki fo yo.

DEVLOPMAN ISTWA BIB LA

Eksplike limit pèp la te genyen pou li te rekonstwi miray yo. Paske yo pat genyen machin sa yo ki gen jodia. Apre jan travay la te enpòtan, yo te vin fè yon lòt pa ki plis enpòtan ankò nan tout sa yo t'ap fè: konnen pawòl Bondye a; nan konnen li pèp la ap kapab deside kisa pou yo fè.

Mete aksan, non sèlman pèp Bondye a pat tande li, men tou, li te obeyi pawòl li. Siw kapab jwen, pote plizyè gwosè Bib, ou byen kèk tip ou byen fòm pachemen ki pou sèvi w kòm ekzanplè Bib Esdras li nan moman an.

Raple yo ansèyman tout leson sa yo nan yon sèl inite a: "konfyans ak obeyisans". Epi chak moun yo mansyone nan istwa Biblik yo, menm jan ak gason ak fanm, yo te toujou prè pou yo mete konfyans yo nan pwomès Bondye yo.

Fè yon kè an papye ou byen nan yon katon desine li an wouj epi ekri tèks ki nan Sòm 119:9 epi 11 anndan li, youn nan chak kote. Ou kapab itilize vèsè sa yo pandan wap anseye leson an.

APLIKASYON NAN LAVI A CHAK JOU

Konnen lwa Bondye a se te yon bagay enpòtan pou pèp izrayèl la menm jan li enpòtan pou nou jodia. Pou ebitan yo, souvan, anpil dout konn atake yo, yo bezwen yon miray espirityèl nan mitan yo pou pwoteje yo. Pawòl Bondye a ap vin fè miray sa nan lavi yo tout o tan yo bezwen li.

Ankouraje elèv yo pou yo etabli yon orè pou fè lekti Bib la nan lavi yo. Di yo ki liv nan Bib la yo kapab kòmanse li (refere yo levanjil yo). Envite pastè a pou l' vin vizite klas la nan fen etid la. Sa kapab yon bon posiblite pou li ba yo yon liv. Kite yon ti tan pou kapab gen kesyon (li t'ap pi bon si pastè soti nan asanble a). pèmèt elèv yo poze kesyon ki gen rapò ak kou a, ak inite a, ou byen kèlkeswa dout yo kapab genyen an.

Preparasyon sa, elèv yo kapab fè kesyon ki senp yo ou byen konplike yo . Siw panse pa gen ase konesans pou sa bliye pati sa. Men fè tout sa ki posib pou genyen li. Siw pa konnen kèk repons fòk ou onèt edi wap konsilte sa.

ANÈKS
Esdras Li Pawòl Bondye A

(W'ap bezwen tou de (2) fèy aktivite yo, pou elèv yo: sizo ak kreyon koulè).

Bay chak elèv yo fèy kalkil yo a epi pou yo swiv menm enstriksyon yo. Apre yo fin fè pyramid yo kite yo kole li sou tab la epi poze kesyon sa yo: kijan mwen kapab tande vwa Bondye pou mwen obeyi li? (Kite elèv yo di w sa k'ap pase nan imaj pyramid la).

Li Sòm 119: 11 la. Pasaj sa mande nou pou nou aprann pawòl Bondye. Kesyone yo: ki kote nou sere pawòl Bondye a? (nan kè nou). Pwofite travay manyèl sa pou w repase leson an epi fè yon aplikasyon pèsonèl sou li.

SA OU DWE KONNEN

Sa se dènye leson inite a. Pote tout materyèl ou te itilize nan leson pase yo: kè a, tèks ki te an mo a epi lòt ou te fè. Kole yo nan mi yo pou elèv yo kapab wè yo.

Mande si gen yon moun ki sonje jan chak leson yo te ye; repase yo pandan wap itilize chak opsyon ki te genyen pandan inite a. Si w kapab, pote prim pou sa yo ki te aprann tou de (2) vèsè yo pandan inite a. siw panse materyèl sa yo twò piti. Ou kapab kole youn nan chak klas; sèlman siveye pou yo gen relasyon ak leson wap fè a.

KONKLIZYON

Ede ti moun yo pou yo pa bliye anyen nan sa yo dwe pote lakay yo. Remèsye chak ti moun paske yo te vin asiste kou a, siw panse li bon , kite ti moun ki vle pran materyèl ou t'ap sèvi yo, paske pou yo kapab gen plis enpòtans.

Pale kèk bagay sou leson ou pral fè a pandan wap fè koneksyon nan tou lè de di yo lòt semèn se yon lòt inite ki pral kòmanse, fòk yo toujou vini. Konkli nan lapriyè, ou kapab fè yon sèk epi mande yon moun ki gten volonte poul fè priyè a pou ou. di Bondye mèsi pou Moyiz, Jozye Ana ak Samyèl. Priye pou elèv ou yo. Pa bliye mande yo si yo gen demand priyè pou ajoute l' ladan li.

BONDYE SE KREYATE A

Baz Biblik: Jenèz 1:1-10, 14-19, 11-13,20-31; 2:7; Sòm 139:13-16; 104:24-30.

Tèks Inite A: *Nan kòmansman an Bondye te kreye syèl la ak tè a.* (Jenèz 1:1)

OBJEKTIF INITE A

Inite sa pral ede debitan yo:

✘ Konnen Bondye se kreyatè a epi chèf inivè a.

✘ Konnen Lòm se pi gran kreyasyon Bondye.

✘ Konnen Bondye te bay Lòm responsablite pou siveye kreyasyon an.

✘ Gen konesans sou sajès, pwisans epi grandè Bondye.

✘ Ogmante vale pèsonèl ak sans jeneral sou sekirite.

✘ Loure Bondye pou sajès li,pwisans li, grandè li, epi pou kreyasyon an.

✘ Idantifye nan kèk fason ki kapab pwoteje kreyasyon Bondye a, epi transmèt li bay lòt moun yo.

LESON INITE A

Leson 23: Bondye Te Kreye Syèl La Ak Tè A

Leson 24: Bondye Te Kreye Plant Yo Ak Bèt Yo

Leson 25: Bondye Te Kreye Lòm

Leson 26: Bondye Okipe Mond Li A

Leson 27: Bondye Mande Pou W Pwoteje Mond Li A

POUKISA DEBITAN YO BEZWEN INITE SA

Liv jenèz la se baz ki pou pèmèt ou konprann rès Bib la. Nan lekòl, petèt lakay, ti moun yo kapab sibi move teori ki kontredi kreyasyon Bondye a. pandan wap anseye leson sa yo. Pa eseye repete lòt teori yo. Mete aksan kote Bib la di: Bondye te kreye inivè a ak tout sa ki ladan l'. nou pa konnen ekzakteman kijan li te fè sa, men nou kwè Bib la se verite.

Natirèlman Ti moun toujou bezwen konnen ki kote tout bagay soti, kijan yo fonksyone, demonstrasyon pwisans yo enpresyone yo. Tankou sa yo nan imaj ki nan jounal yo ou byen nan televizyon. Konstwi enterè yo sou sa, pou gide elèv ou yo pou yo gen yon lòt apresiyasyon sou grandè ak pwisans Bondye, kreyatè a. ede yo pou yo konprann istwa sa yo vrè pa gen anyen ki manti ladan l', ou byen bagay ki imajine.

Bondye fè bagay pyès lòt moun pa kapab fè. Konesans ki di li gen kontwòl tout sa ki nan mond lan, ou dwe ede ti moun yo devlope yon sans sekirite ak konfyans nan li.

BONDYE TE KREYE SYÈL LA AK TÈ A

ASPÈ JENERAL

Baz Biblik: Jenèz 1:1-10, 14-19

Tèks Pou Konnen: *Nan kòmansman an Bondye te kreye syèl la ak tè a* (Jenèz 1:1).

Objektif Leson An: Leson sa pral ede elèv yo konnen epi rekònèt se Bondye ki te fè tout sa ki ekziste nan inivè a.

PREPARASYON PWOFESÈ A

Nan chapit premye nan liv Jenèz la nou jwen mo "Bondye" 30 fwa. Sa demontre se li menm kite fonde inivè a ak tout sa ki ladan l'.

Kreyasyon yo rakonte nan menm liv sa dwe konsidere tankou yon revelasyon nan la nati epi karaktè Bondye kreyatè a. kòmantè Biblik la "Tadwe ale" soti nan ekspresyon: "Bondye te di" pat gen posiblite pou yon lòt inivè te ekziste deja. Bondye ak konsyans li te pouse defi a epi li te pase lòd, epi sa ki te vid la li te ranpli ak lavi.

Mo "nan kòmansman an" te dekri kisa liv jenèz la t'ap pale. Tout sa nou wè jodia nan mond nou an te kòmanse ak pwisans Bondye kreyatè a. Jenèz se baz ki pou ede nou konprann tout rès Bib la, paske li pale de relasyon ki genyen ant Bondye ak lanati, ant Bondye ak Lòm, epi ant Lòm yo.

Jenèz 1:2 dekri tè a sou yon fòm ki vid. Men Bondye te kòmanse kreyasyon inivè a Sèlman jan volonte li te vle fè sa. Sa vle di ak pawòl li. Premyeman li bay mond lan yon fòm, apre li ranpli li ak sa li te kreye yo. Lè li te fini li te satisfè de travay li te fè a.

ADAPTASYON

Ti moun yo toujou bezwen konnen pou kisa tout bagay. Yo kwè nan tout sa gran moun yo di yo. Sa se de (2) karakteristik ki fè se laj ideyal pou ou ansenye yo se Bondye ki te fè tout sa ki ekziste nan inivè a.

Elèv yo ap devlope yon konsèpsyon pèsonèl de Bondye, epi yo bezwen konnen se li menm ki plis pwisan nan tout endividi ki ekziste nan mond lan, epi se li menm ki kapab fè sa pèsòn pa kapab fè. Ede ti moun yo dekouvri pwisans senyè a travè fason li eksplike kreyasyon an.

Ti moun yo toujou gen difikilte pou yo adapte yo ak relasyon ki genyen ak tan an, espas ak distans. Eksplike yo, kreyasyon an gen yon finisman ki senp epi ba yo tan pou yo poze kesyon.

Li t'ap bon anpil si w ta verifye kisa ti moun yo aprann nan lekòl la nan relasyon ki gen ak kreyasyon an. Pou yo, fòk ou pale kèk paran ou byen pwofesè yo. Prepare leson an sou sa ti moun yo deja konnen sou sijè a. Pa ekzanp, yo konnen tè a gen yon fòm ki won, epi li konpoze de dlo ak tè. Nou genyen tou lanwit ak lajounen, menm jan ak sezon yo. Nan laj yo asireman yo gentan konn jou ak mwa yo.

DEVLOPMAN LESON AN
Entwodiksyon

Asirans ti moun yo dwe genyen sou kreyasyon mond lan e sou yo menm menm enpòtan anpil. Paske deja yo te gentan ekspoze nan anpil ansèyman ki kontrè ak sa Bib la gen ladan l'. plizyè teori sou evolisyon ki petèt yo te gentan wè nan vi yo, men, sa se yon etap ki kritik. Ou menm tankou pwofesè ou gen yon gwo responsablite pou fè yon koneksyon ant verite ki nan Bib la epi avèk elèv ou yo.

Priye Bondye mande li sajès, epi byen prepare leson ou yo. Pa sou estime kapasite ti moun ou yo; paske kounye a yo pa menm ti moun yo ankò ki kwè tout sa yo tande a non. Petèt kounye a yo kapab fè kesyon ki pwofon e menm difisil pou w reponn.

DEVLOPMAN ISTWA BIB LA

Pote nan klas la kèk eleman nan kreyasyon ki piti (sab, zabriko, diri). Aprè prezante yo bay ti moun yo epi di yo: avèk teknoloji modèn Lòm genyen kounye a yo pa janm rive kreye yon ti grenn manje konsa, ou byen fè yon ti bagay piti konsa menm jan ak sa m pote a. sa sèlman Lòm nan kapab transfòme sa ki te kreye deja (ak sab ak siman Lòm kapab konstwi gwo edifis yo, ak grenn diri ou byen zabriko a Lòm kapab fè plizyè lòt manje).

Di yo: kreyasyon Bondye se pat transfòmasyon li te ye, Bondye pat pran yon bagay ki te ekziste deja. Li te kreye li, li pat fè l' ak anyen, sèlman ak pwisans pawòl li; Bondye te di, epi li te fèt. Pa antre nan detay tan kreyasyon an; limite w sèlman pou di se te jou sèlman, paske ekoresyon jou a y'ap konprann li pi byen.

Mete aksan nan lòd epi nan chak fason ki te kreye yo. Bondye pat fè anyen pa aksidan, ou byen san konnen, ou byen san li pat gen yon objektif pou sa. Men okontrè, tout sa li te kreye te gen yon lòd, yon objektif.

Eksplike yo anvan Bondye te kreye plant yo, pye bwa yo, ak jaden an li te kreye tout sa yo ta pral bezwen avan, tankou lè a, solèy la, ak dlo. Ou kapab pote kèk foto ki gen solèy la ladan l', lalin, etwal yo, lanmè a (fòk pa gen bwa ak bèk ki parèt ladan li). Sa ou kapab fè ak kalandriye ane ki pase deja yo, ou byen foto jounal. Montre ti moun yo foto sa yo, epi y'ap sèvi kòm sipò pou leson an. Sere foto yo ou byen kole yo nan mi yo (siw vle ou kapab divize tablo a, an plizyè jou kreyasyon an te dire). Anba chak non mete sa Bondye te kreye a epi kèk foto ki kapab montre sa.

Sonje pou w mete chan ak mouvman, li t'ap pi bon pou w fè sa avan w kòmanse leson an. Nan fason sa ti moun yo ap gentan depanse enèji y'ap rete kalm pou yo tande w epi tande leson Biblik la.

Chèche chan ki gen relasyon ak leson an. Si w pa jwen chè kè ki pale sou pwisans Bondye. Sil posib chèche kasèt ou byen C D mizik kretyen yo pou ti moun yo chante.

APLIKASYON NAN LAVI A CHAK JOU

Asire w ti moun yo konprann tèm kreyasyon an (evolisyon ak transfòmasyon). Li enpòtan pou yo aprann orijin tout sa ki ekziste; sa yo ap mete yon bon baz sou la fwa yo. Yo dwe konprann tout sa ki kreye yo, yo menm tou yo ladan l'. yo menm tou yo se kreyasyon Bondye; epi li menm nan sajès li ak pwisans li, te kreye tout sa k'ap kontinye jiska jodia. Se pa sèlman pale nou de yon Bondye kreyatè, men l'ap okipe mond lan tou.

ANÈKS
Bondye Te Kreye Sezon Yo

(W'ap bezwen fèy kalkil pou chak elèv, sizo, kòl, kreyon koulè).

Koupe pou chak ti moun yo desen ki gen rad ki gen rapò ak chak sezon nan ane epi non sezon yo. Apre bay chak ti moun fèy kalkil yo ak desen ou te koupe pou yo a. ede yo pou yo kapab kole non ki koresponn ak chak sezon nan ane a. epi apre pou yo kole desen ti moun yo ki koresponn ak rad nan chak sezon yo.

Pale kijan tout sa ki te kreye yo travay ansanm. Bondye tèlman savan, li fè solèy la travay ansanm ak lalin nan, menm jan tout ak sezon yo. Kite ti moun yo kòmante sou yo. Ba yo tan pou yo desine fèy aktivite a.

Nan Chèche Kreyasyon Bondye A

Ba yo chak la fèy aktivite yo a; li enstriksyon yo, epi asire yo tout konprann aktivite a. apre kite yo fè travay la. Sipèvize pou wè si yo fèl byen.

SA OU DWE KONNEN

Si w chwazi pou w divize kreyasyon an an jou (nan tablo, nan yon mi,ou byen yon lòt kote). Ou kapab kole vèsè pou yo aprann lan anba li. Siw pa fè l'konsa, kole li yon kote elèv yo kapab wè li, fòk ou fè libyen gwo. Si w kapab itilizye plizyè fèy ou byen katon.

Desine yon bagay sou kreyasyon an, ou byen pote foto ki montre kreyasyon an (mete tout sa w kapab). Si w itilize foto sonje pou w pa koupe li nan fòm kare, mete li nan fòm dwat pou w ka kole li bò tèks la. Siw gen yon òdinantè ekri tèks la byen gwo, apre koupe chak moso yo epi kole li sou katon an.

Kole tèks la nan yon kote tout moun kapab wè li epi kite li pou lòt kou yo, repete li ak elèv yo plizyè fwa. Petèt sa kapab parèt pou anpil, men sonje ti moun yo aprann pi byen lè yo wè sa y'ap aprann nan.

KONKLIZYON

Ede ti moun yo pou yo pa bliye anyen nan sa yo dwe pote lakay yo, remèsye chak ti moun paske yo te vin asiste inite a, fè yon ti pase sou pwochen leson an pandan wap fè koneksyon an sa w sot fè a, ankouraje yo pou yo toujou vini asiste etid la.

Fèmen klas la ak yon priyè, pa bliye remèsye Bondye pou kreyasyon an, made si yo gen demand lapriyè pou w kapab mete li nan sa wap fè a.

BONDYE TE KREYE PLANT YO AK BÈT YO

ASPÈ JENERAL

Baz Biblik: Jenèz 1:11-13, 20-25

Tèks Pou Konnen: *Nan kòmansman an Bondye te kreye syèl la ak tè a* (Jenèz 1:1).

Objektif Leson An: Pou ti moun yo santi yo rekonesan pou mèvèy kreasyon bèt ak plant yo Bondye te kreye yo.

PREPARASYON PWOFESÈ A

Semèn ki te pase a nou te aprann kijan inivè a te fòme. Jan Bondye te pase lòd yo nan kreyasyon an fòme youn nan mèvès objektif la.

Plant yo pat kapab grandi san limyè ak dlo, se konsa Bondye te kreye bagay sa yo avan jaden an. Plant yo se youn nan ewliman ki enpòtan pou bèt yo ak moun k'ap viv, konsa Bondye te kreye yo avan li te kreye bèt yo (Jenèz 1:11-13).

Pou li te a sire li pwosesis li te kòmanse a, ap kontinye. Li kreye yon sistèm nan semans yo, pou sa kapab toujou kontinye bay manje. Li te kreye tou kreyati ki nan syèl la ak lanmè a (vv. 21-31). Bèt ak zèl yo non sèlman refere nou zwazo yo, men tou li ba nou yon ide nan tout sa k'ap vole, ensèk yo tou parèt nan ka sa. Nan vèsè 22 a, nou wè Bondye beni kreyasyon tout bèt ki nan syèl la, nan lanmè a, epi li di yo pou yo bay fwi epi miltipliye.

Li te òdone tè a tou pou li pwodwi kreyati vivan, yo chak selon espès yo ou byen jan yo. Jenèz 1:12, 21 e 25 di nou Bondye te kontan pou plant yo ak bèt li te kreye yo.

ADAPTASYON

Natirèlman ti moun yo toujou bezwen konnen. Yo la pou yo poze kesyon. Anpil nan yo gentan konnen kèk bagay sou plant ak bèt. Yo konprann kijan plant yo grandi epi yo gen grenn. Yo kounnen tout bèt yo kapab viv plizyè kote (nan dlo, nan syèl la, nan mòn yo, nan dezè yo). Epi tou se yo menm menm ki pwoteje tèt yo.

Sa yo konnen deja yo kapab sèvi baz pou ranfòse verite ki nan Bib la ki di se Bondye ki kreye plant yo ak bèt yo (bèt lakay, bèt sovaj, zwazo, ensèk reptile ak pwason yo.). pa pase anpil tan nan sa pou ti moun yo pa vin antre nan konfli ak teori ki gen rapò ak kreyasyon an, sa se sèlman konfizyon l'ap pote pou yo. Asire w ke ti moun yo konprann se Bondye ki kreye tout sa ki ekziste yo.

DEVLOPMAN LESON AN
Entwodiksyon

Li t'ap bon siw ta pran yon ti tan pou w fè yon priyè espesyal pou elèv ou yo. Mande Bondye sajès pou w simen verite leson sa nan kè ti moun yo. Ou kapab kòmanse etid la ak chan ki gen rapò ak leson wap fè a, li pi bon siw chante sa ki gen mouvman ladan li wi.

DEVLOPMAN ISTWA BIB LA

Si nan leson pase a ou te divize kreyasyon an an jou, kòmanse pale yo sou kreyasyon an nan diferan jou yo, pou leson sa pote foto ou byen desen ki koresponn ak sijè a (ki gen forè, bèt, flè, ensèk). Apre kole yo nan jou ki koresponn ak yo.

Siw pat kontinye ak divizyon jou yo, nou rekòmande w pou fè li pa leson (kole tèm leson an gwo lèt, apre mete foto yo anba tit leson an). Yon lòt fwa ankò, mete aksan nan lòd epi objektif Bondye nan kreyasyon an. Sa ap ran ti bmoun yo konsyan ke Bondye se yon Dye ki gen lòd ak objektif.

Avan Bondye te kreye bèt yo li te kreye tout sa yo ta pral bezwen pou yo viv, nan fason nou wè yon lòd ak yon objektif pou chak bagay ki kreye yo. Bondye pat kreye anyen ki pa gen enpòtans ni an dezòd, okontrè, kreyasyon montre nou yon kreyatè ki pote atansyon menm nan pi piti detay la.

Avan kou a verifye enfòmasyon sou mèvèy kreyasyon an, kijan inivè fè byen fòme konsa, nan yon ke li pa janm detwi depi lè li te ekziste. Ou kapab eksplike fason tè a vire tout alantou solèy la, epi nan alantou li menm tou. Epi pozisyon nou nan inivè plat. Si nou te pi pwòch solèy la, nou t'ap boule. E si nou te pi prè li tou nou t'ap fè glas.

APLIKASYON NAN LAVI A CHAK JOU

Ti moun yo nan yon etap tranzisyon. Pou sa li plis enpòtan pou yo konprann konsèpsyon ak verite kreyasyon ki nan Bib la.

Si w kapab pote flè natirèl, ou byen flè plastic pou w kapab pi byen eksplike leson an, fè chak elèv kado yo pou yo kapab potel lakay yo. Di yo: sa ap ede yo toujou sonje leson an, epi pou yo rakonte li ak fanmi yo, ou byen zanmi yo.

Li enpòtan pou yo konprann gwo lanmou Bondye a ki dèyè kreyasyon sa a, paske Bondye te fè tout bagay sa yo pou nou. Asire w pou yo byen konprann verite sa yo. Ba yo tan pou yo kapab keksyonew sou sa yo pa byen konprann.

ANÈKS
Plant Yo Ak Bèt Yo Ap Ede Nou

(Wap bezwen fèy aktivite pou chak elèv yo, wap bezwen tou kreyon desen).

Kite ti moun yo kole non yo nan yon ankadreman ki te prevwa pou yo. Ede yo pou yo itilize sans kòrèk la epi ede yo nan sa.

Premye liy: 1) yon ti bèf; 2) yon gwo bèf; 3) lèt.

Dezyèm liy: 1) plant ak flè; 2) plant nan tè; 3) plant ki nan mamit.

Twazyèm liy: 1) tichen ak ti moun; 2) chen an sèlman; 3) chen an ak tichen yo.

Katriyèm liy: 1) pye bwa nan mamit; 2) pye bwa nan tè a; 3) fwi ki nan kòbèy.

Travay sa gen objektif pou ede elèv yo konprann tout bagay gen yon lòd, yon travay ak yon objektif Bondye te etabli depi nan kòmansman an.

Bondye Kreyatè A

(Wap bezwen fèy aktivite pou chak elèv yo, kreyon tou).

Bay chak elèv fèy aktivite li, di yo: pou yo eseye jwenn lèt ki kache a. travay sa fèt pou nou kapab reveye enterè ti moun yo. Sonje, yo renmen chèche, pou kisa tout bagay ki ekziste.

Ankouraje yo pou yo chèche pasaj ki kache a. di yo: pandan yo wè kreyasyon Bondye a, yo kapab define aspè kreyatè a, Bondye li menm.

SA OU DWE KONNEN

(Ou ap bezwen fèy tèks pou chak ti moun yo, fet sizo ak kòl.)

Pou jounen jodia enprime tèks la nan plizyè fèy pou w kapab bay chak ti moun youn. Siw kapab itilize yon tip de lèt ki gen twou nan mitan li, pou elèv yo kapab desine lèt yo. Bay yo chak yon tèks epi mande pou yo desine yo. Mande yo pou mete non yo sou fèy la (si genyen ki pa kapab ekri non li, fè l' pou li).

Lè yo fin desine yon bagay yo te aprann nan kreyasyon an (siw kapab pote ti imaj flè, ak bèt pou yo kapab kole yo). Repete tèks la ansanm. Kite sa yo ki vle pote tèks la lakay yo fè sa. O si non, kole yo bò kote gwo tèks ou te ekri a.

KONKLIZYON

Nan kou jodia chante yon chan ki gen mouvman. Si w fè l' konsa ou kapab ajoute jwèt sa: atè a desine yon siyal (ou kapab mete yon X) apre, ti moun yo dwe chante epi vire nan sal la pandan y'ap pase sou siy lan. Lè gwoup la ap pase sou li sispann chante a, elèv ki kanpe sou siy la dwe bay non yon bèt ou byen yon plant ki kòmanse ak yon lèt ki nan non li (pa ekzanp, ronaldo ap di: rat, radi). Kontinye ak seyans lan jiskaske pi fò ladan yo patisipe.

Ede ti moun yo pou yo pa bliye anyen nan sa yo dwe pote lakay yo, remèsye chak ti moun paske yo te vin asiste inite a, fè yon ti pase sou pwochen leson an pandan wap fè koneksyon an sa w sot fè a, ankouraje yo pou yo toujou vin asiste etid la.

Fèmen klas la ak yon priyè, pa bliye remèsye Bondye pou kreyasyon an, made si yo gen demand lapriyè pou w kapab mete li nan sa wap fè a. ou byen mande pou dènye ti moun ki te rete sou sinyal la fè yon priyè.

NÒT:
_____
_____
_____
_____

BONDYE TE KREYE MOUN YO

ASPÈ JENERAL

Baz Biblik: Jenèz 1:26-31; 2-7, 19-24; Sòm 139:13-16

Tèks Pou Konnen: *Nan kòmansman an Bondye te kreye syèl la ak tè a* (Jenèz 1:1).

Objektif Leson An: Pou ti moun yo aprann estime epi valorize tèt yo, epi pou yo eksprime gratitid yo pou Bondye, paske li te kreye nou ak imaj epi sanble ak li.

PREPARASYON PWOFESÈ A

Menm jan kreyasyon limyè a tankou bèt yo te montre pwisans ak sajès Bondye. Sa li te kreye nan premye etap yo se te yon baz ki ta pral sèvi pou fòme: Lòm.

Lòm se te climax kreyasyon an, sèlman nou menm li te fè nou ak imaj li e parèy ak Bondye. Menm si nou gen relasyon ak lòt kreyati li te fòme yo, men sèlman nou genyen Bondye kòm papa nou. Nou tankou nou reprezante pou li nan mond lan. Bondye se model orijinanl la, yon original moun kap viv dwe achte, siw vle konnen vrè nati Lòm nan.

Eunice Bryant, eksplike enplikasyon nan kreye ak imaj Bondye, ki di: Bib la byen defini Lòm tankou yon tèt ki rasyonèl epi ki gen moral. Nou gen konsyans ak detèminasyon pèsonèl. Nou diferan nan tout rès kreyasyon an, paske nou gen yon koneksyon dirèk ak mond espirityèl la. Nou konnen ekzistasn Bondye epi nou kapab kominike ak li. Pa rapò ak Bib la epi espri sen an, senyè a kominike ak nou.

Sèlman Lòm ki gen entèlijans epi li ekipe pou li fè travay Bondye ba li yo. Dirije sou lanati. Paske nou te kreye ak imaj Bondye, nou gen kapasite pou nou adore, renmen, obeyi, konfye, epi pou nou fidèl ak kreyatè nou an.

Nan tout kreyati Bondye te fè yo, se sèlman Lòm ki kapab devlope epi kenbe yon relasyon pèsonèl ak li. Epi an konsekans, nou gen privilèj ak responablite pou nou travay ansanm ak senyè a. Sòm 139 dekri fason Bndye vle apwoche nou. Li vle gen yon relasyon pèsonèl ak Lòm nan nivo ki enpòtan anpil. Li vle gen yon entimite antre nou menm ak li, se li ki konnen nou pi byen paske se li ki te fè nou. Nou te fòme depi nan vant manman nou, li konnen kijan nou te antre ou byen fòme, li konte jou nou yo epi li konnen yo panse nou.

ADAPTASYON

Kijan li te fòme inivè a? se pa sijè ki difisil pou plizyè ti moun yo, yo konnen Bondye te fè mond lan, tout sa ki ekziste ladan li kont epi satisfezan. Sa ki enpòtan pou nou chaje a se pou n konnen se Bondye ki kreyatè a. sa se yon baz fondamantal pou n' konprann li pi byen epi kreyasyon li an. Li enpòtan pou ti moun yo konprann menm si yo meteLlòm nan klas bèt yo, Lòm plis diferan nan tout bèt ki te kreye yo, sa dwe posib paske nou se pi gwo kreyasyon senyè a.

Chak moun enpòtan epi gen yon vale espesyal pou senyè a, Li enpòtan pou ti moun yo konprann menm si yo mete Lòm nan klas bèt yo, Lòm plis diferan nan tout bèt kit e kreye, sa dwe posib paske nou se pi gwo kreyasyon senyè a.

Chak moun enpòtan epi gen yon vale espesyal pou senyè a, sa yo se baz biblik pou yon bon estimasyon e pou nou konprann entèlijans nou epi ki fason nou dwe genyen nan sa nou posede. Ou tankou pwofesè ou kapab ede elèv ou yo fè eksperyans verite pèsonèl sa yo, sa li kapab reyisi, si yo renmen li, ba l' valè epi aksepte chak nan yo.

DEVLOPMAN LESON AN
Entwodiksyon

Gen posiblite pou elèv yo gentan tande teori sou revolisyon Lòm nan. Youn nan ide jeneral yo nan teori sa se ke n'ap evolisyone chak tan, nou pat kreye vre. Gen lòt kwayans ki fè konnen se desandans animal nou ye, gen kèk ki di se desandans senj nou ye, genyen ki di se desandans pwason. Si elèv yo gentan ekspoze nan ti eksplikasyon sa yo, li enpòtan pou w eksplike yo nou se kreyasyon Bondye, epi nou te fè ak imaj li epi nou sanble avèk li.

DEVLOPMAN ISTWA BIB LA

Ou kapab kòmanse leson an ak yon chan ki gen mouvman tankou: kris renmen mwen, ese konsa Bib la di l', ou byen kèk lòt ki pale sou kreyasyon an. Si wap fè divizyon nan jou yo ou byen pa leson yo, sonje pou w pote foto moun. Sil posib pote plizyè ras, gason ak fanm, menm tout laj tou. Yon bon ekzanp siw ta pote foto pa w tou nan diferan laj ou te genyen epi pou montre ti moun yo. Si w vle, kole yo nan mi ki nan sal la, paske sa ap fè yo plezi.

Pandan leson eksplike verite Bib la sou kreyasyon Lòm nan. Kòmanse pandan wap kesyone yo sou leson ki te pase deja yo, di yo: kòman nou kwè nou te kreye? Ki kote Lòm soti? (kite elèv yo reponn). Itilize sa kòm baz pou w ka konnen nan ki pwen pou w plis rete. Nan fen leson poze kesyon pou w fè revizyon pou w kapab asire w ti moun yo kapte mesaj la.

APLIKASYON NAN LAVI A CHAK JOU

Natirèlman ti moun yo toujou bezwen konnen. Lè yo plizyè moun nan plizyè koulè yo toujou bezwen konnen ki kote yo soti. Pwofite kiryozite sa pou attaché fè ki di nou se desandan yon sèl kreyasyon, se Bondye ki fè nou. Menm si gen plizyè kilti, plizyè koulè po, plizyè koulè zye, otè ak fòm, nou tout nou se kreyasyon Bondye epi li renmen nou tout. Menm si nou pa pale menm lang, epi nou pa gen menm koutim.

ANÈKS

Kreyasyon Espesyal Bondye A

Bay chak elèv yon fèy aktivite yo, epi kite yo deside ki deklarasyon ki vrè ou byen ki fo. (de (2) premye yo fo epi lòt de dènye yo vrè yo dwe kole vizaj ki tris la pou sa ki fo a, epi sa ki kontan an pou sa ki vrè a). Diskite ak ti moun yo sou kesyon yo, apre, kite yo mete mo ki manke yo nan tèks la.

Yo Diferan, Men Yo Menm

Li ansanm ak elèv yo Sòm 139:13-16 e kite yo ranpli fèy aktivite yo a. di yo: Bondye fè nou chak la espesyal nan tout bagay, epi chak moun nan mond lan gen enpòtans pou Bondye. Li konnen nou avan menm nou te fèt. Fè kesyon sa yo pou w kapab debat fèy kalkil la avèk yo.

1. Nan kisa ti moun sa yo parèt? Aksepte ide ti moun yo menm lè yo diferan youn ak lòt, tankou: nou tout se moun, nou tout gen santiman, kèk nan yo se ti moun, lòt yo se ti fi, gen youn ki pa gen kapasite.

2. Kiyès nan ti moun sa yo Bondye te kreye? (yo tout).

3. Kiyès nan ti moun sa yo Bondye renmen plis? (yo tout menm jan).

4. Kiyès nan ti moun sa yo ou kwè Bondye t'ap mande pou renmen l'? (yo tout).

Bondye Te Fè Mwen Espesyal

Bay ti moun yo tan pou yo konplete enfòmasyon yo mande nan aktivite a. si gen ladan yo ki pa konn ekri ou byen pa vle ekri, ede li ranpli espas ki vid yo. Ti moun yo kapab pote travay sa lakay yo. Ou byen kole li ansanm nan tèks semèn pase a, si y'ap fè li, ou byen mete li yon kote espesyal.

SA OU DWE KONNEN

Pou jodia koupe vèse pou yo aprann nan avan kou a kòmanse, ekri li nan plizyè rad, yon mo nan chak moso rad. Desine chemiz, pantalon, chosèt. Itilize gwo moso Pou mo ki gwo yo, ti moso pou sa ki piti yo). Nan klas la kole yon ne ou byen yon kòk ki fè tankou wap tann rad yo, apre, itilize pensèt rad pou kole chak mo ki nan vèsè a. mande pou ti moun yo repete li, apre, kòmanse retire kèk mo nan vèsè a epi pou yo tout repetet li ankò. Repete aksyon sa jiskaske pa gen tèks ankò.

Nan fen an konsève tout mo yo pou kappa b itilize yo nan semèn ki gen pou vini an, siw vle pou yo dire plis, tepe yo ak tep. ou kapab desine yo, ekri mo yo ak men ou byen kole yo. Siw fè l' ak òdinatè fè li ak gwo lèt pou yo kapab wè li menm si yo lwen.

KONKLIZYON

Ede ti moun yo pou yo pa bliye anyen nan sa yo dwe pote lakay yo. Remèsye chak elèv paske yo te vin asiste etid la, pale sou leson ki gen pou yo vin fè yon ti koneksyon sou sa ou t'ap fè a tou, ankouraje pou yo toujou vini, fè priyè final la. Pa bliye remèsye Bondye paske li te kreye Lòm ak imaj li epi resanblans li.

BONDYE GEN SOUSI POU MOND LI A

ASPÈ JENERAL

Baz Biblik: Jenèz 1 y 2; Sòm 104:24-30

Tèks Pou Konnen: *Nan kòmansman an Bondye te kreye syèl la ak tè a* (Jenèz 1:1).

Objektif Leson An: Leson sa pral ede ti moun yo devlope yon santiman de sekirite, lè yo konnen Bondye gen kontwòl sou tout sa ki nan inivè a.

PREPARASYON PWOFESÈ A

Bondye pat sèlman kreye, men li te wè li nesesè pou tout bagay te kontinye fonksyone. Lè li te separe limyè jounen ak lannwit la, moman 24 è te kòmanse pou chak jou, reyon solèy la chak maten epi chak gout lapli dwe raple nou li toujou gen kontwòl sou tout bagay nan inivè a.

Nan kreye plant yo ak bèt yo, li tou ba yo kapasite pou yo kontinye repwodwi epi okipe pwòp yo menm. Chak plant ak bèt ki fèt dwe asire nou senyè a toujou gen kontwòl mond lan, non sèlman li ba nou lavi. Lè li te fòme Adan ak Èv li te di yo pou yo miltipliye epi plen tè a.

Sòm 104 se yon louwanj pou Bondye kreyatè a epi se li kap okipe mond lan. Nan mitan chan li a, salmis la mete yon estwòf (vv. 27-30). Ki pale kijan Bondye okipe lavi ki sou tè a. vèsè 30 lan declare pwisans kreyatif li kontinye jiska jodia.

Konnen se menm Bondye sa ki te fè inivè a sa fè lontan, se menm li menm ki kontinye ap nouri mond lan, sa dwe ba nou yon santiman de sekirite ak konfyans.

ADAPTASYON

Jeneralman ti moun yo pa ankouraje sa y'ap wè chak jou a, menm jan ak limyè solèy la, jaden an, bèt yo, montay yo, (kote ki genyen). Yo gen ide sou mond lan ki byen fòme. Se pandan, kounyea yo gen bon laj pou yo kòmanse panse sou kiyès ki te fè tout sa yo.

Nan twa semèn ki te pase deja yo, ou te pale ak ti moun yo sou kijan tè a te fèt. Leson sa yo te enpòtan pou te devlope yon bon ide de Bondye. Men, li enpòtan pou yo konnen ki objektif Senyè a pou mond la, sa kapab kontinye egziste.

Li posib pou ti moun yo gentan aprann anpil bagay ki gen relasyon ak lavi e ak planet, tankou chèn alimantè a, ou byen sik lavi a. kite ti moun yo kòmante sa yo konnen sou sijè sa yo, ou dwe ede yo jwenn fason Bondye itilize pou li okipe kreyasyon an. Sa ap ba yo yon sans sekirite.

Bondye te bay chak kreyati kapasite pou yo repwodwi selon espès yo, si ti moun yo mande w: kijan yon ti bebe fè fèt, kijan bèt yo fè pitit, di yo mande paran yo. Siw vle ofri yo èd ou itilize materyèl ki gen enfòmasyon Biblik sou sa. Ou kapab mande pastè pou l' akopanye w tou.

DEVLOPMAN LESON AN
Entwodiksyon

Tout sa ki depann de lòm nan kapab manke li yon jou, tankou: enèji elektrik, dlo potab, gaz, gazolin. Menm si nou gen lajan pou nou gen sèvis sa yo, si pa genyen yo nou pap kapab itilize lajan sa yo. Nou kapab panse, kisa ki t'ap rive si menm bagay sa yo te rive ak Bondye? Kisa ki t'ap pase si se te Lòm ki t'ap okipe kreyasyon an? Panse, si nou te responsab pou nou te pwograme jou yo t'ap gen grèv, an menm tan pou n'te gen jou ak nwi nou te gen 3 nwit ansanm, san pa gen jou ladan l'? Ou byen dlo a t'ap fini, ou byen nou t'ap boule, ou byen solèy la t'ap fonn. Se t'ap yon katastwòf tèrib. Li enpòtan pou nou konnen ke se Bondye ki gen kontwòl tout bagay, se pa Lòm. Panse ak yon rivyè ou menm ak ti moun yo konnen, li posib pou paran nou te konn benyen nan dlo sa, kounyea se nou k'ap benyen ladan l', e li posib apre pou se pitit nou ki pral benyen ladan l', men rivyè sa gen yon kouran dlo jou apre jou, dlo a pa janm fini. E nou kapab asire nou dlo sa pap janm fini, paske se Bondye k'ap kontwole. Sa pale nou de fidelite li.

Sonje lòt egzanp ou kapab itilize nan leson an.

DEVLOPMAN ISTWA BIB LA

Pa bliye mete chan ki pale sou fidelite Bondye nan nouri kreyasyon an. Di yo: li pa sèlman fè kreyasyon an epi li bliye li (menm jan plizyè Lòm te fè nan travay yo). Men okontrè, senyè a ap nouri li. Bib la di nou Bondye mete limit nan lanmè a. anpil ane gentan pase (syèk), te gentan gen anpil jenerasyon kreyasyon an toujou rete menm jan an, atire atansyon ti moun yo ak foto nou te itilize nan inite pase a, eksplike yo Bondye ap pwoteje kreyasyon an: flè yo kontinye ap pouse, sezon nana ne yo pa janm twonpe moun, solèy la toujou soti, lè a toujou disponib pou nou, dlo a toujou ap koule, epi toujou gen lavi. Ansèyman sa pral ede ti moun yo konprann teori ki fo yo, nan yon evolisyon ki rive konsa. Lòd ki gen nan kreyasyon an pale nou klèman de yon Bondye ki gen lòd ak pwisans. Lè nou wè yon mond ki byen fèt konsa, li difisil pou nou pale de yon bagay ki rive konsa. Li t'ap fawouch anpil pou yon moun t a panse se yon revèy ki fè tèt li, lè nou wè jan sa fèt nan pèfeksyon an, nenpòt moun kapab di tèt li se yon moun ki te fè li. Ebyen se menm babgay la ki rive nan kreyasyon an. Li posib pou li fòme pou kont li, konsa. Se yon moun ki pou fè li, moun sa se Bondye li ye.

APLIKASYON NAN LAVI A CHAK JOU

Lè ti moun yo konnen Bondye pwoteje kreyasyon li an, sa ap mete yon konfyans sekirite nan yo. Pwofite moman sa a pou yo deside, menm jan Bondye pwoteje kreyasyon an se konsa li kapab pwoteje lavi yo tou.

ANÈKS
Bondye Okipe Mond Li A

Bay elèv yo fèy aktivite yo, ba yo kreyon desen, kreyon ak fet tou.

Li enstriksyon yo travay ak yo de (2) premye priyè yo. Kite ti moun yo ranpli espas yo ak mo ki koresponn. Apre, pou yo li repons yo jwen yo, yo se: solèy, lapli, grenn, bebe, manje, zanmi. Itilize travay sa pou ranfòse ansèyman leson jodia. Bondye ap pwoteje epi nouri kreyasyon li an.

Bondye Pase Tout Bagay

Kesyone yo: kisa ki t'ap pase kreyasyon an si nou pat jwen èd Bondye pou nou pwoteje li? (kite elèv yo reponn). Petèt kèk nan yo gen difikilte pou panse ak yon bagay. Mande yo ankò: kisa ki t'ap pase, si solèy la pat janm leve, si lapli pat janm tonbe, si plantè yo pat konnen sa yo ta pral rekòlte lè yo simen plant yo, ou byen si yon fanm ansent pat konnen si li ta pral fè yon pitit ou byen yon jiraf?

Ti moun yo dwe konprann kijan moun t'ap malouk si sa te rete konsa. Kite yo pwopoze lòt tip pwoblèm nan t'ap jwen si Bondye te kite sa fèt konsa.

Di yo pou yo chèche nan Bib yo a: jenèz 8:22 epi pou yo li tout ansanm. Apre sa mande yo kijan yo santi yo lè yo konnen se Bondye ki gen kontwòl kreyasyon an (ba yo tan pou yo reponn). Kèk nan repons yo kapab: sekirite, konfyans, n'ap kontan.

SA OU DWE KONNEN

Itilize moso rad ki gen tèks la ladan li a, sa nou te itilize dimanch pase a, refè menm bagay ak li, mete li bò kote ki gen tèks ki ekri byen gwo a, pou li kapab sèvi pou li gide elèv yo. Kole pyès yo andezòd, andedan yon kòbèy ou byen yon lòt bagay. Apre mande yon elèv ki vle poul pa swe devan pou pran yon moso pou li kole (itilize pensèt) pou pèmèt lòt patisipan yo tou jiskaske yo ranje tèks la byen epi mande pou yo repete li ansanm. Nan fen an sere tèks la pou w kapab itilize nan fen inite a.

KONKLIZYON

Ede ti moun yo pou yo pa bliye anyen nan sa pou yo pote lakay yo, remèsye yo chak paske yo te vin asiste etid la fè yon koneksyon ak leson semèn nan rapèl wap fè a, ankouraje yo pou yo toujou vin nan kou a. fè priyè final la pandan wap remèsye Bondye pou kreyasyon e pou tèt li kontinye ak pwoteje li, remèsye Bondye pou li pwoteje lavi tout ti moun yo menm jan li pwoteje lanati. Sa ki gen demand priyè yo priye pou yo.

NÒT:
_____
_____
_____
_____

67

BONDYE MANDE POU PWOTEJE MOND LI A

ASPÈ JENERAL

Baz Biblik: Jenèz 1:26-30; 2:15, 19-20

Tèks Pou Konnen: *Nan kòmansman an Bondye te kreye syèl la ak tè a* (Jenèz 1:1).

Objektif Leson An: Anseye ti moun yo, yo menm tou yo kapab patisipe nan pwoteje mond nou an.

PREPARASYON PWOFESÈ A

Apre Bondye te fin kreye Adana k Èv, li te mete yo nan jaden an, ladan li te genyen tout sa yo te bezwen. Epi menm lè senyè te kapab pwoteje kreyasyon an pou kont li. Se pandan, li te vle pou Lòm travay avèk li. Premye travay li te bay Lòm nan responsab se te pou l' te travay tè a. premye travay ki pale nan la Bib se agrikilti.

Bondye te mande Adan tou pou li te pwoteje bèt yo, premye travay li se pou l' te ba yo non. Premye travay sa te ba li chans pou l' te dekouvri kapasite entèlektyèl senyè a te ba li.

ADAPTASYON

Bondye te bay lòd e responsablite pou Li te siveye mond li te kreye a. Ti moun yo konn sa deja. Nan lekòl la , nan televizyon, ou byen lòt mwayen ki kapab ba yo enfòmasyon pa avize yo sou nesesite pou yo pwoteje resous natirèl yo. Konsa, yo konekte sou resous sa yo ak Bondye tankou kreyatè a epi moun k'ap okipe mond lan.

Eksplike yo: chak fwa yo nan kèlkeswa fason an ou byen ede pwoteje lanati a, se Bondye yo obeyi pandan y'ap itilize egzanp li bay yo, nan vil ou byen peyi ki montre moun yo kijan pou yo pwoteje resous natirèl Senyè a te kite pou nou.

Planifye yon pwojè ak elèv yo ki pap fèt nan sal klas la, nan fason sa y'ap kapab

Mete an pratik tout sa yo te aprann nan kou a (pwojè a kapab: simen flè, plante pye bwa, fè travay nan tanp lan ou byen nan katye a). pwofite okazyon sa pou w ranfòse sa yo te aprann.

DEVLOPMAN LESON AN
Entwodiksyon

Si w te konn itilize foto pou w te devlope leson avan yo, nan aktivite sa tou ou kapab pote foto moun k'ap pwoteje resous natirèl yo (netwaye plant yo, netwayaj nan anviwonman kote y'ap viv la, jete fatra elatriye). Ou kapab itilize tou moso foto ki gen nan jounal yo. Kole yo bò kote moun ki deja prè pou travay la. Pale ak yo pou w attire atansyon yo, resous nantirèl yo gen relasyon dirèk ak Bondye, li pa sèlman kreyatè yo, men tou se li menm menm ki te mouri yo a.

Eksplike yo gen moun nan foto yo ki konnen sa, gen moun ki pa konen sa, si y'ap fè sa Bondye mande pou yo fè. Y'ap fè travay Bondye te bay Lòm fè lè li te mete yo nan jaden an, siveye kreyasyon an. Siw kapab ou kapab pote foto ki gen aksyon kont pwoteksyon lanati a (pa ekzanp: lè yon moun voye fatra nan lari a,jete lwil nan lari a, ou byen jete gaz nan dlo rivyè yo ak lanmè yo , lè yo detwi mòn yo). Si yo konn fè sa di yo sa pa fè Bondye plezi.

DEVLOPMAN ISTWA BIB LA

Di yo: Bondye pat kreye Lòm nan pou li te kouche repose li pandan tout jounen an . Ti moun yo kapab gen ide sa yo sou Adan ak Èv. Anpil nan yo kwè nan paradi a y'ap annik lonje men yo epi manje a ap vin jwen yo. Yo kapab menm di w: lè y'ap gade foto ki gen paradi a ladan li yo pa janm wè Adan ak Èv k'ap travay. Sa w pata panse, sa menm kreye yon pwoblèm sikolojik negative kay ti moun yo. Gen kèk ladan yo ki konn menm di travay se yon pinisyon Bondye bay Lòm, paske li te dezobeyi li.

Bib la di nou, Bondye te mete Adan ak Èv pou yo te travay tè a epi pwoteje li (Jenèz 2:15). Li enpòtan pou ti moun yo fè diferans nan relasyon pwoteje lanati a epi travay la. Lè Adan t'ap bay bèt yo non an, gentan montre responsablite Bondye gentan bay Lòm nan, Lòm nan se mèyè kreyasyon senyè a e li gen responsablite pou li pwoteje lanati.

Nan leson an ou kapab mete chan ki pale sou responsablite nou genyen pou nou travay an favè kreyasyon an; li kapab di sa: "ooo si nou tout te travay ansanm, ansanm, ou byen yon lòt ki gen rapò ak leson wap fè a, pa bliye mete mouvman nan chan yo, nan sa wap fè a, mande yo pou yo kanpe pa de (2) epi pou yo kanpe fas pou fas pou yo kenbe men. Pandan y'ap chante pou yo bouje men yo devan dèyè.

APLIKASYON NAN LAVI A CHAK JOU

Ti moun yo dwe pran konsyans pou yo pwoteje lananti a konsène nou tout, li posib pou pi fò ladan yo gen yon ide ki vag nan responsablite nou genyen pou nou okipe anviwonman Bondye a. petèt yo kapab kwè yo twò piti pou yo fè sa, se bagay gran moun yo dwe fè men pa yo menm.

Pwofite leson sa pou enfòme yo, yo menm kòm pitit Bondye yo dwe obeyisan nan pawòl li, responsablite sa se pou yo tou. Premyeman, aisre w yo konprann kreyasyon gen relasyon ak Bondye, Bondye se kreyatè a, epi li se moun k'ap okipe kreasyon an, men li ap ret tann pou Lòm nan jwe wòl pa li tou nan pwoteje planet la.

Ankouraje pou yo pran responsablite yo nan sa tou. Mande yo, nan ki fason yo kwè yo kapab ede (kèk repons yo kapab: depose fatra yo kote ki fèt pou sa, pa detwi plant yo ni pyebwa yo, pa kontamine dlo yo). Kesyone yo ankò: nan ki fason yo kapab anvlimen si tiyasyon an (kèk repons yo: jete fatra nan lari a, koupe flè yo jete, jete fatra nan rivyè yo, ak lanmè a, touye bèt yo jan yo vle).

ANÈKS
Bon Dye Se Kreyatè A

Remèt ti moun yo fèy aktivite yo, ba yo kreyon desen, fèt tou. Si w vle ou kapab fè li, ou kapab itilize akwarèl tou. Ba yo chak la fèy ki pou yo a, epi mande yo pou yo desine sa yo mande yo a. yo kapab itilize foto ki te kole deja yo. Si ti moun yo ap itilize akwarèl yo, siveye pou dlo pa tonbe sou li, pou yo pa sal rad ki sou yo a.

Pandan elèv yo ap travay, mande yo: nan tout sa Bondye te kreye yo kisa yo plis renmen. Fè yo sonje kisa Sòm 104:24 la di. Epi met aksan sou konesans bondye genyen.

Mwen Kapab Ede

Li ansanm ak ti moun yo enstriksyon ki nan fèy la, apre, mande yo pou yo jwe. Ou kapab fè li pa de (2) pou tout kapab patisipe. Eksplike yo byen enstriksyon yo jwe tou pou yo kabap pi konprann.

SA OU DWE KONNEN

Pandan wap itilize plizyè moso rad ki gen tèks nou te itilize nan dènye leson yo, sere li nan klas la. Ou kapab kole yo anbab chak chèz, dèyè yon desen ou byen lòt kote. Lè moman pou yo aprann tèks la rive, mande ti moun yo pou yo ede w chèche tèks la paske li pèdi nan klas la lè youn ladan yo jwenn yon moso li dwe ale kole li nan liy lan ak yon pensèt yo te itilize deja. Mande pou yo kole pyès twa yo nan lòd pou tèks la byen parèt, epi repete tout ansanm. Ou kapab itilize èd vizyèl sa pou eksplike enpòtans kreyasyon Bondye a. pa egzanp ou kapab di: avan Lòm te envante sechwa pou seche rad yo ebyen se solèy la ki te konn seche yo. Men yo toujou itilize metòd solèy la plizyè kote jodia. Yo konn itlize lè a tou pou travay sa. Di yo: li enpòtan anpil pou lè rete toujou pwòp, paske si se pa sa rad yo ap sal ankò. Pa ekzanp: si yon lafimen yon izin kontamine w, ou byen si yon moun limen yon boukan kote rad ou tann, ebyen lafimen ap tache rad la. Pwofite sa, pou montre kijan Lòm nan kontamine anviwonman l'ap viv la. Lòt eleman ki plis enpòtan pou lave rad se dlo, li menm tou li dwe toujou pwòp. Eksplike yo menm bagay sa dwe rive nan tiyo ki ale lakay yo a. nan kèk sitiyasyon moun yo konn wè li nesesè pou yo ale nan rivyè pou yo kapab jwen plis kote. Se pandan nan chak bagay sa yo, se Bondye ki mete yo.

KONKLIZYON

Ede ti moun yo pou yo pa bliye anyen nan sa pou yo pote lakay yo, remèsye yo paske yo te vin asiste leson an jodia, di yo sa se te dènye leson inite a. lòt dimanch nou pral kòmanse ak yon lòt leson, pwofite ankouraje yo pou yo toujou vini, si sa pap baw pwoblèm ou kapab fè yo kado foto ou te itilize deja pou leson an, si w te kole kèk nan travay yo nan mi yo, mamde yo pou yo pran yo tou, pou lakay yo. Ou kapab bay youn ladan yo tèks la ou byen fè kado li.

Chante epi priye ak yo lè wap lage, nan priyè a sonje remèsye Bondye pou kreyasyon an, paske li okpie li, paske li mete konfyans li nan nou pou nou ede li pwoteje kreyasyon an, pa bliye mande yo si yo gen demand priyè pou ajoute li nan sa wap fè a.

Nou rekòmande w pou w sonje tout demand priyè yo, nan fen inite a pale sou tout epi remèsye Bondye pou sa ki yon repons pozitif.

TWA ZANMI ESPESYAL JEZI YO

Baz Biblik: Sen Lik 5:1-11; 3:21-22; 7:18-23; 8:40-42, 49- 56; 9:28-36; Sen Mak 10:35-45; Sen Jan 21:1-17

Tèks Inite A: *Nou se zanmi mwen si nou fè sa mwen kòmande nou pou n fè* (Sen Jan 15:14).

OBJEKTIF INITE A

Inite sa pral ede ti moun yo:

✗   Konnen kisa sa vle di " swiv Jezi"

✗   Konprann pou kisa nou menm kretyen nou kwè Jezi se pitit Bondye.

✗   Fè yo konnen enpòtans sa genyen lè yo renmen epi swiv Jezi.

✗   Pou yo vin disip Jezi, jan lespri sen an te made pou sa fèt la.

✗   Chèche èd Bondye pou yo aprann renmen epi sèvi lòt moun yo , menm jan Jezi te konn fè l' la.

LESON INITE A:

Leson 28: Zanmi Jezi Yo Swiv Li

Leson 29: Zanmi Jezi Yo Konnen Kiyès Li Ye

Leson 30: Jezi Anseye Zanmi Li Yo

Leson 31: Jezi Montre Lanmou Li Gen Pou Zanmi Li Yo

POUKISA DEBITAN YO BEZWEN INITE SA

Ti moun yo gen yon gwo sans sou lamitye, petèt gen kèk ladan yo ki deja genyen gwoup zanmi pa li, lè nou mete sa, se yon koz ki kapab enfliyanse ti moun yo lè pou yo pran yon desizyon.

Gen yon pwovèb popilè ki di: di mwen kiyès ou frekante, m'ap di w kiyès ou ye. Yon sèl zoranj ki gate kapab fè tout lòt rès ki nan panye a pouri. Menm si sa parèt yon ti jan radikal, zanmi ti moun yo chwazi kapab determine kèk fason konpòtman yo kapab ye, li kapab menm devine kijan demen yo ap ye. Sa se youn nan rezon ki fè ti moun yo bezwen etidye inite sa. Pou yo kapab aprann chwazi zanmi yo vle genyen an.

Eksplike yo, se pa sou tout bagay nou dwe deside (tankou: nan ki fanmi nou fèt, ki vwazen nou pral genyen, ki kamarad nou pral genyen nan lekòl).

Li enpòtan pou yo konpran ki tip de zanmi yo pral genyen, inite sa pral ede yo konnen bon zanmi yo. Men, nan tout sa, yo pral konprann Jezi vle epi bezwen vin pi bon zanmi yo genyen, nou kapab gen yon relasyon pèsonèl ak li, paske li pa lwen nou.

Lòt bagay enpòtan nou dwe anseye ti moun yo, yo dwe konnen yo menm tou yo kabap bay lòt moun sèvis yo. Nan etid kèk leson sa yo pral ede yo idantifye yo pa rapò ak lòt yo epi nan ki fason yo menm yo kapab ede moun sa yo ki nan bezwen.

Sèvi lòt moun yo, sa vle di yo aprann ekzanp, ou byen apran sa yon chèf responsab te bay kòm ekzanp, lè elèv yo wè pwofesè a, pastè, paran yo sèvi yon moun ki nan nesesite, y'ap konprann pi byen kijan yo menm yo kapab ede tou.

Mete nan kè ti moun yo anvi pou yo vin menm jan ak lidè sa yo, menm ak ekselans Jezikris.

ZANMI JEZI YO SWIV LI

ASPÈ JENERAL

Baz Biblik: Sen Lik 5:1-11

Tèks Pou Konnen: *Nou se zanmi mwen si nou fè sa mwen kòmande nou pou n fè* (Sen Jan 15:14).

Objektif Leson An: Leson sa pral ede ti moun yo konprann kisa ki vle di "swiv Jezi" a.

PREPARASYON PWOFESÈ A

Pasaj sa pale nou de (2) frè ki te pechè, yo t'ale peche nan lanmè Galile a, yo rekonèt lanmè sa tou son non lak "genesaret". Yon jou, pandan Jezi t'ap anseye moun yo bò lanmè a, moun yo te t'elman pwoche bò kote li yo te men map pouse nan dlo a, pou sa li te mande Simon si li te kapab itilize bak li a. Jezi pat yon enkoni pou pechè yo, ni yon etranje ki t'ap mande pou li te itilize bak la, se te yon zanmi li te ye pou yo. Lè li te fin preche li te di Simon yon bagay ki te parèt tankou yon foli. Yo te eseye pandan tout nwit la ap peche yo pat jan kapab kenbe anyen. Lè Senyè a te mande pou li te itilize bak li a, Simon te gentan fin lave file li, pou l' te fini ak jounen travay di sa. Lè li te fin preche Jezi te mande pechè a pou li te mennen bak la nan fon lanmè a, pou li voye file li ankò. Simon di li, nou te gantan eseye pandan tout nwit la, men nou pat jwen anyen. Men li te obeyisan li te fè sa li te mande pou fè a. Sa ki te vin pase apre pechè ekspè devan chapantye a. file a tèlman gen pwason ladan li, li te kòmanse chire. Jakob ak Jan te vin ede yo, yo te tèlman plen bak yo ak pwason yo te menm an danje, yo te kapab menm fè nofraj paske li te vin twò lou. Simon Pyè te rekonèt pwisans Bondye nan gwo mirak pèch sa, epi yo te tonbe ajenou devan senyè a , lè yo te fin wè mirak sa, tou de (2) frè yo simon pyè ak Andre ak jakob ak jan, yo pat bezwen plis pou yo te ki te pèch la pou yo te swiv Jezi.

ADAPTASYON

Moun yo swiv chèf yo a, chèf ti moun yo chwzi yo pral gen anpil enfliyans sou devlopman yo. Ede yo wè Jezi kòm yon chèf yo kapab swiv san krent, epi mete konfyans li pap fè yo pran move desizyon. Sonje ou menm tou kòm pwofesè ou se chèf ti moun ou yo, pou sa ba yo ekzanp kijan moun renmen epi obeyi Bondye. Pa bliye ti moun yo, yo menm yo panse nan yon sans literal, si w di pou yo swiv Jezi, yo kapab konprann sa literalman epi yo kapab mande kijan nou kapab fè yon bagay konsa.

Eksplike yo swiv Jezi vle di pou nou obeyi ak ansèyman li yo.

DEVLOPMAN LESON AN
Entwodiksyon

Leson sa se yon bon opòtinite pou w anseye elèv ou yo kisa sa vle di "swiv Jezi". Pèch mèveye sa sere anpil bagay ti moun yo pa konnen. Youn ladan yo sè ke nan epòk sa filè yo te konn itilize ak sa yo itlize jodia yo pa sanble. Jodia se plastic yo itilize, menm si li gen menm rezistan, anplis de sa ou kapab wè sa kap pase andedan li.

Sou tan la Bib filè yo te konn fèt ak gwo kòdon, se pou sa yo te konn peche pandan lannwit, si yo te fè sa pandan jounen an pwason yo t'ap wè sa epi yo patap janm pran anyen.

Lòt eleman ankò, nan jounen an pwason pwoche bò dlo a pou yo vin chèche manje, se konsa lòd Jezi te pase pou yo t'ale pi fon an te parèt yon foli nan lè sa , epi solèy la te tèlman cho. Se pandan, Simon te obeyi e li di: "m'ap fè sa w mandem pou m' fè a". Nan lòt vèsyon yo li di: "nan non w". itilize pwen sa pou sèvi w tras pou istwa a.

DEVLOPMAN ISTWA BIB LA

Rakonte istwa yon fason ki amizan, siw kapab pote filè pwason, ram, kòd ou byen foto pwason.

Si w gen posiblite a, pote kèk eleman pechè konn itilize, tankou: bak, pat pou naje.

Pale anpil sou pwen sa yo ki nan leson an:

✗ Jezi pat yon pèsonaj enkoni pou pechè yo, petèt li te zanmi yo, pou kisa Simon te obeyi san li pat di l'anyen. (nou konnen deja pechè sa yo gen karaktè ki dwòl si yo pat konnen Jezi yo patap obeyi li).

✘ Enstriksyon Jezi yo pat tèlman lojik, men Simon te obeyi kanmenm.

✘ Pandan yo te wè mirak la èske mesye yo te dispoze yo pou yo te kite tout bagay (pwason yo te peche a te ladan li tou), pou yo te swiv Jezi.

Mete chan ki gen mouvman ak rapò nan leson wap fè a. son je pou bye jere tan yo ba ou pou eksplike kou a (ki gen ladan li: chan tèks travay manyèl ak aktivite). Fè efò pou w swiv menm kantite orè pandan tout inite a, si w kapab planifye sa w pral fè yo avan w kòmanse, sa ap pran ou plis afektif.

APLIKASYON NAN LAVI A CHAK JOU

Eksplike ti moun yo pou yo swiv Jezi se pawòl li pou yo obeyi, se pa menm jan lè y'ap swiv yon moun nan lari a. okonntrè se bagay volontè pou obeyi pawòl Bondye.

Ti moun yo se imitate yo ye, yo toujou vle imite yon moun ou byen yon zanmi. Eksplike yo pi bon moun yo kapab imite a se Jezi li rele. Li pa janm abandone nou, ni twonpe nou. Nou kapab apwoche nou nan prezans li ak konfyans, konnnen li konprann nou e li prè pou li fè gwo mirak nan lavi nou. Sa nou dwe fè se sa Simon, Andre, Jakob, ak Jan te fè a, toujou mete nou prè pou swiv senyè, menm si nou dwe kite tout sa nou te posede.

ANÈKS
Kiyès Ki Swiv Jezi Yo?

Remèt tout ti moun fèy kalkil yo a, kreyon desen, fet ak kreyon. Mande yo: ak kiyès Jezi t'ap pale lè li te mande pechè yo pou yo te swiv li a? (ba yo tan pou reflechi). Ekplike yo: swiv yon moun kapab genyen plizyè sans. Youn ladan yo se fè menm bagay moun nan fè, ou dwe imite li nan tout bagay.

Itilize fèy kalkil la pou montre yo konbyen sinifikasyon mo "swiv" la genyen ladan li. jwe ak ti moun yo pou yo swiv responab la, nan jwèt la se ou menm ki lidè gwoup la. Mete ti moun yo dèyè w epi mache nan sal la. Pandan wap menen yo fè men w fè mouvman, pou ti moun yo fè menm bagay la tou (ou kapab bat bravo, leve men w, mete yo nan senti w, vole, sote, kriye). Apre, mande pou youn nan ti moun yo fè plas lidè a, epi, ou menm pran plas dèyè a. apre, yon ti tan, san yo pa rann kont pa fè sa lidè a ap fè a, fè yon lòt bagay diferan de sa l'ap fè.

Wap wè gen kèk ti moun ap fè sa wap fè tan pou yo ta imite lidè ou te mete a. lè sa rive mete yo chita epi pale sou sa ki rive a, di yo: lè mwen te chèf la tout moun t'ap swiv mwen, yo t'ap fè menm bagay ak mwen. Men lè mwen te mete elèv la nan plas chèf la, m pat swiv mouvman li yo, mwen pat yon moun ki obeyisan.

Bay elèv yo fèy kalkil yo, epi di yo: lè Jezi t'ap viv sou tè sa, zanmi li yo te kapab swiv li nan de (2) bagay. Kisa youn ladan yo te ye? (yo te kapab ale ak li nenpòt kote li prale), eske se nan fason sa moun yo te konn swiv Jezi a? (wi). Men premye disip li yo te konn fè sa nan yon lòt fason. Nan ki fason? (yo te konn obeyi ansèyman li yo, swiv ekzanp li yo). Eske tout moun ki nan fèy kalkil la swiv Jezi nan menm fason an? Fè chak ti moun li deklarasyon moun k'ap swiv Jezi yo, epi pou di kiyès ladan yo ki swiv Jezi nan dezyèm fason an.

Apre, mande pou desine rad moun ki t'ap swiv Jezi yo nan dezyèm fason an (yo dwe desine sa yo ki di mwen kwè nan li, mwen pral fè sa li di, yo tande l'ap di verite, mwen renmen sa l'ap di yo).

Kesyone yo: eske nou kapab swiv Jezi tout kote li prale menm jan Simon Pyè, Jakob ak Jan te konn fè a? (non, paske kounye li pa menm moun li te ye lè li te avèk yo a). Ebyen, kijan nou kapab swiv li? (lè nou kwè nan li, konnen pawòl li, swiv ekzanp li, obeyi kòmandman li yo). Repete ansnam ak ti moun yo, Sen Jan 15 : 14.

Kisa Yo Pral Fè?

Di yo: Pyè, Andre, Jakob ak Jan te ki te travay pechè yo a pou al swiv Jezi tout kote li tap prale, yo te aprann obeyi ekzanp li epi aprann ansèyman li yo.

Jodia ti moun yo dwe di kisa yo ta renmen pou Jezi ta fè nan chak pwoblèm yo, pa ekzanp, sa ki parèt nan fèy kalkil jodia. Swiv enstriksyon ki nan fèy travay la.

Defini sa k'ap pase nan imaj anlè a (yon ti moun ki jete manje epi li akize yon lòt, yon lòt ti moun k'ap fawouche, epi yon lòt ap anmède). Mande elèv yo pou yo ekri sa yo panse k'ap di. (kapab gen plizyè opinion, mande yo pou kisa yo panse konsa). Di yo: eske nou panse se sa Jezi vle pou nou fè?, pou kisa wi, ou byen pou kisa non? Nan imaj anba ekri sa yon moun k'ap swiv Jezi ta dwe fè, (ede ti moun nan pran sa ki pou li yo, epi netwaye li, pale ak li ak jantiyès epi ankouraje li pou li fè menm bagay la pou lòt yo).

Li pa toujou fasil pou nou swiv Jezi, nan kèk sitiyasyon nou pa fin kwè nan sa nou pral fè. Pa fwa nou pa vle parèt diferan ak zanmi nou yo, paske nou pè pou yo pa fache ak nou.

Kèk nan elèv yo petèt pa vle admèt yo konn pa vle swiv Jezi. Rakonte yo kèk eksperyans ou fè lè w konn pa vle swiv Jezi, sa ape de ti moun yo konnen nan klas la fòk yo onèt ak tèt yo.

72

SA OU DWE KONNEN

Fè yon desen ki gen fòm yon pye byen gwo, epi nan mitan li kole tèks pou yo aprann nan, di yo desen pye a se senbòl ki reprezante twou nou janbe nan chemen pandan n'ap mache, epi sa ape de nou sonje ke n'ap swiv Jezi (ou kapab fè plizyè desen epi kole tèks ladan yo). Aprè kole estati pye a nan mi nan klas la, pèse yon twou pou w kapab fè sa (gwosè pye yo kapab menm jan ak yon fèy). Repete tèks la ak ti moun yo plizyè fwa.

KONKLIZYON

Ede elèv yo pou yo pa bliye anyen nan sa yo dwe pote lakay yo, remèsye yo paske yo te vin asiste inite sa. Fè yon limyè sou lòt leson ou gen pou wè ak yo pandan wap fè koneksyon ak sa w sot fè a, ankouraje yo pou yo toujou vin swiv etid la, pa bliye fè priyè a vavèk yo, e mande yo si yo gen demand priyè pouw ka tou priye pou sa mandew pouw fè a.

NÒT:

_____

_____

_____

_____

_____

_____

_____

_____

_____

_____

_____

_____

_____

_____

_____

_____

_____

_____

_____

ZANMI JEZI YO KONNEN KIYÈS LI YO

ASPÈ JENERAL

Baz Biblik: Sen Lik 3:21-22; 7:18-23; 8:40-42, 49-56; 9:28-36

Tèks Pou Konnen: *Nou se zanmi mwen si nou fè sa mwen kòmande nou pou n fè* (Sen Jan 15:14).

Objektif Leson An: Leson sa pral ede ti moun yo konnen ke Jezi se pitit Bondye, li kapab fè sa pyès moun pa kapab fè.

PREPARASYON PWOFESÈ A

Kat (4) premye pasaj ki nan Lik la pou leson jodia montre nou ekriti sou Jezi. Bondye te pwoklame li se te pitit li, li te montre pwisans nan yon seri mirak, epi lè li te batize a yo te tande vwa papa li depi nan syèl ki te idantifye li kòm pitit li.

Minister Jezi a asireman pat tout sa Jan t'ap tann sou Mesi a. Jan te voye de (2) nan disip li yo pou t'al mande Jezi si se te li menm ki Mesi a, ou byen si yo dwe tann yon lòt. Jezi pat reponn ak yon senp repons wi ou byen non; men li te bay yon aspè sou sa. Disip Jan yo te menm wè Jezi t'ap fè, sa pyès moun pat kapab fè. Li pat janm itilize mirak yo pou li te montre li se Mesi a. mirak li yo t'ap akonpli pwofesi yo. Li te fè avèg yo wè, li te fè esklav peche yo vin lib, sa yo, se te akonplisman mesyanik yo nan Izayi 35:56. Preche levanjil la bay pòv yo akonpli pwofesi ki nan Izayi 61:1 an. Sen Lik 8:40-42, 49-56. Istwa sa kòmanse lè Jairo t'ap sipliye pou pitit fi li a. yon lòt fwa ankò, Jezi te montre li kapab fè sa pyès lòt moun pa kapab fè. Pandan gen lòt moun ki t'ap doute epi fawouche li, Jezi te rele paran ti fi a ak zanmi ki pwòch li yo (Pyè, Jak ak Jan) pou yo te kapab temwen nan mirak rezireksyon ti moun nan, pou l' te bay plis aspè toujou ke li se pitit Bondye.

Sen Lik 9:28-36. Nan chanjman an n'ap wè ankò zanmi ki te pwòch Jezi yo, pou temwen yo nan evenman ki tèlman enpòtan, yo menm ki te tande yon vwa nan syèl la ki te pwoklame li kòm pitit Bondye. Tristès te tèlman anvayi moun yo, yo pat fin konprann kisa bagay yo te sot wè a vle di.

ADAPTASYON

Jezi diferan nan tout moun ki egziste, li se sèl moun ki kapab di li se sèl pitit Bondye. Mirak li yo chita sou relasyon li genyen li menm ak papa a. Leson sa pral ede elèv yo konprann relasyon an. Konnen Jezi se sèl pitit Bondye epi sa pral ede yo konprann pi byen kiyès li ye.

DEVLOPMAN LESON AN
Entwodiksyon

Li enpòtan anpil pou konn moun yo. Lè yon moun vle gen yon pòs nan yon antrepriz, premye bagay direktè a vle konnen kyès moun ki mande anplwa a. Si lakay nou bezwen yon moun ki pou okipe timoun yo, paran nou ap bezwen konnen ki moun sa. Si nou pral kòmanse yon amitye ak yon moun, li enpòtan pou n' konnen kiyès moun li ye tou.

Se menm jan, si nou vle gen yon relasyon zanmitay ak Jezi epi nou vle mete konfyans nou nan li fòk nou konnen kiyès li ye tou.

Timoun yo konfyan anpil, anpil fwa, yo prè pou yo swiv ou byen obeyi yon moun menm si yo pa konnen li. Di yo nan leson sa yo pral konnen kiyès Jezi ye.

DEVLOPMAN ISTWA BIB LA

Pa rapò ak aksyon yo moun yo gen plizyè opinion sou Jezi. Kiyès li te ye? Pou kèk nan yo se te yon bon anseyan, pou lòt yo se te yon gwo predicate, pou lòt yo se te yon komedyen. Li enpòtan pou w eksplike pwen sa yo nan leson an:

1. Jezi se pitit Bondye.

2. Jezi se Mesi a.

3. Jezi se zanmi nou.

Sonje itilize chan ki gen relasyon ak sa wap fè a, ki gen mouvman tou. Pa ekzanp: kris renmen mwen, mwen gen yon zanmi ki renmen mwen, non li se Jezi. (si yo pa konnen yo, ou kapab chante lòt). Mete aksan, tankou zanmi Jezi, nou dwe konnen kiyès li ye pou nou kapab rakonte lòt ti moun pou respite li.

APLIKASYON NAN LAVI A CHAK JOU

Kesyone plizyè ti moun sou relasyon yo genyen ak zanmi yo. Mande pou yo bay non yo, kote y'ap viv, kisa yo plis renmen. Itilize ti dialog sa pou w kapab eksplilke nou menm nou gen enfòmasyon sou zanmi nou yo.

Menm jan, ti moun yo dwe entèrese chèche enfòmasyon sou Jezi si yo di yo se zanmi Jezi. Eksplike sa ki di Jezi se pitit Bondye epi li se zanmi tou. Sa se yon bon leson pou nou kapab di sa yo ki pa konnen Jezi yo menm tou yo kapab konnnen li jodia , epi yo kapab gen yon relasyon pèsonèl ak li.

Si yo fè li konsa, gide ti moun yo nan desizyon enpòtan sa (ou kapab revize materyèl inite ki te pase yo: apre, lè yon Ti moun fin sove, l'ap sensè nan anpil bagay).

ANÈKS
Kiyès Jezi Ye?

Remèt chak elèv fèy pou yo travay, ba yo tou: kreyon desen, ak fet. Santre atansyon yo nan yon repòtaj ak kamera devan yon televizyon, di yo: moun sa yo ap fè yon deba, yo bezwen yon repons ki enpòtan anpil: kiyès Jezi ye? Kesyone ti moun yo: pou kisa yo kwè repons sa enpòtan? Sinyale chak moun ki nan deba a, li repons yo chak bay yo; si ti moun yo kwè repons ki bay la bon yo dwe desine yon wonn kote repons lan epi kole yon etwal nan bon repons lan. Nan tout repons yo. Sof sa ki di: mwen konnen, se youn nan pati ki vrè yo. Men youn nan pi bon repons yo se "li se pitit Bondye").

Jezi Montre Li Se Pitit Bondye

Mande elèv yo pou yo chèche moso yo dwe kole nan fèy kalkil la, y'ap bezwen sizo, pensèt, papye pou chak ti moun yo.

Imaj sa yo raple nou sinyal ki fè nou konnen Jezi se pitit Bondye a. Fè elèv yo swiv enstriksyon yo ede yo pou kole pyès yo nan fason pou pijon an te desann sot nan syèl poze sou Jezi. Mande pou yon elèv ki vle rakonte chak istwa ki parèt nan imaj la. Imaj sa yo ap sèvi kòm sipò pou konnen Jezi se pitit Bondye.

Fè kesyon sa yo:

✗ Kisa vwa ki te nan syèl la (Bondye) te di lè Jezi t'ap batize a, le li t'ap monte nan syèl la tou? (sa a se pitit mwen).

✗ Pou kisa deklarasyon sa te enpòtan? (pou pat gen dout sou Jezi, pou montre li te pitit Bondye a).

✗ Pou kisa yo kwè li te enpòtan pou Jezi te fè mirak sa yo? (pou pwofesi yo te kapab akonpli).

SA OU DWE KONNEN

Pote tèks pou ti moun yo aprann nan yon desen pye (menm jan ak sa nou te itilize nan leson anvan an, men fè li piti, pou chak ti moun kapab gen youn). Siw genyen ou byen resous mete tep adezif sou yo pou yo kapab kenbe plis, ou kapab fè yo nan yon gwosè pou yo itilize yo tankou pòt kle. Mande ti moun yo pou yo mete non yo nan do li avan yo kouvri li, apre, fè yon twou nan pye a, yo kapab mete yon fil ladan li, sa se pou yo kapab koke li nan yon kote nan klas la, e pou yo sonje tèks la chak fwa yo wè li. Yo kapab koke li nan pòt chanm yo tou,ou byen nan pòch valiz yo, yo kapab kole li tou nan glas y'ap itilize pou yo penyen.

Repete tèks la ansanm avèk yo pandan plizyè fwa. Apre mande kisa sa vle di pou yo (kite yo reponn,epi eksplike repons yo bay yo). Paske ti moun yo renmen bay repons ki kout lè y'ap reponn kesyon. Mande yo si yo kwè Jezi kapab mande yo kèk fwa pou yo fè yo bagay ki ma.

KONKLIZYON

Ede ti moun yo pou yo pa bliye liv yo dwe pote lakay yo, di tout ti moun mèsi paske yo te vin nan etid la, fè yon ti pase sou leson ou pral fè nan semèn kap vini an pandan wap konekte yo ansanm. Ankouraje yo pou yo pa rate pyès leson, si gentan chante yon ti kè avèk yo, repase leson an tou pandan wap poze yo kèk ti kesyon ki gen rapò ak Jezi, konsa wap konnen si yo te byen kapte leson an. Mete fen pandan wap priye siw vle ou kapab mande yon volontè pou fè sa, pa bliye mande yo si yo gen yon pwoblèm pandan wap priye a pou w tou ajoute li nan priyè wap fè a, remèsye Bondye paske li ba nou Jezi pou zanmi nou.

JEZI ANSENYE ZANMI LI YO

ASPÈ JENERAL

Baz Biblik: Sen Mak 10:35-45

Tèks Pou Konnen: *Nou se zanmi mwen si nou fè sa mwen kòmande nou pou n fè* (Sen Jan 15:14).

Objektif Leson An: Pa rapò ak leson sa, ti moun yo pral aprann rekonèt grandè ki genyen lè w sèvi lòt moun.

PREPARASYON PWOFESÈ A

Nan chapit ki te swiv sa yo (8 ak 9), pale sou Jezi ki te eseye prepare disip li yo pou pwoblèm yo gen pou afwonte nan antouraj li yo. Se pandan, avèg sa yo, prean okipasyon yo genyen pou pozisyon ak istwa pèsonèl, yo pat rann yo kont ki vale pwoblèm yo t'ap kreye nan vwazinaj yo.

Jak ak Jan te toujou ap panse wayòm Bondye a se sou tè a li t'ap ye, yo pat' vle pèdi opòtinite pou yo te jwi yon plas ki pwisan. Se yon bagay yon moun pa kapab rive kwè, yon ti tan apre nan dezyèm avètisman Jezi ki gen relasyon ak jijman li a ki t'ap apwoche chak pi plis (Sen Mak 9 : 31). Yo te toujou ap eseye pou yo gen yon plas ki pwisan nan wayòm Bondye ki te gen pou vini an. Jezi te rejete demand yo t'ap fè a pou youn chita agoch epi lòt la adwat, paske yo pat kapab rive konprann sa yo t'ap mande a. Nan kòmantè biblik Beacon, Dir. Ralph Earle dekri demand Jak ak Jan t'ap fè nan fason sa a konsa: pandan Jezi t'ap panse ak kwa a, yo menm yo t'ap panse ak kouwòn. Chajman li a t'ap goumen ak sa yo te vle a, sakrifis li a, ak egoyis yo te genyen an. Li te sèlman vle bay, yo menm yo te vle genyen. Motivasyon li a se te sèvi, pa yo a se te satisfè pwòp tèt yo. Jalouzi yo ak anbisyon yo Mennen moun yo aji tankou ti moun ki pa gen nanm, epi yo fè kapris jiskaske yo jwenn sa yo bezwen an. Jezi pa montre vrè grandè ekziste nan posizyon nou genyen, men se nan sèvis li ye. Pawòl li yo te verite lè li te di li se pitit Bondye. Li te vini pou li te sove limanite, menm sa ki parèt pi imilye a.

ADAPTASYON

Byen ke kounye a ti moun yo plis sansib pou nesesite lòt moun, menm si yo gen anpil enterè pou yo sèlman. Se youn nan kalite ti moun ki pi piti yo. Yo kapab konsyan nan sa k'ap deranje yo, men, yo konn elimine sa y'ap fè pou yo deranje lòt moun yo.

Li toujou difisil pou yo wè ide lòt moun yo, menm

konsa, Jezi di grandè baze nan sèvis ou fè pou lòt moun. Sèvis sa mande yon bon abilite pou nou kapab rann nou kont nesesite ki antoure nou yo. Leson sa pral ede ti moun yo pou yo kòmanse identifye yo ak lòt moun yo epi chèche nan ki fason yo kapab sèvi yo. Swiv sa lòt moun yo ap fè se yon bon metod pou aprann ti moun yo.

Premye leson nan inite sa pale sou swiv Jezi. Sèvi lòt moun kòm egzanp, ou byen nan lidè k'ap sèvi. Lè elèv yo wè pwofesè dominikal la, paran yo, Pastè a k'ap sèvi lòt moun, yo kapab konprann pi byen ki sa sa vle di sèvi lòt moun.

DEVLOPMAN LESON AN
Entwodiksyon

Timoun yo pa gen anpil konesans nan sèvi lòt moun. Nan mitan yo ka genyen kèk ki ap kritike, epi lòt zanmi ki kapab fawouche yon timoun paske l'ap ede yon moun. Nan leson sa wap gen posiblite pou mete yon baz solid ki pral ede ti moun yo nan karaktè kretyen yo nan sèvis lavi ti moun yo.

Priye Bondye pou ede ou transmèt leson sa a. Fè timoun yo konprann li, nou sijere w pou fè demonstrasyon kèk sevis ou konn fè ki gen relasyon ak leson an. (pa egzanp: se kapab lè wap ede yon ti moun fè yon devwa li pa konprann, lè ou konn ede manman w nan travay kay la, depoze fatra kote ki fèt pou sa). Pale sou diferans ki genyen ant valè lòm nan genyen ak valè espirityèl yo: nou menm lòm nou bay valè nan bagay sèlman noun Kapab wè. Ann panse sou sa ki gen valè yo, se pandan, se pou nou rann nou kont de valè espirityèl yo tou. Valè moun yo gen rapò ak sèvis yo fè pou lòt moun.

DEVLOPMAN ISTWA BIB LA

Kòmanse istwa a ak kesyon sa yo: kisa yon moun kapab fè pou li parèt enpòtan? (si sa posib fè yon ti kout eksplikasyon sa w poze kesyon an). Bay ti moun yo tan pou yo reponn.

Kontinye ak kesyon sa yo: konbyen nan nou ki ta

renmen parèt yon moun enpòtan, pou kisa? (kite yo reponn ankò). Ou kapab itilize repons yo a pou gide yo, di yo leson jodia pral pale dirèkteman de sa: kijan nou kapab vin yon moun enpòtan nan vi a. si w kapab pote foto moun ki enpòtan (tankou: prezidan, wa, atis, aktè politisyen).

Eksplike yo: nan zye mond lan moun sa yo enpòtan anpil,men, pou kisa? (kite yo reponn).

Apre, di yo, si nou ta mande moun sa yo, kisa ki fè yon moun enpòtan, respons yo t'ap diferan youn de lòt. Apre di yo: m vle prezante nou jodia moun ki plis enpòtan nan tout istwa mond lan; anplis de sa, pèsonaj sa te divize istwa nan yon fason, lè ane yo t'ap konte de pi nan gwo rive nan pi piti anvan li te fèt, apre yo te vin progrese apre li. Èske nou konnn de kiyès m'ap pale nou la? (ba yo tan pou yo reponn). Ou menm tou reponn: wi, non li se Jezi, kole yon imaj Jezi yon kote pou yo wè li sou tout sa w te pote yo. Si w pat jwenn pyès lòt foto, ou kapab mete tit yo nan kèk fèy. Ekri non Jezi nan youn epi kole li sou tout rès fèy ou te mete avan yo. Apre, mande pou ti moun yo swiv ou, di yo: nan leson sa Jezi pral di nou kijan li fè vin yon moun enpòtan.

Kounye a rakonte istwa a. fè yon jan pou yo amize yo pandan wap fè sa, si w kapab menm chanje vwa ou. Bat pou pale yon lòt jan lè se yon lòt moun ki parèt nan istwa a. Fè tout sa ki posib pou w pa li istwa a, se rakonte pou rakonte li, (bat pou konnen pasaj yo pou w ka domine sou li). Bouje, deplase de yon kote ak yon lòt fè mouvman ak men w jis pou w kapab estimile timoun yo. Se kòm si w se pèsonanj yo menm. Pou ti moun kapab viv leson an.

APLIKASYON NAN LAVI A CHAK JOU

Li enpòtan pou ti moun yo konnen tankou disip Jezi yo dwe viv yon vi k'ap bay sèvis. Sa se pa yon fòm ki parèt agreyab pou yo, espesyalman, pi fò nan moman nan vi yo se moun ki sèvi yo. Jan ou konnen an , abitid la vin ranplase lwa a, epi, nan laj sa pa fwa yo konn bezwen konprann manyè sa yo, yo konn bezwen konnen pou yo abandone vi konfò y'ap mennen an pou yo riske antre nan yon monn kap repouse yo.

ANÈKS
Imaj Lòt Moun Enpòtan Yo

Bay ti moun yo mitan fèy ki te gentan koupe deja a; tankou sizo, pensèt pou yo koke papye yo tou. Mande pou yo kole mitan fèy aktivite a, apre, mande pou yo vire fèy la, pou tout kat (4) pwent fèy la pran tout direksyon.

Mande pou yon volontè eksplike ki sa li panse k'ap pase a.

Kesyon: eske moun ki nan fèy yo enpòtan?, pou kisa wi, pou kisa non? Ankouraje yo pou yo patisipe, e pou yo di sa yo wè nan chak sitiyasyon yo. Epi. Kisa ki fè yo panse moun sa yo enpòtan ou byen non? Eksplike: lè nou pa konnen yon moun, nou kapab rann nou kont si moun sa enpòtan sèlman nan sa li genyen: yon foto ki koute chè, anpil kay, chèn, bèl rad. Nan istwa Biblik jodia Jezi ap pale avèk nou sou vrè grandè a.

Si Quieres Ser Importante

Mande elèv yo pou yo koupe tou de (2) kawochou yo. Kawochou ki genyen foto Jezi a pral plase devan, sa ki gen lèt yo pral dèyè. Pou yo koupe ankadreman an tou pou dyalòg ki anba fèy la kapab parèt. Apre, pou yo mete pensèt la nan mitan kawochou yo, pou yo vire li pou yo deklare yo. Itilize travay sa pou yo repase pwen ki nan leson an.

Prim Pou Sèvis La

Nan pati dekoupaj la nan liv elèv yo nou pral jwen de (2) babay. Mande ti moun yo pou yo koupe yo epi kole yo nan fèy la. Apre, mande yo, kiyès ki te fè yon bagay espesyal pou yon moun pandan semèn nan. Mande yo pou yo rakonte sa yo te fè yo. (Pa ekzanp: ede manman, lave veso). Kole yon prim nan lestomak elèv la ki te ede lòt moun nan.

Yon Kat: Yon Bagay Espesyal Pou Yon Moun Espesyal!

Mande ti moun yo pou yo panse ak de (2) moun espesyal ki pa ni paran yo ni frè yo. Apre mande pou yo koupe kat yo ki nan leson an, pou yo fè de (2) espesyal sa yo kado li. Mande pou yo rakonte klas la pou kisa moun sa yo enpòtan pou yo.

SA OU DWE KONNEN

Ekri tèks pou yo aprann nan sou tablo a (ou byen pote 1 tou ekri sou yon fèy, yon mo nan chak fèy). Apre, ekri tout tèks la, mande pou elèv yo repete li. Mande pou yon volontè pase devan, pou eseye ou byen retire kèk mo, pou yo tout la repete tèks la ak mo ki manke yo. Aprè, pou yon lòt pase devan epi fè menm bagay la. Kontinye konsa, jiskaske pa gen pyès mo sou tablo a ankò. Sonje ti moun yo plis ankouraje lè yo jwen prim pou sa yo fè. Si w vle, ou kapab ajoute tèks ki te pase a pou fè revizyon. Pale sou enpòtans sa genyen lè yo aprann vèsè yo nan tèt yo.

KONKLIZYON

Ede ti moun yo pou yo pa bliye anyen nan sa yo dwe pote lakay yo, remèsye yo paske yo te vin asiste etid la, fè yon ti pase sou leson ou gen pou fè nan semèn k'ap vini an, etabli yon relasyon ak sa w t'ap fè jodia. Ankouraje yo pou yo toujou vini nan etid la, chante yon ti kè ki gen mouvman epi ki gen rapò ak leson ou t'ap fè a.

Pa bliye fè priyè avan ti moun yo kite sal la, sa enpòtan anpil paske non sèlman ti moun yo ap aprann priye, y'ap pran li tankou yon pati enpòtan nan lavi yo.

NÒT:

_____

_____

_____

_____

_____

_____

_____

_____

_____

_____

_____

_____

_____

_____

_____

_____

_____

_____

_____

_____

JEZI MONTRE LANMOU LI POU ZANMI LI YO

ASPÈ JENERAL

Baz Biblik: Sen Jan 21:1-17

Tèks Pou Konnen: *Nou se zanmi mwen si nou fè sa mwen kòmande nou pou n fè* (Sen Jan 15:14).

Objektif Leson An: Pou ti moun yo konnen Jezikris pap janm sispann renmen nou.

PREPARASYON PWOFESÈ A

Chapit 21 ki nan liv Jan an montre pwofondè lanmou Jezi genyen pou disip li yo. Kòman yo menm tou yo te aksepte lanmou sa. Nan kòmansman istwa a nou wè li t'ap tounen galile pou ale peche. Li pwobab li pou yo te eseye kache pou kesyon ak kritik foul moun Jerizalèm yo; ou byen, yo te kapab retounen paske Jezi te mande yo pou yo t'al galile paske li t'ap tann yo la. (Sen Matye 28:7).

Lòt rezon se kapab dekourajman lanmò mèt yo a ki te fè sa. Yo te santi yo twouble, yo gen desepsyon pou yo wè yo ta pral tounen nan ansyen aktivite lapèch yo a. youn ladan yo kapab sa. Lavi yo te gen yon pèrèz emosyonèl; yo pat gen asirans pou demen yo , yo pat konnen sa pou yo te fè. Menm si Pyè te santi yon gwo chaj sou tèt li paske li te nye Jezi. Se konsa disip yo t'ap retounen nan lapèch la ankò. Nan menm kote mèt la te jwen yo epi li te rele yo pou yo swiv li.

Lapèch mirakile a ki nan liv Sen Jan 21:17, se yon parallel nan pèch ki te fèt ak mirak Jezi a, lè li te pou disip li yo te swiv li. (Lik 5:4 -7). Nan tout okazyon yo te pase tout nwit la ap peche yo pat janm pran anyen (sen Lik 5:5, Sen Jan 21:3), epi, yo tou de (2) Jezi te mande yo pou yo pran file yo epi ale peche yon lòt fwa ankò. Nan tou de (2) fwa yo bak yo te plen ak pwason.

Menm mirak sa yo ki te repete a se te yon demonstrasyon pou Jan ki t'ap batize a, pou li te kapab rekonèt Jezi.

Nan vèsè 15 ak 17 yo, Jezi te poze pyè menm kesyon an pandan twa (3) fwa : eske w renmen m'? menm jan tou li te nye li pandan twa (3) fwa. Kounye a nan mitan dife ki prepare pou senyè li te renmen an, Pyè te dwe montre lanmou li pandan twa (fwa) pou Jezi.

ADAPTASYON

Repons ki apwopriye devan lanmou Bondye montre nou nan kris la, se pou nou renmen li,   li menm tou. Lanmou Jezi pou disip li yo ak nou menm,se pa yon senp santiman. Pou disip yo li te montre yo yon lanmou ki pwisan, ki te kapab korije yo lè yo t'ap fè yon bagay ki mal, men pi fò pou te padone yo. Jezi pat pèdi ak disip li yo, menm si gen youn ladan yo ki te manke nan eprèv ki te plis enpòtan nan moman sa. Ti moun yo konnen pwòp echèk yo, epi yo bezwen konnen Bondye aseptel pou yo men Bondye pap bay legen. Menm Jezi te renmen an, li te goumen epi padone disip li yo, l'ap fè menm jan tou pou nou menm ti moun yo. Lanmou sa ak anganjman senyè enspire nou pou renmen li tou, epi pou nou pran anganjman ak li.

DEVLOPMAN LESON AN
Entwodiksyon

Ti moun yo demonstre lanmou yo genyen ak kondisyon, sèlman si yon moun montre sa li genyen. Men, si moun sa fè yo yon bagay ki deranje yo,ou byen yo pa renmen li, y'ap sispann renmen moun sa. Leson sa pral ede yo konnen nan ki fason Jezi renmen yo. Ak yon lanmou ki pa gen kondisyon landan li, menm jan nan fason nou renmen li a.

DEVLOPMAN ISTWA BIB LA

Pale sou lanmou Jezi pou disip li yo; yon lanmou ki pat diminye lè Pyè te nye li a devann moun ki te abandonel yo. Eskplike yo lyen ki genyen nan mirak Jezi te fè a lè yo t'al peche a jan Jezi te rele disip li yo vin swiv li a (leson 28). Li te rele yo pou yo te kapab vin peche Lòm pou Bondye, men, kounye a yo retoune ap peche ankò.

Eksplike pwen jan Jezi pat rekòmande yo, ni reprimande yo, men okontrè, nou wè nan li anpil afeksyon ak lanmou pou yo. Li te prepare pou yo yon dife pou yo te seche kò yo epi pou yo te manje, nou wè yon Jezi k'ap bay sèvis (leson 30). Kesyon: kisa nou t'ap fè si nou te mande yon gwoup moun pou fè yon bagay, epi lè nou tounen nou jwen yo kite travay la? (kite yo reponn).

Eksplike yo nan fason Jezi te reponn nan bat ba nou etònman. Li montre lanmou pou zanmi li yo. Sonje pou mete nan kou a chante ki gen rapò ak sa wap fè a. pou leson sa ou kapab chante ankò: kris renmen m', se konsa Bib la di li.

Siw itilize chan sa yo, prepare kèk babgay yo kapab wè, tankou yon desen kè ki byen gwo. Koulè wouj. Nan mitan desen an ekri premye liy chan an tankou kris renmen yo, repete pati sa pandan twa (3) fwa. Apre, fè desen yon Bib (li kapab fèmen ou byen ouvè). andedan sa ekri swit kè se konsa Bib la di l', repete fraz sa sèlman pandan twa (3) fwa. Mande pou yon volontè kenbe li anlè pandan y'ap chante.

APLIKASYON NAN LAVI A CHAK JOU

Gade yon bèl leson ti moun yo kapab aprann nan istwa jodia! Yo dwe aprann padone, yo dwe toleran, pasyan, epi montre lanmou yo pou lòt moun ki jije yo mal, menm jan Jezi te fè li a. men, pa fwa se pasa yo ki konn rive. Ti moun yo ekzijan, enpasyan, yo pa renmen padone, si yon bagay mal te pase yo ak yon moun yo swete tout sa ki pa bon pou moun sa.

Sen Jan 21:16

Pou leson sa wap bezwen pyès pou mete nan fèy aktivite a, itilize sizo ak kòl.

Vèsè ki nan fèy kalkil la soti nan istwa jodia. Li vèsè ki nan Bib ou a epi eksplike sa li di. (Anpil fwa nan Bib la, pou yo pale de moun yo konn itilize mouton yo; Jezi te mande Pyè pou li te pwoteje moun yo epi renmen yo menm jan ak yon bèje ki renmen mouton li yo). Mande pou ti moun yo koupe epi kole moso fèy aktivite a: siveye pou yo fè li byen. Lè yo fini repete tèks la ansanm.

Pandan wap itilize premye tèks ou te fè nan kòmansman inite a, revize li ak ti moun yo. Se li menm kap dènye leson an. Pale sou tout sa yo aprann yo. Si w rete tan, mande pou chak ti moun repete li. Si w panse se yon vèsè ki fasil pou yo aprann, ou kapab itilize de (2) tèks pou chak inite, ou byen pa semèn. Si wap fèl konsa fòk ou kwè y'ap gen relasyon ansanm.

Jezi Montre Lanmou Li

Bay chak ti moun yo fèy aktivite yo, kreyon desen ak fet. Mande yo ki bagay ki manke nan desen sa: filè ki plen pwason, pwason ki nan kòbèy disip yo, pwason ki nan flanm Jezi a, pen ki nan kòbèy bò kote Jezi a, ba yo tan pou yo desine eleman ki manke yo.

Kesyon: kijan Jezi te montre lanmou li pou disip li yo pa rapò ak desen ou te fè a? (Jezi te vin chèche yo, mem si yo menm yo te abandone li, epi nye li avan sa. Li ede yo peche epi li prepare manje pou yo. Li pat fache ak yo, men okontrè, li te padone Pyè pou tèt li te nye li a). kijan disip yo te reponn lanmou Bondye a? (Yo te kontan lè yo te wè li; pyè te di Jezi pandan twa (3) li te renmen li).

KONKLIZYON

Ede ti moun yo pou yo pa bliye anyen nan sa pou yo pote lakay yo, ede chak ti moun Paske yo te vin asiste kou jodia. Fè yon ti repase sou inite a. fè yon ti flach sou leson ou gen pou fè nan semèn k'ap vini an, ankouraje yo pou yo toujou vini.

Siw te fè tèks yo jan yo te mande w la, menm si yo koke bay chak ti moun youn (leson 28), rès materyèl ki rete yo ou kapab itilize yo pou w bay ti moun yo prim, sa ap motive yo plis.

Fè konklizyon nan lapriyè, remèsye Bondye pou mèveye zanmi sa li ba nou, ki se Jezi. Mande li pou li ede ti moun yo swiv Jezi, epi pou yo kapab konnen kiyès li ye. Pou yo kapab sèvi li, renmen li menm jan ak senyè a te konn fè pou tout moun yo.

ANÈKS

SA OU DWE KONNEN

NÒT:
_____
_____
_____
_____

BONDYE PAPA A

Baz Biblik: Ekzòd 19; Levitik 19:1-4; Oze 1:1-2; 6:1-3; 14:1-2; Sen Lik 15:11-24; Sen Jan 14:1-27; Travay 2:1-4

Tèks Inite A: *Paske ou bon, senyè a prè poul padone nou, ou ranpli ak lanmou pou tout sa ki rele ou.* (Sòm 86:5).

OBJEKTIF INITE A

Inite sa pral ede ti moun yo:

✘ Di kòman Bondye ye, papa a.

✘ Konnen Bondye fidèl epi sen; epi li trete nou pi byen ke sa nou merite.

✘ Konfye Bondye fidèl nan tout pwomès li yo paske li renmen nou, menm si nou menm anpil fwa nou vire do ba li.

✘ Eksperimante lanmou Bondye nan lavi yo. Pou yo aprann chèche li lè yo fè yon bagay ki pa bon epi mande padon.

✘ Kòmanse konprann trinite a se inyon twa (3) moun nan yon sèl Bondye.

✘ Konnen Bondye toujou ak nou a travè lespri sen.

LESON INITE A

Leson 32: Bondye Sen

Leson 33: Bondye Fidèl

Leson 34: Bondye Se Lanmou

Leson 35: Bondye Toujou Bò Kote Nou

POUKISA DEBITAN YO BEZWEN INITE SA

Ti moun yo preske konfonn, Bondye, Jezi ak lespri sen an. Se pa sèlman yo menm, gen kèk gran moun ladan yo tou. Doktin trinite a enpòtan anpil, e li enpòtan nan lavi tout kretyen. Bondye se twa (3) moun, men li se yon sèl Bondye. Sa se yon fòm ki difisil pou konprann. Men Legliz la rekonèt li kòm yon verite epi yon fondman nan lafwa kretyen yo.

Inite sa antre ti moun yo nan ministè sa: inite a ap attire atansyon yo nan Bondye papa a. jan sa te gentan anonse a, se yon gran enpòtans pou ti moun yo kòmanse konprann menm jan ak papa Jezikris ak lespri sen an gen relasyon youn ak lòt.

Konnen Bondye papa a sen . li fidèl epi li plen lanmou, epi l'ap toujou bò kote nou a travè lespri sen pou ede nou, sa dwe ba nou yon santiman asiran. Asirans sa pral ede ti moun yo dirije lanmou ak lafwa yo nan Bondye.

Fidelite se yon kalite elèv yo bezwen aprann nan Bondye, menm si kèk nan yo gentan gen ide kisa mo sa a vle di pou yo.

Nan etid leson sa yo, ti moun yo pral konnen lè yo fè sa ki pa kòrèk yo blese kè Bondye epi, afekte relasyon yo ak li.

BONDYE SEN

ASPÈ JENERAL

Baz Biblik: Ekzòd 19; Levitik 19:1-4

Tèks Pou Konnen: *Paske ou bon senyè, ou prèt pou padone, ou ranpli ak lanmou pou tout sa ki rele ou.* (Sòm 86:5).

Objektif Leson An: Leson sa pral ede ti moun yo konnen Bondye nou an sen.

PREPARASYON PWOFESÈ A

Bondye nou an sen, li mande nou pou nou vin menm jan ak li. Li bezwen yon nasyon ki sen k'ap ba li onè nan tout babgay. Nan ekzòd 19 la, senyè a ap prepare pou li fè yon kontra ak pèp la, tankou yon nasyon ki sen: pou mwen nou gen pou nou vin tankou yon wayòm prèt, epi yon nasyon ki sen. Kominikasyon, tout bagay sa yo bay pèp Izrayèl la, (v. 6, NVI).

Parèt sen vle di yon moun ki apa, separe, Mennen yon vi ki sanble ak sa Bondye mande a, montre bon nati Bondye a. enpòtans sentete a, menm jan nou jwenn li nan Bib la, se pou nou konfòm ak karaktè Bondye.

Sou mòn Sinayi an, Bondye te fè yon kontra ak pèp Izrayèl la, pati senyè a te touché nan kontra sa nou kapab wè travay ki te reyalize, ki te fèt, lè li te libere yo nan peyi ejip la. Pati ki te koresponn ak pèp la se te pou yo te ba li yon devosyon ak obeyisans nan kòmandman yo. Rezilta sa ta pral bay yon nasyon ki sen.

Nyaj, lafimen ak dife a se te sinyal vizib prezans ak pwoteksyon Bondye. Izrayèl te reponn Bondye y'ap fè tout sa li te mande yo pou yo te fè a (v. 8, NVI). Yo te gen libète pou yo pat asepte pwopozisyon senyè a, men yo te chwazi pou yo obeyisan. Bondye pa janm fòse yon moun pou li fè kontra ak li. Se pandan, li kreye yon anbyans pou motive Lòm nan, pou bay yon repons ki pozitif.

Pèp la te gentan pase nan yon gwo preparasyon pou yo te kapab ak Bondye sou mòn sinayi. Preparasyon li a te tankou yon leson ki gen yon objektif, li menm ki t'ap fè yo konprann sentete senyè a. tout règ sa yo te la pou te kapab montre pèp la nesesite sentete a, devosyon, ak obeyisans tout bon vre jan senyè a te mande a.

Li te kite pèp la viv eksperyans sa yo pou li te kapab kreye yon pwofond santiman pou Bondye, epi enspire yo yon obeyisans san manke anyen nan kòmandman yo.

Levitik 19 : 1 -4 pasaj sa se youn nan long pati nan seksyon an, yo konsidere li tankou yon modpas pou sentete a. kòd sa te dwe endike pèp la kijan yo kapab Mennen yon vi ki sen chak jou pandan n'ap viv. Mo sentete a se yon mo kle nan liv sa : (1)Bondye se sous tout bagay ki sen. (vv.1-2). (2) Bondye se mezi sentete a. (v.2). (3) Sentete se separasyon mechanste epi fè inyon ak Bondye. (vv. 3-4).

ADAPTASYON

Inite sa (Bondye papa a) pral ede ti moun yo kòmanse konprann kòman Bondye ye. Nan leson jodia yo pral aprann sou sentete Bondye a . Sa vle di Bondye pa fè, san tach, san peche, san okenn tras mechasnte.

Denis Kinlaw di: sentete a pa dwe konsidere tankou yon senp kalite ou byen atribi Bondye genyen. Si yo wè li tankou yon atribi, li dwe konsidere tankou atribi k'ap fè atribisyon. Men, an reyalite se menm karaktè sa yo Bondye ye, ki define nati atribisyon yo. Sentete Bondye pale nou sou diferans ki ekziste ant kreyasyon ak li menm, nan konklizyon transandans li, majeste li, pèfeksyon moral, atik ak lanmou souvren.

Li enpòtan pou konnen nou Bondye se yon Dye ki gen yon lanmou ki sen. Sa ap ede nou efase vye ide ki konn fè konnen l'ap tann nou fè erè pou li pini nou. Ti moun yo pa dwe gen enpresyon li enposib pou yo fè senyè a plezi. Epi li rele pèp li a pou Mennen yon vi ki sen.

Viv yon lavi ki sen se yon opsyon Bondye ba nou pou mete an pratik. Li fè nou gras pou nou kapab vin sen, menm jan li menm li sen an. Sa se yon pwomès ki enteresan, se pa yon demand ki derezonab!

DEVLOPMAN LESON AN
Entwodiksyon

Li enpòtan pou elèv yo devlope ide ki nòmal sou Bondye malgre ti laj yo. Pou sa li enpòtan anpil pou yo konprann sentete senyè a. nou pa kapab panse ak Bondye papa a san nou pa melanje li ak sente li a. sa kapab yon lòt ide pou kèk ti moun; petèt kèk nan yo konn tan de sa; petèt kèk nan yo tou gen fo ide de sentete a.

Se pou sa menm, li enpòtan pou ou, kòm pwofesè pou w prepare w espesyalman pou sijè sa. Sonje se baz espirityèl lavi ti moun yo wap prepare. Pa konsidere travay la piti. Non sèlman li ranpli yon pwogram lekòl dominikal, ni kou wap fè ak ti moun yo la; wap fòme lavi yo pou letènite, pran travay la serye: pliye jenou w epi pale ak Bondye pou l' ede nan etid sa.

DEVLOPMAN ISTWA BIB LA

Pandan wap eksplike leson an siveye vokabilè wap itilize yo, petèt ou kapab gen elèv ki fèk vini nan sal la. Fòk ou sonje tou, menm si elèv yo ap asiste kou a lontan ou kapab jwenn ladan yo ki pa konprann byen konsèpsyon relijye yo, byen eksplike tèm yo.

Eksplike konsèpsyon mo sentete a, pou ti moun yo byen konprann sans li. Non sèlman li kapab vin sa, ou byen li gen kapasite pou sa, men Bib la di nou tou: Bondye sen.

Eksplike elèv yo sentete a se pa yon opsyon li ye, se yon don, ou byen yon opòtinite, se manda, yon demand. La Bib di: san sentete a pyès moun pap kapab wè senyè a.

Kite ide sente byen klè, si gen dout nan kèk bagay mande pou pastè legliz la ede w. sa yo se ide ki dwe rete byen klè nan tèt elèv yo, yon move eksplikasyon ou byen lè yo pa fin klè nan eksplikasyon an, kapab afekte yo fason yo konprann Bondye. Pou sa, li enpòtan pou byen prepare ekspozisyon sijè a.

Pa bliye mete chan nan leson jodia, sa ki gen mouvman. Siw vle ou kapab chante im sa: sen, sen, sen,senyè ki toujou la. Ou byen kèk lòt ki gen relasyon ak sa wap fè a.

APLIKASYON NAN LAVI A CHAK JOU

Menm si ti moun yo pa gen yon lide ki klè sou konsèpsyon sentete a epi enplikasyon yo. Di yo sa gen rapò ak konpòtman yo gen nan lavi yo. Se pa yon sentete nan lide. Se pa konbyen nou konnen sou sentete a, men konbyen li enpòtan chak jou nan lavi nou.

Eksplike yo , si Bondye mande pou nou vin sen se paske nou gen kapasite pou nou vin sen ak èd Bondye pou nou akonpli sa. Nan kèk ekzanp yo pale pou w kapab ranfòse ansèyman an.

ANÈKS
Puzzle Mirakile

Bay chak ti moun fèy kalkil yo, ba yo sizo, ak tep tou.

Siw kapab jwen anvlòp pou kapab sere moso puzzle yo. Ba yo tan pou yo dekole moso puzzle yo ki plake yo. Apre, pran mo ki dekri Bondye yo epi, kole yo ansanm. Lè yo fin kole yo, mande yo pou yo vire puzzle pou

jwenn mesaj ki kache a.

Di yo: si pa byen kole moso yo l'ap difisil pou yo mesaj ki dèyè a. di yo: paske Bondye sen li vle pou vin sen tou. Li pasaj ki nan Levitik 19 : 1 -4. Lè w fini di: selon pasaj bibli sa, kisa Bondye ap ret tann de moun ki sen yo? (Pou yo respekte paran yo, pou yo respekte jou repo pou yo louwe Bondye, poyo pa bay lòt dye louwanj, pou yo di wi epi obeyi Bondye). Kisa nou kapab fè jodia pou nou montre Bondye nou onore li epi obeyi li? (Tout sa ki ekri anlè a).

Bay ti moun yo anvlòp pou yo sere moso puzzle yo, di yo, yo kapab montre paran yo li ou byen zanmi yo.

SA OU DWE KONNEN

Pou leson sa ou kapab fè yon tren. Nan tèt la kole tèks Biblik la, nan chak bout tren na mete yon mo nan tèks la tèt la kapab menm gwosè ak yon fèy.

Lè w fini, kole tren an nan youn nan mi yo, ou byen sou tablo a. pa kole papye ak kòl pou tren an kapab bouje; kole moso nan pati dèyè a ak tep, mete tren an nan lòd tèks la epi fè yo repete li, apre li fè kèk ale retou vire kèk moso wagon mande pou yo repete tèks la ankò. Swiv pwosesis la pou tout ti moun kapab patisipe.

KONKLIZYON

Sonje ti moun yo pou yo pa bliye anyen nan sa yo dwe pote lakay yo. Remèsye yo chak paske yo toujou vin asiste etid la ankouraje yo pou yo toujou fè sa. Fè yon ti flach sou pwochen leson an pandan wap etabli yon koneksyon ak asyen an.

Avan w voye yo ale priye pou yo mande si gen demand priyè pou w kapab ajoute li nan sa wap fè a, mande yo pou yo fòme yon wonn pou fè lapriyè a.

BONDYE FIDÈL

ASPÈ JENERAL

Baz Biblik: Oze 1:1-2; 3:1-2; 4:1-19; 6:1-3; 11:1-4; 14:1-2

Tèks Pou Konnen: *Paske ou bon Senyè, ou prèt pou padone nou, ou ranpli ak lanmou pou tout sa ki rele ou.* (Sòm 86:5).

Objektif Leson An: Pou ti moun yo konnen Bondye fidèl nan tout bagay li yo paske li renmen nou menm lè nou menm anpil fwa nou vire do ba li.

PREPARASYON PWOFESÈ A

Pou nou konprann pi byen mesaj ki nan liv Oze a nou dwe konnen sikonstans moman an. Politik ak ekonomik. Nasyon Izrayèl la ak jida t'ap viv yon epòk pwosperite. Yo tou de (2) te gen yon wayòm ki establi epi yo te kapab menm defini kijan demen yo t'ap ye.

Se pandan, Izrayèl te vin ap pase yon moman difisil morak ak espirityèl. Yo te melanje adorasyon baal la ak adorasyon vrè Dye a. louwanj payen yo t'ap bay idol sa (yon dye cananit) te melanje louwanj pèp Jeova.

Bondye te itilze moman sa pou li te revele li menm. Sa se sitiyasyon oseas. Pa rapò de li epi eksperyans li nou kapab wè sinyal lanmou Bondye pou Lòm. Teoloji lanmou sa prepare chemen pou teoloji lanmou nouvo testaman an.

Oze se premye liv pwofèt yo. Mesaj Izrayèl la, pwononsmans vanjans Bondye a pou pèp sòt ak adiltè a te tanpere ak pwomès mizèrikòd senyè a. Pwofèt sa te denonse idolotri pèp Izrayèl la. Li te anonse jijman Bondye a a travè kaptivite ak depòtasyon pèp la, e li te declare tou nan fè kaptivite sa pèp la ta pral tonbe nan kòripsyon total.

Bondye te mande oze poul te bay pèp la yon ekzanp de ansyen lanmou ak fidelite. Li te obeyi ak sa Bondye te mande li a, epi li te marye ak yon fanm adiltè.

Tankou yonfiti demonstrasyon sou lanmou ak fidelite, Bondye enstwi Oseas pou li achte yon madanm ankò (3:1-2). Obeyi Bondye mande sèlman yon kè ki gen lanmou, men tou se yon aksyon damou. Oze te peye pri yon esklav pou li te kapab fè madanm li an tounen. Sa se yon lanmou redanmtè.

Oze te kite klan trajedi pèsonèl li a pou li te kapab konbat enplikasyon pwoblèm sa ki te gen rapò ak nasyon Izrayèl la. (4:1-19). Pwofèt sa te kapab wè kòripsyon pèp la, se pou sa li eseye avèti pèp la pou yo te kapab repanti, pou yo te sove. Li te anonse yo pap kapab chape yo anba fen tèrib sa.

Li pote sijè sou lanmou yon papa gen pou pitit li. Nan plas lanmou yon mari ou byen yon madanm, Oze eksplike lanmou Bondye tankou yon papa k'ap rele pitit li (Izrayèl), li menm ki te elwanye li pou yon fo dye, li t'ap mande pou yo tounen vin jwen li (11:1-4).

Oze 6:1-13 ak 14: 1-2, de (2) pasaj sa yo se apèl repantans. Si pitit ki te ale tounen repanti. Bondye ap padone peche li yo epi l'ap retounen mete li nan plas li te ye a. tout liv sa gen anpil konplikasyon ladan li pou relasyon pèsonèl nou ak Bondye. Li defye nou pou nou pa fè fas ak fo dye pèsonèl yo pou nou panse ak jijman Bondye paske nou pat akonpli kontra nou te fè anba mòn sinayi a ak sou mòn kalvè pa rapò ak san kris la.

Nou menm, pou sa nou te resevwa lanmou enkonparab Bondye pa rapò ak pitit li Jezikris. Souvan nou se disip ki rebèl. Nou gen pinga nan relasyon nou an ak moun nou renmen ki fè nou mal, ou byen maltrete nou. Bondye fidèl epi lib a nou yon pi bon tretman nou pa menm merite.

ADAPTASYON

Kisa ti moun yo konprann nan fidelite? Petèt yo pa gen anpil eksperyans, define mo sa se yon opsyon ki sèvi kle pou leson an. Pou kisa Bondye fidèl ak Lòm? Paske li renmen li san kondisyon, nou pa menm merite sa. Lanmou li tèlman fò epi gran pyès moun pa kapab konprann li.

Ede ti moun yo konpran lanmou Bondye pa janm chanje, li konfyan epi li fidèl. Li trete nou pi byen ke sa nou merite a.

DEVLOPMAN LESON AN
Entwodiksyon

Fidelite se yon kalite elèv yo bezwen aprann de

Bondye, menm si kounyea yo gen kèk ide sou sinifikasyon kèk nan yo fè eksperyans lan, nan kèk fason, pa rapò ak lamitye yo.

DEVLOPMAN ISTWA BIB LA

Asire w ti moun yo byen kapte sinifikasyon fidelite a. li posib pou yo konn tande mo sa lòt kote deja; pa ekzanp pa fwa, yo itilize li pou yo pale de son (wot fidelite). Pa fwa tou, yo konn itilize li pou yo pale de moun marye yo (si tou de (2) fidèl). Epi, pa fwa, pou yo defini relasyon entèpèsonèl yo (si yo se zanmi ki fidèl, ou non).

Nou mande w pou chèche definisyon mo a nan plizyè diksyonè. Chèche nan diksyonè Bib tou. Prepare w byen pou w eksplike kalite sa, menm jan sentete a fèt nan Bondye: li se ekzanp ki plis ekzat epi pi gwo nan fidelite a, nan tout aspè yo.

APLIKASYON NAN LAVI A CHAK JOU

Ti moun yo bezwen aprann repons nou pa rapò ak fidelite Bondye dwe se gratitid. Ankouraje yo pou yo swiv ekzanp sa.

ANÈKS
Kisa Moun Sa Yo Merite?

Bay chak ti moun fèy aktivite yo, ba yo tou, fèy ak fet.

Avan w kòmanse kou a ekri mo "fidèl" sou yon fèy. Nan do fèy la ekri fraz sa: Bondye toujou akonpli pwomès li yo, menm si moun yo pa akonpli sa yo pwomèt li".

Nan aktivite sa kite ti moun dekri sa yo wè nan chak imaj yo. Apre, pou di kisa ti moun ki parèt nan imaj la merite. Kesyon: eske yo merite pinisyon? Ti moun yo pral bay plizyè ide sou sitiyasyon an. Ede yo jwenn diferan posiblite ki genyen nan chak sitiyasyon. Repons ti moun ki avèk baton yo kapab parèt pi mal, sitou si kèk fwa yo konn pa vle yo jwenn kote ki gen fenèt pou yo pa kraze li. Avyon kapab chire nan sijè sa.

Pale sou dènye imaj la (Jezi k'ap padone Pyè apre lè li te fin nye li a pandan twa (3) fwa). Kesyon: eske Pyè te merite pou Bondye padone li? (non, Jezi te padone li paske li te renmen li epi, Pyè te gentan repanti pou sa li te fè a).

Kesyon: si Bondye sen epi li pa vle peche, pou kisa li pa elimine moun ki peche yo? (Kite yo bay kèk repons). Apre, montre yo fèy ki gen mo fidèl ladan li a sa w te prepare avan kou a, ou menm tou, bay repons lan: paske Bondye fidèl epi li sen tou (montre yo lòt bò fèy la). Di: Bondye toujou akonpli sa li pwomèt, menm si nou menm nou enfidèl.

Bondye Fidèl

Kesyon: kisa fèy aktivite sa di nou sou Bondye? (li fidèl). Kijan nou konnen li fidèl? (paske la Bib ba nou egzanp fidelite yo). Kite ti moun yo deline fèy aktivite yo a. ede yo pou pliye eskalue yo. Di yo: sa yo se efò nou tou (mete yo menm k'ap fè efò pou yo vin pitit Bondye).

Eksplike yo: pouw vin pitit Bondye vle ou dwe kretyen epi disip Bondye: se antre nan gwo fanmi sa epi jwen kapasite pou renmen ak padone. Di yo: lè nou fè youn nan chak pa sa yo, nou kapab kwè Bondye fidèl, li padone nou epi li di nou byenvini nan fanmi li a.

SA OU DWE KONNEN

Menm jan ak leson anvan an. Fè kèk moso wagon tren: sèlman fwa sa fè li pi piti. Andedan chak wagon kole vèsè pou yo aprann nan epi bay yo chak la youn. Apre, itilize gwo nou te itilize ki nan mi an, fè yo repete vèsè a ansanm.

KONKLIZYON

Avan yo soti mete atansyon pou yo pa bliye anyen nan sa pou yo pote lakay yo a, pou fè priyè final la fòme yon wonn pandan y'ap kenbe men ansanm; kòmanse priyè epi ti moun yo ap repete aprè ou.

NÒT:
_____

_____

_____

_____

BONDYE SE LANMOU

ASPÈ JENERAL

Baz Biblik: Sen Lik 15:11-24

Tèks Pou Konnen: *Paske ou bon, senyè a prè poul padone nou, ou ranpli ak lanmou pou tout sa ki rele ou.* (Sòm 86:5).

Objektif Leson An: Pou ti moun yo fè eksperyans lanmou Bondye nan lavi yo; pou yo aprann chèche li lè yo fè yon bagay ki mal pou yo mande padon.

PREPARASYON PWOFESÈ A

Jezi te rakonte istwa pitit gason pwodij la nan dènye sis (6) ou sèt (7) mwa nan lavi li. Li t'ap fè pelerinaj, bò rivyè jouden an. Li t'a pral Jerizalèm pou yon dènye fwa.

Kèk nan istwa ki pi bèl ou byen ki plis konnen nan lavi Jezi yo jwenn yo nan liv Sen Lik la (Lòm rich la ak Laza, pitit gason pwodij la, bon samariten an, ak sa Zache).

Premye chapit la gen parabòl sou twa (3) pèt: yon mouton, yon monnen ak ti gason an. De (2) premye yo gen relasyon sezon yo (monnen ak mouton ki pèdi a): epi dènye ak moun nan (ti gason pwodij la) yo tout gen yon valè etènèl.

Jezi t'ap rakonte lanmou enklizif Bondye a ak parabòl eksklizif yo. (Pou tout moun kapab konpran yo). Lwa jwif yo te etabli fason pou yon papa pataje eritaj ak pitit li. Premye pitit la ap resevwa doub sa lòt yo dwe jwenn. Se pat yon abitid pou te pataje byen yo avan papa a mouri, ankò mwen, si ti frè a ta mande pòsyon pa li a (Yon bagay ki te parèt kòm yon mank respè pou papa a). Nan pawòl ti frè a te kite peyi li pou ale nan yon lòt ki pi lwen (Petèt se te kapab youn nan fwontyè Izrayèl yo). Apre depa ti gason an li te tèlman vin nan dezespwa li te menm aksepte gade kochon; travay sa se te yon vye travay pou yon jwif.

Mo "pwodij " la vle di, lè y'ap pale de yon moun, ki gaspiye byen li nan li nan bagay ki pa gen valè. Ou swa, yon move gaspiyè ou byen yon banbochè. Nan istwa sa pitit la te pwodij nan ititlize eritaj li. Lè li tounen al jwenn papa li, li te mete yon manto sou li (manto a se te yon senbòl ki vle di onè, menm jan yo konn fè li pou yon envite espesyal). Li te fèl kado tou yon bag (sa ki te sinifi otorite). Epi li mete soulye nan pye li (senbòl ki vle di: pitit la repran plas li; esklav ak sèvant yo pat konn itilize soulye). Chak detay se yon senbòl nan restorasyon pozisyon li te gen avan an paske papa a te aksepte li

tankou pitit li ankò. Esklav yo se te yon pati nan fanmi an, moun ki t'ap touche ou byen sa ki t'ap vann jounen yo te konn rankontre sèlman pandan jounen an. Pitit pwodig la pat mande pou li te gen menm pozisyon nan fanmi an; li te prè pou li te gen pozisyon yon moun k'ap vann jounen.

Mò ou byen vivan pawòl sa yo gen anpil enplikasyon espirityèl pou eta endividyèl moun yo. Avan e aprè yon konvèsyon yon kretyen. "Pèt ak jwenn" gen relasyon nan chèche.

Se te lanmou papa a ki te enfliyanse jèn gason an pou li te fè tout sa ki nesesè pou li tounen. Lanmou sa te ekziste depi lè ti jènn nan t'ap pran konsyans, li te sonje papa li, se premye bagay li te panse: tounen an. Lanmou Bondye toujou ap chèche pechè jodia.

ADAPTASYON

Ti moun yo bezwen konnen gen yon moun ki renmen yo, sa yo fè pa gen enpòtans. Yo konnen ki lè yo fè sa ki mal. Nan leson sa yo pral aprann lè yo pa aji byen yo blese kè Bondye epi yo afekte relasyon yo ak li. Se Pou sa, yo dwe repanti epi konfese peche yo bay senyè a.

Jezi te rakonte istwa sa pou li te kapab detache lanmou Bon ye ak preokipasyon li nan chak bagay nan lavi nou. Pi fò ti moun yo gen papa ki renmen yo ep yo kapab jwenn yon bon relasyon nan parabòl sa. Kòm mèt, sa se yon sinyal pou w idantifye ti moun ki pa gen papa yo, e sa ki genyen li men ki pa ba yo afeksyon. Nan leson eksplike yo tankou papa ki nan syèl la, li avèk nou.

Ti moun yo toujou krent pou yo pèdi: pi fò nan fason yo konn pèdi. Ou byen si yo lwen paran yo (moman separsyon sa yo konn koz krent ou byen pè, nan de (2) kote yo, paran ak pitit). Si yo pa janm pèdi youn nan moun sa yo, o mwen yo konn ki danje sa gen ladan li. Ede yo pou yo chanje pè ak doulè sa yo ki kapab koz yo pajwi sa k'ap vin jwen yo, pou yo kapab konprann pi byen kisa lanmou Bondye ye.

DEVLOPMAN LESON AN
Entwodiksyon

Ti moun yo kapab konnen lè moun renmen yo. Ou menm tankou pwofesè ou dwe montre yo ou renmen yo; si se pasa yo p'ap tounen nan klas la. Li enpòtan pou yo kòmanse konprann nan laj sa enplikasyon espirityèl lanmou Bondye genyen.

Lanmou Bondye mande yon repons. Pa rapò ak istwa jodia yo pral konprann tip lanmou sa ap Mennen nou pran desizyon pou lavi nou kapab reyisi. Tankou repons pou lanmou senyè a. li Sen Jan 3:16 pou ranfòse sijè lanmou sakrifisyèl Bondye montre pou Lòm nan.

DEVLOPMAN ISTWA BIB LA

Pa bliye mete chan nan kou a. Pou leson sa ou kapab chante: "kris renmen mwen". Ou kapab chanje non "kris" la ak non "Bondye". Sonje chan yo dwe gen mouvman ladan yo (si w vle ou kapab ekri chan andedan yon desen ki gen fòm kè, ekri li nan tou de (2) bò).

Nan leson jodia eksplike lanmou Bondye, li menm ki san kondisyon. Sonje gen plizyè lanmou: lanmou "ki gen lyen" (pou frè ak zanmi). Lanmou "ewo" ewotik ou byen seksyèl). Ak lanmou "agape" (ki se lanmou Bondye) yo rekonèt Jan tankou yon disip ki renmen, ou byen ki gen kapasite, Jan di Bondye se lanmou.

Parabòl pitit pwodij la se yon ansèyman ki klè son lanmou san kondisyon Bondye, yon lanmou ki pap tann anyen apre, yon lanmou nou pap peye jan nou merite fè sa, non sèlman, menm si nou pa merite sa Bondye toujou renmen nou. Li sen, li fidèl epi li se lanmou.

Ede ti moun yo fè yon ti revizyyon sou karaktè yo te aprann sou Bondye yo nan inite sa. Kite yo eksplike avèk mo pa yo sa yo te aprann yo. Sa ap ede yo pratike sou pwochen leson an. Li menm ki se dènye leson inite a. si ou jwen gen kèk ide ki diferan, pran nòt sou sa epi prepare w pou fè yon revizyon pandan dènye inite a.

APLIKASYON NAN LAVI A CHAK JOU

Ti moun yo bezwen konprann lanmou Bondye disponib chak jou pou yo. Leson sa tou dwe ba yo bon sans sou danje ki reprezante lè yo lwen Bondye.

Mete aksan sou sekirite ki genyen lè Bondye prezan nan lavi nou. Eksplike yo senyè a pa gade sou laj moun genyen, li renmen tout moun menm jan.

ANÈKS
Yon Papa Ki Plen Lanmou

(Liv pou pliye). Wap bezwen tout kat (4) fèy aktivite elèv yo. Sizo ak klanms.

Fè yon egzanp liv la avan ou kòmanse pou yo kapab wè kijann fè, epi nan klas la ede ti moun yo: sa ap ede ti moun yo tou nan klas la, ede yo pou yo byen ranje liv la, verifye si tout paj yo nan bon lòd, pou yo kapab klipse li. Si w wè sa nesesè mande pou lòt moun vin ede w nan aktivite a. itilize liv sa pou w kapab repase istwa Biblik la. Lè w fini, kite ti moun yo pran yo, pou yo kapab rakonte istwa a ak paran yo ou byen zanmi yo.

SA OU DWE KONNEN

Itilize wagon tren ou te itilize nan inite avan an, dekole li nan mi kote li te ye a, epi, mete li yon kote nan sal la, ou byen anba chèz yo, ou byen anba ban yo; ou dwe fè sa avan ti moun yo vini.

Lè moman pou yo aprann tèks la rive, fè ti moun yo konnen tren ki gen tèks la pèdi nan sal klas la; apre, mande pou youn ladan yo chèche li. Moun ki jwenn moso yo mande pou li pase devan poul kole li nan lòd sa mande, fè yo repete tout tèks la apre.

KONKLIZYON

Ede ti moun yo pou yo ranmase tout a fè yo. Remèsye yo paske yo toujou vin asiste etid la, fè yon ti rapèl sou leson ki gen pou vini an, pandan wap konekte li ak leson ou sot fè a. ankouraje yo pou yo toujou vini akò, anonse yo inite sa manke yon sèl leson pou li fini, mande yo pou yo repase leson yo lakay yo pandan semen nan. Mande ti moun yo pou yo fòme yon wonn pou yo fè priyè a pa bliye mande yo si yo gen demand priyè pou w kapab tou ajoute li nan sa wap fè a.

BONDYE TOUJOU AVÈK NOU

ASPÈ JENERAL

Baz Biblik: Sen Jan 14:1-27; Travay2:1-4

Tèks Pou Konnen: *Paske ou bon, senyè a prè poul padone nou, ou ranpli ak lanmou pou tout sa ki rele ou.* (Sòm 86:5).

Objektif Leson An: Ansenye ti moun yo pou yo konnen Bondye toujou avèk nou pa rapò ak lespri sen an.

PREPARASYON PWOFESÈ A

Pasaj sa gen yon seri diskou yo te pran apre sent sèn a, ou byen repa a. sa se te dènye posiblite Jezi te genyen pou li te anseye onz (11) disip li yo. Jida te gentan kite gwoup pou trayizon li an.

Jezi pot ko pale de sijè sa avan; konyea preokipasyon li se asire disip yo l'ap toujou avèk yo ak mwayen lespri sen an. Mo " konsolatè a" se yon tèminezon legal, men li gen yon sans defansif, " yon konsolatè pou kapab defann" li menm ki vle di: " yon moun ki rele". Lespri se nap toujou avèk kwayan yo: travay li se mennen nou nan tout verite epi pou anseye nou tout bagay. Li raple nou tou, pawòl Jezi lè li te di: m'ap avèk nou. Sa fè referans ak de (2) evenman: (1) Lè li te parèt sou disip yo, ak lòt kwayan tou, apre rezireksyon li an. (2) 2)   Lè li vini sou fòm espri sen an, nan jou pankot la.

"La pè" ou byen chalòm se te yon salitasyon pou ebre yo, men, yo pat itilize li menm jan Jezi te itilize li nan pasaj sa. Yo itilize mo sa pou yo pale de moun ki "sove", se yon travay redanmtè pou tout moun ki kwè nan li. Yon gwo santiman lè espiriRityèlman ou byen fonde relasyon w ak Bondye. Mo "lapè" ki nan Bib la vle di: tout sa ki kontribye nan sa ki fè nou byen. Sa pa vle tou pa gen pwoblèm, ou byen konfli. Se pandan, pyès moun ou byen anyen pa kapab retire lapè Jezi ba nou. Pannkot la te konn rive senkant (50) jou apre saba ou byen semèn pak la. (Travay 2:1-4). Ansyen testaman an pale de pannkot tankou yon "fèt nan semèn yo", paske se te sèt (7) semèn apre fèt premye fri yo. Pannkot la se evenman ki plis enpòtan liv travay la rakonte.

Jwif yo ki patap viv Jerizalèm yo te konn vwayaje al Jerizalèm pou sa sèlman. Pou yo li te plis an sekirite pou yo te pase sou lanmè mediteraneen an pandan mwa me ou byen jwenn (mwa ki te pi bon pou fèt la) tan pou yo te ale nan mwa mas ou byen nan avril.

Lè lespri sen te vini, disip yo te yon kote ansanm. Sinyal vizib ak bri van an se sa yo ki te fè yo konnen lespri sen te kote yo ye a. dife se siy ki make prezans Bondye, li menm ki ranpli kè a ak pwisans epi mete li pwòp.

ADAPTASYON

Anpil fwa ti moun yo konfonn Bondye. Jezi ak lespri sen. Sa kapab antann, menm kèk granmoun tou sa konn rive yo. Doktrin trinite a enpòtan pou kwayans kretyen otodòks la; men lè yo pa konprann li se yon bagay se menm bagay la. Leson sa pral ede elèv yo pou yo konprann li. Bondye nan twa (3) moun, men li toujou yon sèl Bondye, yon bagay ki difisil pou konprann e eksplike, men legliz la rekonèt sa kòm yon verite fondamantal nan la fwa kretyèn an. Bòn nouvèl la genyen nan travay li, Bondye pap janm kite nou pou kont nou. Lè jJzi t'ap prepare didip li yo pou l' te pati a li te asire yo l'ap toujou avèk yo a travè lespri sen. Priye senyè a epi mande ti moun yo pou yo chèche prezans lespri sen an, Bondye avèk nou.

DEVLOPMAN LESON AN
Entwodiksyon

Ti moun yo gen yon sans ki devlope sou sekirite. Pwofite moman sa pou di yo Bondye asire nou l'ap toujou avèk nou. Se pa rapò ak lespri sen an li di sa, se li menm ki akonpli pwomès Jezi te fè disip yo, pou li te avèk yo pandan tout tan jiskaske mond sa fini.

DEVLOPMAN ISTWA BIB LA

Prepare w byen lè w pral ekspoze leson sa, paske ti moun yo gentan gen kounye a anpil kesyon ki gen rapò. Nou rekòmande pou w etidye sijè a si gen dout sou kèk tèm made pastè sipò li. Kòmanse leson an pandan wap eksplike yo kisa sa vle di prezans Bondye jodia. Sonje mete chante ki gen mouvman ladan li, e ki gen relasyon ak leson wap fè a. kèk nan yo kapab se: Bondye isit la, sent espri, ranpli lavi mwen.

APLIKASYON NAN LAVI A CHAK JOU

Sa ki plis enpòtan nan leson sa, kounye a ti moun yo pral santi yo an sekirite ak Bondye paske li toujou avèk yo pa rapò ak lespri sen.

ANÈKS
Twa (3) Nan Youn

Bay chak ti moun fèy aktivite yo, pou devlope aktivite sa. Yo gentan aprann sou Bondye, sou Jezi tou lè li te sou tè a. jodia yo pral konnen lespri sen an , epi kijan li ede nou. Eksplike lè n'ap pale de Bondye, de Jezi, lespri sen an, nou vle pale de trinite a. (Bondye nan twa (3) moun).

Nan fèl kalkil la ti moun yo ap wè kijan yon moun kapab twa (3) nan yon sèl la. Se menm fanm nan men li gen plizyè travay: tankou madanm, manman ak grann. Eksplike sa epi ki te ti moun yo bay plizyè wòl nou kapab jwe pandan nou se yon sèl moun nan. (Pa ekzanp, yo se pitit, frè ak kouzen). Se pandan yo toujou rete yon sèl moun nan.

Bay tan pou yo poze kesyon sou leson an. Prepare w pou reponn kesyon yo.

Lespri Sen An, Sipòtè Nou

Wap bezwen kat (4) ankadreman papye ou byen fèy. Fè, kat (4) anvlòp ak kat (4) moso tep adezif transparan. Prepare ankadreman yon an papye avan kou a, koupe yo nan menm gwosè, epi ekri kat (4) deklarasyon yo sou anvlòp yo (Bondye, papa, pitit la ak lespri sen an), youn nan chak ankadreman. Apre koupe ankadreman yo an senk (5) ou byen sis (6) moso nan fòm yon puzzle, mete yo andedan anvlòp la (yon anvlòp pou chak deklarasyon yo). Divize klas la an kat (4) gwoup epi, bay chak gwoup youn ak yon tep. apre, mande pou yo ranje puzzle la epi kole mesaj ki kache a anba fèy kalkil la.

Itilize chak deklarasyon pou revise leson an. Eksplike chak detay yo. Siw kapab kole travay yo nan mi yo pou tout moun kapab wè yo. Kite ti moun yo desine fèy la. Dekri fonksyon enpòtans ki nan chak deklarasyon lespri sen an nan lavi nou.

Kite tout ti moun yo patisipe pou bay ekzanp ak pwòp mo yo nan chak deklarasyon yo. Made ti moun yo pou konplete aktivite ki nan dezyèm paj nan leson 35 lan.

SA OU DWE KONNEN

Mete wagon tren ou te fè a pou tèks inite sa nan yon kòbèy. Mande pou chak elèv pran yon wagon (ou byen sa ki enterese yo). Apre, mande yo pou yo kole yo nan lòd. Ou menm kenbe tèt ki gen vèsè Biblik la.

Apre, pou elèv yo mete yo dèyè lòt sa ki gen wagon yo, wap dirije yo pou yo mache nan sal la, ou kapab fè sa pandan y'ap chante yon chan. Fè kèk ti kanpe pou w kapab di tren an bezwen gaz, ou byen li pral pran pasajè ki t'ap tann li nan lòt zòn. Chak fwa yo kanpe fè yo repete vèsè a.

Ou kapab fè aktivite a an gwoup. (gason ak fi), pou w kapab wè ki gwoup ki aprann li pi rapid, ou byen ranje li pi byen. Sa ki plis enpòtan, sè ke ou menm ou asirew tout ti moun yo byen aprann tèks la pandan dènye leson an. Si w kapab ou kapab pote kèk prim pou w ankouraje yo , tankou bonbon, sirèt nenpòt sa w kapab jwenn nan.

KONKLIZYON

Ede ti moun yo pou pa bliye anyen nan sa yo dwe pote lakay yo, ankouraje yo pou yo toujou vini nan etid la remèsye chak ti moun paske yo te vin asiste, fè yon ti pase sou pwochen inite a pandan wap konekte sa ki sot pase a ansanm ak yo.

Fè yo fè yon wonn pou priyè,pa bliye mande si yo gen yon demand priyè pou w ajoute li nan sa wap fè a. mande yo pou yo pran materyèl ou t'ap itilize pandan inte a, pou yo kapab sonje leson an.

NÒT:

89

DAVID, DE BÈJE A WA

Baz Biblik: 1 Samyèl 16:1-13; 17; 18:1-11; 19:1-10; 20:1-42; 24 y 26; 2 Samyèl 9.

Tèks Inite A: ... *pasek Jeova pa jije vale yon moun jan lèzòm fè l la, lèzòm gade sa ki parèt devan zye yo, men, Jeova gade sa ki nan kè moun* (1 Samyèl 16:7).

OBJEKTIF INITE A

Inite sa pral ede ti moun yo:

✘ Konprann pi byen sa ki vle di mete tout konfyans yo nan Bondye.

✘ Pou yo santi yo kontan lè yo konnen Bondye ankouraje lanmou, obeyisans pèp li a pou li.

✘ Pou yo rann yo kont lè yo met konfyans yo nan Bondye sa rann yo vanyan, fidèl, mizèrikòd, bon menm jan nou patap janm panse.

✘ Pou yo anbrase anvi pou swiv ekzanp David la. Ki te mete konfyans li epi obeyi senyè a.

✘ Aprann Bondye pwisan, epi se sèl moun nou kapab fè konfyans.

✘ Gen anvi pou chèche zanmi ki renmen epi mete konfyans yo nan Bondye, menm jan lòt yo fè li a.

LESON INITE A

Leson 36: David Se Yon Wen

Leson 37: David Mete Konfyans Li Nan Bondye

Leson 38: David Ak Jonatan Se Bon Zanmi

Leson 39: David Montre Konpasyon Li

Leson 40: David Akonpli Pwomès Li A

POUKISA DEBITAN YO BEZWEN INITE SA

Ti moun yo gen yon gwo enfliyans sou antouraj yo. Yo eseye imite fason lòt moun yo renmen li. Pou sa, li enpòtan pou yo konnen "ewo la fwa yo".

David se ero egzat la pou ti moun yo, istwa li a kòmanse lè li te yon ti bèje, pi piti nan ywit (8) frè yo. Nan ti laj sa li te gentan goumen ak yon jèan e li te touye li. Li te devlope yon bon zanmitay ak prens li an, epi, li te rive chape anba men yon wa malveyan. Apre, li te vin wa, men li pat bliye lamitye ak prens lan. Sa kapab petèt parèt tankou yon kont ou byen yon lejand, se pandan se yon istwa ki verite. Pi bon bagay nan tout sa, se konfyans David te gen nan Bondye a.

Ero sa yo te ekstraòdinè, David se youn ladan yo. Elèv ou yo pral fè eksperyans sou baz grandè sa, epi pou yo konnen yo menm tou yo kapab mete konfyans yo nan Bondye.

DAVID SE YON WEN
ASPÈ JENERAL

Baz Biblik: 1 Samyèl 16:1-13

Tèks Pou Konnen: *… pasek Jeova pa jije vale yon moun jan lèzòm fè l la, lèzòm gade sa ki parèt devan zye yo, men, Jeova gade sa ki nan kè moun* (1 Samyèl 16:7).

Objektif Leson An: Pou ti moun yo konnen Bondye pa ankouraje aparans, si non lanmou nou ak obeyisan nou pou li.

PREPARASYON PWOFESÈ A

Lè nou te dekouvri ekriti yo, nan pasaj ki nan premye liv Samyèl la nou jwen Bondye chase sayil kòm wa Izrayèl, menm si se li ki te chwazi li nan tan avan yo. Bondye te pase Samyèl lòd pou li te wen yon lòt wa li te chwazi. Youn nan ywit (8) pitit Izayi yo.

Samyèl te pè e li te konsyan sou sa ki te kapab rive li si Sayil ta dekouvri l'ap prepare yon lòt wa nan plas li pou pèp Izrayèl la. Senyè a te mande li poul fè yon jèn ak sakrifis pandan li te bètleèm, koutim prèt sa yo te sèvi li kouvèti pou misyon yo te ba li a.

Samyèl te gade chak ti moun Izayi yo selon aparans yo, pi gran te byen dyanm, pou Samyèl li te panse se te li Bondye tap chwazi. Men Bondye di li: pa gade sou sa ou wè a, ni jan ou wè libyen pòtan an, paske m pa vle li, paske Jeova pa gade jan Lòm gade a, men Lòm nan gade sa ki devan zye li a, Bondye wè nan kè. (v. 7).

Lè Bondye te fin refize sèt (7) premye pitit yo. Izayi te rele ywityèm pitit li a ki te nan jaden an, ki tap siveye mouton yo. Pyès moun nan Izrayèl patap janm panse fiti wa Izrayèl la t'ap soti nan yon ti vil konsa, tankou bètleèm, epi vit vit apre sa, yon ti bèje ki pa menm gen enpòtans t'ap vin wa pèp Bondye a. Lè Samyèl wè li, Bondye di li: "leve epi pou wen li, paske se li" (v.12). Epi se konsa Samyèl te fè, David te vin wen pou vin wa sou Izrayèl nan yon seremoni pou yo te nonmen prèt, pwofèt, ak wa yo. Popilarite ekspresyon : "wen Senyè a" bay yon inisyativ diven, li menm ki define yon relasyon entim ant Bondye ak Izrayèl epi wa ki te nonmen a, yo te remèt pouvwa ak otorite pou gouvène nan non Bondye. Wa a se te reprezantan Bondye sou tè, li menm ki te gen misyon pou li toujou fidèl nan sa li ye.

ADAPTASYON

Nan frekan nou, menm jan ak Samyèl, nou jije moun yo selon aparans yo, epi nou ki te pwòp opinion nou yo Mennen . Nan menm fason sa, ti moun yo, menm si yo piti. Yo konsyan sou enpòtans aparans lan. Fason yo penyen ak abiye kapab fè yo kwè se sèl mwayen ki kapab itilize pou aksepte yo nan sosyete ak zanmi yo.

Bondye pa gen ide avèk nou sou tèm sa. Li pa jije nou sou pozisyon sosyal nou genyen, ankò mwen sou nivo entèlektyèl nou. Li rekonèt nou sou sa nou ye ekzakteman.

Pandan etap devlopman sa, ti moun yo ap kòmanse aranje yo sou aparans jan kontèks sosyal la mande li a. nou pa kapab bloke sa pou li pa rive, men nou kapab ba yo trankilite ak kouraj, pandan n'ap mete nan kè yo fondman Bondye yo, tankou siprèm limanite, li pa jije nou ou byen felisite nou sou aparans. Nan fason sa, janw pata panse sa, li antre nou nan lavi li vale ki andedan yo.

DEVLOPMAN LESON AN
Entwodiksyon

Vòt Pou Wa A

Anvan, prepare fèy aktivite yo ki nan liv elèv yo ki koresponn ak leson an, ak yon kreyon pou chak ti moun yo. Pale ak yo sou fason yo itilize pou chwazi lidè yo lè y'ap jwe. Kijan yo chwazi yo epi ki karakteristik yo genyen. Mande yo pou yo rakonte sa yo konnen sou kijan moun yo chèche lè y'ap chwazi yon lidè.

Li enstriksyon ou jwenn nan pati ki nan tèt fèy aktivite a, epi bay tan pou ti moun yo vote pou yon wa, ou byen yon prezidan. Mande pou yon volontè konte vòt yo, epi pou kisa yo chwazi lidè sa.

DEVLOPMAN ISTWA BIB LA

Prepare yon kouwòn avan sa, ak wit (8) afich ki mare ak yon kòd nan wit (8) pwent yo, yon fason pou ti moun yo kapab koke yo nan kou yo. Ekri yon fraz ki diferan nan chak prent yo, pa ekzanp: sa ki pi bèl la, sa ki plis selèb la, sa ki pi wo a, sa ki pi mens lan, sa ki plis entèlijan an, sa ki pi fò a, meyè espòtif la, sa ki gen pi bon kè a. Mande elèv ki vle patisipe yo pou yo chwazi yon Cartel pou yo koke li nan kou yo. Pandan wa'p eksplike istwa ale pandan wap pase yo youn pa youn. Menm jan ak pitit Izayi yo. Pran kont de ti moun k'ap pote afich la pou di: " sa kè plis pwòp la" dwe rete an dènye.

Di yo istwa Biblik sa pale sou nouvo wa Bondye t chwazi a. pou yo mete atansyon yo pou konnen kòman Bondye te chwazi nouvo wa sa.

Kesyon: eske Bondye t'ap chwazi menm moun nou te vote a poul vin wa? Selon sa nou konnen.

Pandan wap rakonte istwa a, nan moman chwa nouvo wa izrayèl la, mande ti moun yo pou yo reprezante ti moun Izayi yo pou pase devan, pou tout li sa afich la di a. mete aksan sou karakteristik sa yo pa ekzateman sa Bondye ap chèche pou chwazi yon nouvo lidè. Kontinye jan sa mande a jiskaske w rive nan dènye a, konsa mete kouwòn nan tèt ti moun ki reprezante David la.

APLIKASYON NAN LAVI A CHAK JOU

Pou fini leson an, prepare yon miwa, byen gwo. Kole yon kè wouj nan do li. Di elèv yo ou pote yon miwa majik nan klas la, ki montre nan yon kote kijan Lòm nan wè epi nan lòt bò a kijan Bondye wè. Kite tout ti moun yo patisipe, pase yo youn pa youn pou yo wè imaj yo. Pandan ti moun yo wè imaj yo nan miwa a, mande yo konbye karakteristik yo wè nan li. Pa ekzanp: gwo zye, cheve long, elatriye. Lè chak ti moun fin patisipe, envite yo pou wè sa Bondye wè nan yo chak epi montre yo do miwa a kote ki gen kè a. Kesyon: kisa Bondye wè nan ou? (kè ou).

ANÈKS
Sa Bondye Wè Ak Sa Moun Yo Wè

Wap bezwen fèy aktivite ki nan liv elèv yo, sizo ,anvlòp, fet. Swiv enstriksyon yo jwen nan fèy la pou prepare ak itilize jwèt la.

Pou kòmanse ou dwe kòmanse yon jwèt kat ak chak ti moun yo, ou byen jwe ak yon sèl gwoup, nan fason sa wap fè ti moun yo pase pa gwoup. Li posib pou chak ti moun yo jwen kat ki bay menm. Sa se yon verite ki pral afime aparans deyò a pa yon chemen ki asiran pou lè

y'ap chwazi moun nan sou la li genyen nan kè li.

Eksplike ti moun yo kijan sa difisil pou w konnen yon moun lè sèlman ou gade li. Yon bagay etranj ki kapab atiran, men se yon bagay ki danje anpil. Petèt kèk nan ti moun yo pa gen jwèt ki pi bèl la ou byen pi bon rad la. Se pandan, yo kapab se pi bon zanmi yo. Li bon pou konnen Bondye pa ankouraje nou nan sa nou gen deyò a, sa ki plis enpòtan pou li tout bon vre a se sa nou gen andedan nou an.

Yon Nou Wa

Fè ou byen chèche de (2) desen sou samyèl k'ap wen David. Ankouraje yo pou yo kole yon fèy nan do desen an epi koupe li tankou yon puzzle.

Divize klas la an de (2) gwoup. Objektif jwèt la se pou rive ranje puzzle yo nan lòd byen rapid pandan y'ap reponn kesyon yo youn apre lòt. Yon moun ki jwenn yon bon repons w'ap ba li yon moso nan puzzle la, epi konsa jiskaske w fini.

Ou kapab separe puzzle yo, epi fè yon jwèt kesyon ak repons ou byen konkou an ekip:

✗ Kiyès ki te premye wa Izrayèl? (Sayil).

✗ Eske Bondye te kontan ak Sayil, pou kisa wi, pou kisa non? (Non, paske Samyèl pat renmen obeyi Bon dye).

✗ Kiyès Samyèl te ye? (Yon pwofèt Bondye).

✗ Kiyès ki te wa nan moman sa? (Sayil).

✗ Ki kote Bondye te di Samyèl l'ap jwenn nouvo wa a? (Bètleèm kay Izayi).

✗ Kisa Bondye te pou Samyèl te fè bètleèm? (Prepare yon sakrifis, epi wen nouvo wa a).

✗ Ki kesyon lidè yo ki te nan vil la te poze Samyèl lè li te antre ladan li? (Si li te vini pou lapè).

✗ Konbye pitit Izayi te genyen? wit (8). Kiyès samyèl te kwè Bondye ta pral chwzai pou wa? (Elyab, pi gran pitit la).

✗ Kisa Bondye te di Samyèl sou Elyab? (pa gade aparans, paske Bondye wè kè a).

✗ Kisa Bondye te di sou lòt pitit ki pi gran yo? (Li pat chwzai pyès nan yo).

✗ Kiyès Bondye te chwazi pou te vin wa, epi ki travay li te fè? (David, li menm ki te bèje mouton).

✗ Kisa ki plis enpòtan, aparans ki deyò a, ou byen sa ki andedan yo? (sa ki andedan yo, nan kè).

92

Defi Pou Semèn Nan, Kè Mwen

Prepare yon fòm kè, ou kapab fè li nan yon fèy, yon fason pou ti moun yo kapab refè li. Separe fèy bay ti moun yo ki gen koulè wouj, ou byen moso fèy, kreyon ak sizo pou chak t moun. Montre yo pou fè yon kè, pou pote lakay yo, pou sèvi kòm souvni ki vle di:

✘ Bondye konnnen kè moun yo.

✘ Bon aparans la, jwèt ak rad pa plis enpòtan ke moun yo.

✘ Nou dwe fòse nou pou nou gen yon kè ki pi epi ki pwòp chak jou.

Mande ti moun yo pou yo dekri nan kè a tout sa Bondye wè nan yo pandan nan semèn nan.

SA OU DWE KONNEN

Konnen Vèsè A

Wap bezwen fèy aktivite yo ki nan liv elèv la. Ede ti moun yo nan klas la pou yo jwenn vèsè pou yo konnen an ansanm ak èd desen an. Eksplikasyon yo pral ede yo konprann epi kenbe vèsè a menm si yo pa konn li. Di yo vèsè sa se youn nan pati leson pou jodia. Se sa Bondye te di Samyèl sou sa li te ankouraje moun yo.

Raple ti moun yo mo gason nan vèsè sa pa pale sèlman de gran moun, men de tout moun.

KONKLIZYON

Ede ti moun yo pou yo fini travay la, di yo pandan inite sa yo pral apran istwa sou David. Ankouraje yo pou yo Mennen yon envite pou pwochen leson an epi mande pou yo rakonte paran yo istwa yo aprann jodia. Mande kiyès ki gen demand priyè pou priye pou li, epi mande yon volontè pou fè priyè final la, mete demand yo te fè a.

NÒT:

_____

_____

_____

_____

_____

_____

_____

_____

_____

_____

_____

_____

_____

_____

_____

DAVID KONFYE NAN BONDYE

ASPÈ JENERAL

Baz Biblik: 1 Samyèl 17

Tèks Pou Konnen: ... *pasek Jeova pa jije vale yon moun jan lèzòm fè l la, lèzòm gade sa ki parèt devan zye yo, men, Jeova gade sa ki nan kè moun* (1 Samyèl 16:7).

Objektif Leson An: Anseye ti moun yo pou konprann Bondye pwisan, epi se nan li sèlman yo dwe mete konfyans yo.

PREPARASYON PWOFESÈ A

Premye chapit 1 Samyèl 17 la pale nou sou yon gè yo te konn fè nan tan Biblik la. Menm lè yo konn ap prepare yo pou yo goumen youn kont lòt, yo chak te konn chwazi yon konkirans pou soufri pou defini viktwa a pou pèp la. Egzèsis konkirans lan te define moun ki genyen an se pèp li a ki gen batay la tou., se te yon mwayen pou yo te elimine afwontman moun kont moun.

Nan okazyon sa, pèp filisten an te gen yon gwo jèan gason yo te rele Golyat, misye t'ap menase epi pwovoke pèp Izrayèl la li t'ap ba yo defi pou voye yon gèrye anfas li pou vin afwonte li.

Nan kilti ancestral sa yo, jeneralman, wa yo se te gèrye ki pi pwisan an. Tout lidè popilè yo preske konn chanje yo an wa pou pèp yo, pou senp rezon sa pou kapab soti al batay nan lòt rejyon yo, ou bye paske li te gen yon afwontman dirèk ki te ba li viktwa ki te delivre yo nan yon gwo batay. Wa izrayèl la, Sayil, te yon pèsonaj enpòtan pou pèp la, se te Lòm ki te pi wo pami pèp la, epi, petèt anpil nan yo t'ap atann pou l'ale afwonte Golyat nan non pèp Izrayèl la. Men li menm, tan pou li te aksepte defi epi afwonte Golyat la, li te ofri kòm rekonpans pitit fi li a, ak prim konsolasyon ak moun ki te chwazi pou enpoze li kont Golyat la. Anpil moun te santi yo tante nan òf sa, men, pat gen moun ki te gen kouraj pou yo aksepte afwontman kont gèrye pwisan sa, paske yo te konnen se yon lanmò yo t'ap vin chèche.

David te ale nan chan an pou li te ale akonpli yon travay papa li te ba li; li t'ap pote manje bay frè li yo pou gade si yon te byen. Pandan li te la, li te tande Golyat ki t'ap bay pèp Bondye a defi epi li te deside aksepte sa wa te ofri a, epi David se te premye moun ki ta pral afwonte Golyat. Jiska moman sa pyès moun pat janm aksepte prim nan. Sayil te resevwa David epi, li te sezi lè li te wè li nan aparans li, li te refize pran chans pou

l' te voye li, paske si li ta pèdi tout pèp Izrayèl t'ap vin tounen esklav filisten yo. Men David yon wen ak pwisans Bondye, David konvenk Sayil poul te aksepte voye li, Sayil te vin aksepte rekèt David la. Menm lè wa a te ba li bon epe ak senti pwoteksyon, David pat prepare li ak pyès konplèks atizana sa yo, si non zam li an te senp epi diferan de tout sa lòt gèrye yo te genyen nan zye tout moun, lafwa ak konfyans li te poze sou Bondye, fistibal li a ak 5 ti wòch. Nan tout sa yo, zam ki te pi pwisan li te mete espwa li, se te konfyans li te mete nan Bondye li a, se sa li te aprann depi li te tou piti. Sa te montre byen klè lè li te di Sayil: "Jeova sa ki te delivre mwen anba grif lyon yo, ak anba grif lou yo, se menm li menm nan ki pral delivre mwen anba men filisten an" (v.37). Jèn David, te byen konnen batay sa se pat pou li, men pou Bondye, paske Golyat pa t'ap sèlman defye pèp Izrayèl la, men Bondye te konnen se li menm ki gen responsablite pou defann pèp li a.

ADAPTASYON

Pandan etap devlopman w lan, ti moun yo pral rankontre ak kèk pwoblèm anpil fwa nou menm tankou pwofesè, nou pa konnen. Sa depan de antouraj sosyal nou, fanmi oubyen ekonmik nou. konfli sa yo konn plizyè, ou byen anpil fwa se gran moun yo ki jere yo, ou byen nan diferan sikonstans yo pa kapab kontwole yo, pa egzanp: Divòs, Separasyon, batay, mank pwoteksyon, ak neglijans, abi, malveyans. Se pwoblèm sa yo ki koz ti moun yo konn soufri litasyon emosyonèl, ak fizik ki konn bay sa yo rele mank entèlijans lan, ti moun nan pa kapab konsantre li, li refize afeksyon, li pè fènwa. Ou kapab wè gen kèk ti moun nan klas ou a ki gen pwoblèm sa yo. Si gen pwoblèm ki nan pi piti grad la sa kapab afekte devlopman li. Li enpòtan pou ou menm an tanke pwofesè, pou w konnen pèsonalite ak transfòmasyon chak grenn elèv ou yo, pou w kapab pi byen satisfè nesesite li yo, non sèlman espirityèl men afektif tou, ak anpil fwa nan sa wap fè l' kado. Pandan leson sa yo, elèv yo pral ranfòse konfyans yo nan Bondye pou yo kapab jwen solisyon ki posib la ak pwoblèm yo geneyen yo. Konfli y'ap pede wè kapab twòp pou nivo konpreyansyon yo. Se la travay pou gide yo epi mete atansyon yo pou yo depose lafwa ak konfyans yo nan Bondye. Lè y'ap konnen Bondye pi gwo ke pwoblèm y'ap afwonte yo.

DEVLOPMAN LESON AN
Entwodiksyon

Salye ti moun yo epi di yo pou yo prepare yo pou yo al tande yon istwa sou yon jèn ti gason ki te goumen ak yon potorik gason. Mande si yo konnen ki wotè yon jean ye.

Pou ede ti moun yo konnen ki jan Golyat te kosto, chèche yon santimèt ou byen yon mèt. Twa moso papye. Tep adezif ak fet. Ak santimèt la, mezire 2,74 m, nan pati anlè kole yon moso papye ki di: Golyat te tèlman wo li te rive jis nan wotè sa. Siw vle ki te ti moun yo kouche atè a pou yo fè yon liy pye kole nan tèt, pou montre yo konbyen ti moun k'ap rive nan mezi 2,74 m la. Apre mezire yon lòt jèn ki nan legliz la, epi nan kote ou fini an kole yon papye ki di: "anpil gran moun grandi rive nan wotè sa". Konpare ansanm ak gwoup la wotè Golyat ak wotè nòmal yon moun, eksplike yo jan potorik gason sa te abiye ak yon rad pwoteksyon ki te peze plis pase 62 kg. (125 liv). Kantite sa se preske de timoun k'ap fè li.

Nan twazyèm moso papye a ekri: "rad pwoteksyon Golyat la te peze plis ke de (2) nan nou" kole papye sa nan wotè lestomak Golyat. Lè w fin fè aktivite a, chita ak elèv ou yo epi kesyone yo: kijan nou t'ap santi nou si yon moun tankou Golyat ta vle goumen ak nou? Kite timoun yo kòmante respons yo a. di yo: jodia nou pral dekouvri sa ki te bay David vayans sa pou li te goumen ak Golyat.

DEVLOPMAN ISTWA BIB LA

Bay chak ti moun fèy aktivite yo. "David te mete konfyans li nan Bondye", ki koresponn ak leson sa epi di yo: si nou konpare aparans fizik David ak Golyat, kijan nou t'ap dekri li? (Pi piti, pi mens, pi fèb). Si nou gade sèlman aparans fizik la, kiyès nou kwè ki t'ap genyen batay la? (Golyat). Nan moman sa nou dwe mete atansyon nou, pandan m'ap eksplike istwa a, pou nou kapab dekouvri kiyès ki te genyen batay la e pou kisa.

Ou kapab ititlize plizyè fason pou prezante devlopman istwa a, an akò ak posiblite ou genyen, eksplike menm istwa sa ak imaj ki te ede w reprezante pèsonaj Biblik yo. Si w pa vle materyèl vizyèl, nou konseye w pou fè reprezantasyon an ak youn nan pèsonaj ki nan klas la, pou li kapab fè aktivite a pandan wap eksplike istwa a,

pote kèk bagay tankou: yon jwèt epe, yon fistibal ki fèt ak lastik, sa ki plis enpòtan se pou ti moun yo konprann istwa a. pou yo sonje lè yo mete konfyans yo nan Bondye yo kapab afwonte tout pwoblèm yo.

APLIKASYON NAN LAVI A CHAK JOU

Bay elèv yo fèy blan ak kreyon. Nan tèt fèy la yo dwe ekri tit sa: "Bondye pi pwisan ke ...." ba yo tan pou yo fè yon desen ou byen ekri nan pati ki rete a, pou di ki pwoblèm ou byen krent yo kapab afwonte si yo mete konfyans yo nan Bondye.

Fè yon relasyon ak David ak yo. Di yo: menm si yo piti yo kapab afwonte gwo defi lè Bondye avèk yo.

ANÈKS
David Te Mete Konfyans Li Nan Bondye

Bay ti moun yo kreyon desen epi mande yo pou itilize yo nan fèy aktivite a, dekri sa ki te fè Golyat parèt yon gwo nèg, epi kòmante sa ki te fè David parèt tankou yon gwo nèg tou. Siw vle pandan elèv ou yo ap travay ou kapab fè yon ti rapèl sou istwa Biblik la pou ranfòse aprantisaj la epi eklere dout yo.

Yon Rapèl Sou Konfyans

Lè yo fini desen David ak Golyat la, mande elèv yo pou vire fèy la pou yo travay nan lòt aktivite a, y'ap bezwen kreyon ak kreyon desen.

Nou tout li ansanm afimasyon ki di: " Bondye pi gran ke tout moun, ou byen tout pwoblèm". Apre, mande elèv ou yo pou ekri non yo sou liy lan. Nan espas ki vid la yo dwe desine yon bagay ki montre kijan y'ap mete konfyans yo nan Bondye.

SA OU DWE KONNEN

Ekri mo ki fòme tèks la nan plizyè moso katon, epi sere yo andedan sal la. Mande elèv yo pou chèche li, lè yo fin jwenn li mande pou yo ranje tèks la nan lòd epi pou yo repete li ansanm. Ba yo tan pou jwe jwèt yo plis renmen an, sa se tankou yon prim ou ba yo.

KONKLIZYON

Pandan leson sa refè ti moun yo sonje Bondye pa gade sou wotè ak aparans moun. Ankouraje pou yo santi Bondye pwoteje yo epi renmen yo. Priye avan ou lage, epi envite yo nan pwoche leson an.

DAVID AK JONATAN SE DE BON ZANMI

ASPÈ JENERAL

Baz Biblik: 1 Samyèl 18:1-11; 19:1-10; 20:1-42

Tèks Pou Konnen: … *pasek Jeova pa jije vale yon moun jan lèzòm fè l la, lèzòm gade sa ki parèt devan zye yo, men, Jeova gade sa ki nan kè moun* (1 Samyèl 16:7).

Objektif Leson An: Devlope nan ti moun yo anvi pou yo gen zanmi ki renmen yo epi konfye yo nan Bondye.

PREPARASYON PWOFESÈ A

Nan 1 Samyèl 18:1- 11 lan, rakonte relasyon amikal ant David ak Jonatan, relasyon sa ki konsidere tankou yon relasyon ki plis nòb nan Bib la. Nan premye rankont lan nou wè yon lyen ki genyen nan mitan de (2) ti gason ki zanmi menm jan. Jonatan te renmen David menm jan ak pwòp tèt li, e li te fè yon kontra ak li, li te remèt li kap li ak amerit li. Atitid sa te kapab senbolize yon transferans dwa Jonatan yo bay David pou li te vin eritye twòn nan.

Nan Samyèl 20:1-41 an, li eksplike nou de (2) tèm byen enpòtan: premye a, zanmitay de (2) ti jèn gason sa yo, dezyèm nan, krent David sou foli Sayil genyen.

David ak Jonatan te konprann danje yo t'ap afwonte a. konsa yo te deside pwomèt youn ak lòt devan Bondye pou te konsève lwayote zanmitay sa. Pwa ki te reprzante nan advèsite sa te menm, menm si yo te konnen petèt yo p'ap wè, yo te konfyan ke Bondye te pran kontwòl sitiyasyon sa yo. Pandan konfli a, David ak Jonatan te toujou rete fèm pou yo pat lage, yo t'ap asire lanmou ki te gen ant yo de (2) ak kontra yo gen ansanm nan.

David te gentan an ekzil tankou fijitif pandan anpil ane sou epe Sayil. Menm si Jonatan t'ap viv ak kouraj ak yon papa li pat fè konfyans, epi anvi li te genyen pou te touye pi bon zaimi li a, sa te debouche sou gwo konfli santimantal pou li. Poutan Jonatan te renmen epi toujou onore papa li. Paske li te toujou enterese pou enterè ak byen papa li, epi yo t'ap chèche ansnam pou te touye David. Li konnen li t'ap fè sa ki kòrèk la. Jonatan te obeyi nan desizyon fòse epi tout jenerasyon yo te renmen li. Yo konsidere David tankou yon ewo nan epòk sa, Jonatan yo konsidere li tankou egzanp ki nòb nan rekonesans kòm model moun ki lwayal epi entèg.

ADAPTASYON

Timoun yo ap chèche plizyè fason pou yo aksepte yo nan resanblans yo. Pifò nan yo pase anpil tan deyò ap jwe ak zanmi yo, ou byen vwazen yo. Se pou sa leson zanmi yo kapab enfliyanse lavi yo chak jou. Pou yo chèche zanmi moun ki kapab ede yo grandi nan wout Senyè a pi enpòtan pandan etap devlopman yo. Leson sa pral ede ti moun yo konnen enpòtans pou yo renmen bondye, epi pou yo aprann chwazi zanmi y'ap fè.

DEVLOPMAN LESON AN

Entwodiksyon

Mande plizyè volonte pou rakonte rès klas la zanmi yo genyen, si yo kapab mande pou yo pote foto zanmi sa yo montre klas la, epi di yo pou yo envite zanmi sa yo vin asiste kou a.

Li ap enpòtan pou yo eksplike pou kisa yo chwazi zanmi sa yo, epi kisa yo plis renmen fè ansanm, Lè w fini felisite sa yo ki te patisipe, di yo istwa jodia ap pale sou de (2) zanmi espesyal ki te renmen anpil youn ak lòt.

DEVLOPMAN ISTWA BIB LA

Kite ti moun yo chita jan yo vle, si yo vle chita bò kote zanmi yo nan sal la, epi di yo istwa Biblik jodia se sou David ak zanmi li Jonatan li pale. Pou yo mete atansyon yo pou tande paske zanmitay yo de (2) te enpòtan anpil. Eksplike istwa a pandan ou kenbe Bib ou nan men ou, ou pa bezwen li tout pasaj la, sèlman vèsè ki enpòtan yo. Selon posiblite ou, itilize kèk imaj pou eksplike istwa a. ekri nan yon gwo katon mo " zanmi" koupe lèt yo epi mande ti moun yo pou kole yo pou kole yo chak fwa ou repete mo sa nan istwa a. yo dwe kole lèt yo sou tablo a.

Nou konseye w pou montre ti moun yo tou yon twal ki montre ti moun yo kap la, ak yon jwèt epe. Kòmante sou senbòl sa yo, kisa yo te reprezante. Se yon opsyon nan moman sa pou timoun yo desine yon kouwòn ak epe nan yon papye, epi chanje li ak yon zanmi nan klas la tankou yon senbòl kado.

APLIKASYON NAN LAVI A CHAK JOU

Pa rapò ak istwa sa, timoun yo pral konprann zanmitay se yon santiman Bondye te ba nou epi nou dwe eksplwate li. Lè nou renmen zanmi nou yo, ebyen n'ap obeyi ak youn nan kòmadman Bondye yo. David te renmen Jonatan menm si se papa li ki te bezwen touye li. Se konsa tou nou bezwen renmen zanmi nou yo, menm si pa fwa yo fè nou sa ki mal.

ANÈKS

Kiyès Ki Se Yon Bon Zanmi?

Bay chak ti moun fèy aktivite ki nan liv elèv yo, ak kreyon koulè.

Mande timoun yo pou obsève leson ak detèminasyon, epi pou yo chwazi kiyès nan ti moun sa yo yo vle genyen pou zanmi yo, apre pou yo desine zanmi yo chwazi yo. Yo chak la dwe montre desen yo a ak klas la, epi, pou rakonte pou kisa se zanmi sa yo chwazi.

Yon Istwa Zanmitay

Obsève ansanm ak elèv yo desen yo ki nan tèt fèy liv elèv la: kenbe nan men w kreyon ou byen kreyon koulè. Poze yo kesyon: kisa yo panse k'ap pase nan desen an. Motive yon deba pandan wap itilize kesyon sa yo:

✘ Nan konbye fason istwa sa te kapab fini?

✘ Kisa ki te kapab pase si Sebasyen te aksepte ale nan kan an?

✘ Kisa ki te kapab pase si Sebasyen pat vle ale nan kan an?

✘ Si Sebasyen pat aksepte fè sa antwàn te vle a, eske li tàp kòrèk ou byen pa kòrèk?

✘ Yon bon zanmi ap aksepte fè yon bagay ki danje sèlman pou li fè zanmi li plezi, pou kisa?

Kite elèv yo fini ak desen an pandan wap ba yo bèl fen istwa a. eksplike yo nan istwa Biblik la Jonatan te kont papa li kapab defann David; li te sere sekrè zanmi li an, epi dezobeyi lòd papa li ba li pou touye David. Eksplike ti moun yo David ak Jonatan te gentan gran moun. Yo pat ti moun. Ti moun yo dwe obeyi lòd paran yo, paske se yon kòmandman Bondye. se pandan, fò w ran ou kont se pa tout ti moun k'ap swiv lekòl dominikal ki gen paran yo kretyen. Fè atansyon lè wap eksplike yo lè paran yo mande pou yo fè yon bagay ki pa bon, ou bye

ki pou fè Bondye fache, yo dwe priye epi mande konsèy. Di yo: yo pa dwe sere konsèy zanmi yo lè se yon bagay ki pa bon, yon bagay ki gen danje ladan li (lè yo vye pawòl, fimen, epi vòlè).

Chwa Nouvo Zanmi Yo

Chèche kreyon pou ti moun yo, epi li enstriksyon yo ki nan liv elèv la pou aktivite sa. Di yo: chwazi yon zanmi enpòtan anpil, men li kapab yon desizyon ki difisil. Kesyon: eske nou sonje sa tèks pou nou konnen anseye nou sou sijè sa? (nou pa dwe chwazi zanmi nou yo sou aparans fizik, men selon santiman). Pa fwa nou konn pran tan pou n' konnen yon moun nan sa li posede andedan li. Gen kèk ide nan sa ki kapab ede nou chwzi bon zanmi.

Ba yo tan pou yo ranpli espas ki vid yo, pandan y'ap itilize mo ki adwat yo.

Kado Zanmitay

Wap bezwen fèy blan, kreyon, fet, ak desen pou kapab kole nan fèy yo, sizo ak kòl tou. Ede elèv yo fè yon lyi kat ki byen senp, ou byen kat pou fè zanmi ou byen paran yo kado. Yo kapab desine li jan yo vle, ekri sou kat la tèks pou yo aprann ak yon mesaj espesyal. Lè yo fin fè li yo, pou yo mete li nan anvlòp epi fè kado li ak moun yo chwazi a.

SA OU DWE KONNEN

Ou kapab reyalize sa an gwoup ou byen youn pa youn, ekri vèsè a nan yon fèy, wap bezwen sizo.

Sa depan dc jan wap fè aktivite a, remèt elèv yo vèsè pou yo koupe li mo pa mo (pote li tou konsa). Pou yo mete tout mo yo nan lòd pandan y'ap aprann li an.

KONKLIZYON

Fè yon rapèl sou tout sa yo te aprann sou David, envite elèv ou yo pou vin asiste pwochen kou a, pou yo kapab aprann nan ki fason ti jèn gason sa te montre mizèrikòd li pou moun ki t'ap trete li mal yo. Priye pou sa ki fè demand priyè yo, epi, mande Bondye poul ede yo pou yo ka fè bon zanmi.

DAVID MONTRE MIZERIKOD LI

ASPÈ JENERAL

Baz Biblik: 1 Samyèl 24 y 26

Tèks Pou Konnen: ... *pasek Jeova pa jije vale yon moun jan lèzòm fè l la, lèzòm gade sa ki parèt devan zye yo, men, Jeova gade sa ki nan kè moun* (1 Samyèl 16:7).

Objektif Leson An: Anseye ti moun yo anvi Bondye se montre nou lanmou ak mizèrikòd li gen pou tout moun, menm si nou ofanse li ak blese li.

PREPARASYON PWOFESÈ A

Lè David te preske rive nan pwen pou te rankontre ak Sayil (23:26), wa a se te yon dignitè epi David se te yon vilnerab fijitif. An echanj, Konye a David an sekirite kote li kache a, Sayil se moun ki an danje a san li pa menm konnen.

David te gen posiblite ak tan pou li te blese Sayil, men li pat fè sa, menm si li konnen si Sayil ta jwenn li li t'ap touye li, lè li te montre li moso rad li a wa a te vin wè se te David ki pat vle touye li, se li ki gen mizèrikòd pou li. Selon pwòp mo li, David te pi jis pase l'.

Nan 1 Samyèl 26 la nou wè Sayil ki kontinye ap atake David ankò. Jèn ti gason an antre nan kan Sayil la, li pran lans li a, epi po dlo a, epi, li te soti san yo pat konnen. Lans la te senbolize sekirite ak otorite Sayil, men kounyea, senbòl sa nan men ènmi li a.

Bondye fè Sayil ak gwoup li a dòmi di, aksyon sinatirèl sa Bondye fè pou yo dòmi di a, se yon demonstrasyon ki montre kijan l'ap entèsede pou David, epi, an konsekans kont Sayil.

Chapit 24 ak 26 yo, revele nou kijan kè David te pwòp, ak mizèrikòd li te montre li gen pou advèsè li a. nan tou de (2) chapit sa yo nou wè pwoteksyon Bondye sou lavi David. Travay ki gen rapò ak vanjans lan se Bondye ki pou fè li. Se pou sa, nou pa dwe deranje yon lòt moun, byen souvan nou konn twonpe nou.

Nan sosyete n'ap viv la, se pa etonan gen moun ki fè tèt yo jistis, y'ap chèche vanjans. Poutan, nou menm pitit Bondye nou panse yon lòt jan. David te gen de (2) posiblite pou te touye Sayil, (kiyès ki t'ap bal chay pote?), li te kapab fè pwòp defans li, men, li te montre konpasyon li te refize fè li mal paske Sayil se te yon wen pou Bondye.

ADAPTASYON

Ti moun yo gen yon bon sans sou lajistis, epi yo sansib lè yo pa trete yo byen. Anpil nan yo santi yo dwe reponn nan menm fason yo adrese ak yo a, epi yo sere santiman negative yo ak presantiman yo. Konpasyon David te montre pou Sayil la, pral montre yo yon lòt fason pou yo rezoud pwoblèm yo. Ede yo konprann nan fason David t'ap aji a se te yon siy de kouraj men se pat feblès sa te ye.

David te montre li gen mizèrikòd pou Sayil paske li te konnen sèl moun ki gen dwa jije a se Letènèl. Verite sa kapab vle di yon lòt eksperyans pou yo. Ti moun yo bezwen gen jistis rapid, konsèp tanperanman an limite lakay yo, e yo bezwen repons ki rapid nan tout sa y'ap fè. Konnen nan tan ki gen pou vini yo Bondye ap jije tout moun pou sa yo fè, pawòl sa pral mete yon lòt ide nan tèt yo.

DEVLOPMAN LESON AN

Entwodiksyon

Kisa Ki Te Vin Pase Aprè?

Bay ti moun yo fèy aktivite ki koresponn ak inite sa, ba yo tou kreyon desen.

Mande yo pou yo obsève desen yo epi li dialog yo, pou yo kòmante enpresyon yo sou sa yo wè k'ap pase nan istwa a. nan ankadreman blan an pou yo desine dènye imaj ki ta dwe genyen an.

Pale ak yo sou sa ki vle di fè vanjans sou moun ki te blese ou. Di yo: nan istwa jodia yo pral aprann kisa David te fè lè li te gen posiblite pou te vanje li sou wa a, ki te vle touye li a.

DEVLOPMAN ISTWA BIB LA

Repase ak elèv yo bagay yo te apran sou istwa lavi

david la pandan dènye semèn yo. Dirije yo nan kontèks istwa a. David t'ap kouri paske wa Sayil te vle touye li. Li te pase anpil tan ap kache nan kavèn yo, lwen fanmi li. Poutan, li pat gen rankin nan kè li pou Sayil.

Rakonte istwa Biblik la, sil posib montre yo ilistrasyon k'ap ede yo anplifye konesans yo. Si w vle ititlize fèy liv elèv la tankou èd vizyèl.

APLIKASYON NAN LAVI A CHAK JOU

Avan kou a, koupe de (2) kè ki gen koulè wouj pou chak reprezantan gwoup yo, ini yo nan bò yo kite yo ouvè e pati tèt la pou kapab fòme yon anvlòp. Koupe plizyè lòt ti kè ki kapab antre andedan gwo a. pandan kou a mande elèv yo po ede w ekri sou tablo a lis kalite David te genyen yo, ajoute nan lis la lòt kalite Bondye renmen wè nan lòt moun yo: onètete, konfyans, renmen.

Separe bay timoun yo ti kè piti yo pou yo kapab ekri ladan li kalite yo ta renmen Bondye wè nan kè yo. Yo kapab chwazi kèk kalite ki nan lis la, ni nan lòt lis la tou. Kole ti kè piti yo andedan gwo kè a epi mande pou yo ekri non yo sou anvlòp ki fèt pou sa.

Ankouraje ti moun yo pou imite bon ekzanp tankou David, epi, nan fason sa remèsye Bondye.

ANÈKS

David Montre Konpasyon Li

Wap bezwen fèy kalkil leson sa yo, sizo ak kòl. Montre ti moun yo kijan pou yo koupe desen yo nan kote ki pou sa. Apre, koupe liy nwa ki paralèl nan mitan fèy la. Mande yo pou bouje trè yo epi pou obsève de (2) fason David kapab montre lanmou li ak mizèrikòd li pou Sayil.

Revizyon

Pèmèt ti moun yo repase istwa a pandan y'ap ititlize paj aktivite ki fèk fèt la. Pou yo rakonte sa ki te pase, rakonte sa ki te kapab pase si David te aji yon lòt jan. raple yo David te chwazi pou li pat fè Sayil mal. Sèlman montre li gen konpasyon pou wa a, menm lè Sayil t'ap eseye touye li.

Itilize kesyon sa yo pou ranfòse aprantisaj la:

✗ Pou kisa Sayil t'ap chase David?

✗ Ki kote Sayil te ye lè David te koupe moso nan kap li a?

✗ Kisa David te pran nan kan Sayil la?

✗ Pou kisa David te gen konpasyon?

✗ Eske nou menm tou nou dwe gen mizèrikòd pou moun ki pa vle wè nou yo?

SA OU DWE KONNEN

Wap bezwen fèy, sizo, kòl ak tep adezif. Avan kou a, fè yon kouwòn ki gen gwosè tèt yon ti moun, pou yo kapab mete li.

Itilize aktivite sa pou yo kapab aprann tèks 1 Samyèl 16:17 la. Chita ak ti moun yo nan yon wonn epi chwazi youn pou kanpe nan mitan won nan. Mande li poul fèmen zye li epi pou di: oke!. Kounyea lòt ti moun yo ap pase kouwòn nan youn bay lòt. Apre, lè w di stop! Ti moun ki gen kouwòn nan ki nan men li a dwe kanpe epi di vèsè a. apre l'ap pran plas nan mitan pou li pase lòd yo.

Si ou vle mande pou ti moun yo chwazi yon moun pou ede yo sonje tèks la.

KONKLIZYON

Mande ti moun ou yo pou yo gen konpasyon pandan tout semèn nan ak moun ki pa trete yo byen. Raple yo ekzanp David yo ap anseye yo viv an akò ak Bondye, nou dwe gen lanmou pou moun ki antoure nou, menm sa ki pa renmen nou yo.

Entwodiksyon lòt leson an se : david akonpli pwomès li yo, anonse ti moun yo wap pote sipriz pou yo. Ou pa bezwen pote bagay ki chè, nenpòt sa ki kapab satisfè yon ti moun. Pou fini, mande yo pou è lapriyè pa bliye mande si gen rekèt priyè pou ajoute li nan sa wap fè a. si li posib pandan semèn nan pale ak paran yo sou kijan ti moun yo ap travay nan etid la.

NÒT:

_____

_____

_____

_____

_____

DAVID AKONPLI PWOMES LI

ASPÈ JENERAL

Baz Biblik: 2 Samyèl 9

Tèks Pou Konnen: … *pasek Jeova pa jije vale yon moun jan lèzòm fè l la, lèzòm gade sa ki parèt devan zye yo, men, Jeova gade sa ki nan kè moun* (1 Samyèl 16:7).

Objektif Leson An: Pou ti moun yo aprann akonpli ak pwomès yo fè Bondye yo, menm jan David te fè sa a.

PREPARASYON PWOFESÈ A

Malgre konfli ki te genyen ak desandan wa Sayil yo, David pat janm bliye pwomès zanmitay li te fè ak Jonatan an. Men, Jonatan te gentan mouri.

David t'ap chèche yon reprezantan nan fanmi reyèl la pou te favorize li, epi konsa li t'ap akonpli manda li te fè ak Jonatan an. Siba yon nonm ki t'ap sèvi lakay wa Sayil la te di David Jonatan gen yon pitit ki toujou vivan, ki te paralyze nan de (2) pye li te rele Mefibosèt.

Mefibosèt te gen senk (5) lane lè papa li te mouri (2 Samyèl 4:4). Lè moun ki t'ap okipe li a te tande Jonatan te mouri, li te pran ti moun nan epi li kouri pou li te kapab al mete li alabri; men, pandan li 'tap kouri ti moun nan te tonbe e li te tou rete paralyze pandan tout vi li, lè mefibosèt te tande wa a t'ap chèche li, petèt li te vin pè pou lavi li. Paske nan tan ansyen yo, pou nouvo wa yo te kapab asire rèy yo yo te konn pwofite elimine tout desandan ansyen wa a te genyen, pou David menm, se pat yon bagay ki fasil paske tout tan li te toujou nan afwontman ak Isbosèt youn nan ti frè Jonatan yo (2 Samyèl 1-4).

Poutan, wa David te akonpli pwomès li te fè ak Jonantan an, epi mizèrikòdman li te remèt mefibosèt tout eritaj gran papa li Sayil te genyen. David pat sèlman bay tout tè ki te pou fanmi an, men tou li te envite li pou vin pran plas sou tab wa a pou manje ak li menm jan ak tout pitit wa yo.

ADAPTASYON

Nan sosyete nou an moun yo bliye pwomès yo byen rapid, lidè politik yo, pèsonaj ki nan antouraj ou yo, menm moun ki nan fanmi nou tou, pa akonpli pwomès yo fè. Petèt pou anpil moun se pa yon sijè y'ap reve. Konsa, anpil nan elèv yo ou byen nou menm tou nou konn jwenn pwomès ki pa reyalize.

Men, moun yo pat fèt pou yo te brize li, paske nan fè sa li mande anpil enplikasyon: pèdi konfyans nou, ou byen entegrite nou.

Pitit Bondye fè pwomès tou. Diferans sè ke lè nou akonpli li, nou obeyi ak lwa Bondye yo. Akonpli pawòl nou yo mande konpwomi ak entegrite. Ede ti elèv yo pou yo konprann nan David yon egzanp nan entegrite lè li akonpli pwomès li te fè a.

DEVLOPMAN LESON AN
Entwodiksyon

Mande ti moun yo si yo te fè pwomès yo te fè semèn pase a. eksplike yo enpòtans sa genyen pou ou lè pwomès yo akonpli. Separe ti kado ou te pote pou yo a, epi pale sou kijan yo t'ap santi yo si w pat reponn ak pwomès ou te fè yo a.

Pran l' kòm baz pou repons yo. Pale yo sou enpòtans akonplisman nan sa nou pwomèt. Istwa jodia ap pale nou sou enpòtan pwomès David te fè ak Jonatan an, yon pwomès li akonpli menm si Jonantan te gentan mouri.

DEVLOPMAN ISTWA BIB LA

Raple elèv yo leson yo te aprann sou amitye David ak Jonatan an. Mete aksan sou pwomès yo tou de (2) te fè avan yo te kite a. pandan wap rakonte istwa a ki te ti moun yo bay eksperyans yo sou sijè a, itilize yo kòm egzanp.

Kòm materyèl ki pou sèvi w sipò ou kapab pote imaj ki reprezante David ak Mofibosèt, ou byen fè li avan kou a kòmanse nan ti liv ou jwen nan fèy aktivite elèv la, epi itilize li pou eksplike istwa a.

APLIKASYON NAN LAVI A CHAK JOU

Pa rapò ak istwa jodia ti moun yo pral aprann enpòtans ki genyen nan akonplisman pwomès yo fè yo. Ankouraje yo pou imite bon egzanp David epi pou yo onèt nan sa y'ap fè pou sa yo te fè konpwomi an. Di yo: lè nou pwomèt yon bagay se pawòl nou bay moun ki mete konfyans nan nou an. Kisa ki kapab pase si nou pa akonpli pwomès nou fè yon moun?

Tande repons yo epi konkli nan fè yo remake Bondye renmen lè pitit li yo akonpli pwomès yo.

ANÈKS

Pwomès Yon Zanmi

Wap bezwen fèy aktivite yo ki nan liv elèv la, sizo, agrafez ou byen kòl.

Ede ti moun yo koupe, kole ou byen klipse ti liv la " pwomès yon zanmi", jan enstriksyon yo mande nan liv elèv la. Siveye pou paj yo nan lòd avan nou kole liv la.

Apre, Lè w fini, fè kesyon sa yo:

✗ Kisa nou te plis renmen nan istwa jodia?

✗ Kisa nou panse Bondye vle nou aprann sou istwa sa? (Tande repons yo epi kòmante ak yo).

Pou fini aktivite a, kite ti moun yo ekri non yo epi pote liv la lakay yo, pou yo kapab rakonte istwa David ak Mefiboset la.

Akonplisman Pwomès Yo

Mande ti moun yo pou chita fòme yon wonn epi di yo: David te akonpli pwomès li te fè ak zanmi li Jonatan, pandan li t'ap pwoteje pitit Mefibosèt. Kounyea nou pral panse sou pwomès nou fè yo epi nou dwe akonpli yo. M pral eksplike nou yon pwomès m te fè, mwen vle akonpli li; apre m pral bay nou youn boul sa, moun sa dwe rakonte yon pwomès li dwe reyalize, lè nou fini, bay yon lòt moun boul la ki poko patisipe. Itilize jwèt sa yon kap ede ti moun yo eksplike ide yo.

Jwèt Revizyon An

Fè kesyon sa yo ki pou sèvi pou fè revizyon pandan wap swiv enstriksyon yo: divize klas la an de (2) gwoup. Yo chak la dwe gen yon kapitèn, apre, lè yo fin chwazi li nan tèt gwoup la. Chak repons ki bon vo 5 pwen. Si gen yon goup ki pa konn repons lan, lòt ekip la ap gen posiblite pou reponn li, pou kapab fè plis pwen.

1. Ki travay David te konn fè lè li t'ap viv Bètleèm?

2. Kijan sèvitè Bondye ki te wen David pou wa a te rele?

3. Kiyès David ta pral afwonte lè li t'ap ranje fistibal li ak 5 ti wòch yo?

4. Ki santiman wa Sayil te gen pou David?

5. Kijan te rele epi pitit kiyès bon zanmi li a te ye?

6. Ki kote David ak moun li yo te kache?

7. Kisa David te fè lè li pat' touye Sayil la?

8. Lè wa Sayil te antre nan kavèn nan, kisa sèvitè David yo te vle fè wa Sayil?

9. Kijan pitit Jonatan an te rele sa David te ede a?

Repite el Tèks Pou Konnen

SA OU DWE KONNEN

Di yo sa se dènye leson inite a. prepare kèk prim pou sa yo ki gentan aprann tèks la. Ou kapab remèt kouwòn tankou sa ou te fè semèn pase a, ou byen kèk ki gen vèsè ekri ladan li . Bay tan pou tout ti moun ki vle repete tèks la youn pa youn, epi, rakonte lòt sa yo te aprann.

KONKLIZYON

Ansanm ak klas la fè revizyon tout leson yo te etidye yo pandan inite a, epi pran tan pou yo eksplike tout sa yo te plis renemen nan inite a.

Ankouraje pou yo toujou swiv bon ekzanp David te Mennen pandan lavi li. David, menm jan ak yo, te tankou yon ti moun lè Bondye te chwazi li pou te vin wa pèp li a. se pandan, senp ti pastè sa te vin fè yon gwo wa e li te respektab. Yo menm tou yo kapab vin fè gwo bagay nan men senyè a.

Ankouraje yo pou yo depoze konfyans yo nan Bondye epi obeyi pawòl li. Avan ou lage yo, priye pou yo, epi repete tèks pou yo konnen an.

NÒT:

JEZI MONTRE NOU KOMAN POUN VIV

Baz Biblik: Sen Lik 2:41-52; 9:51-56; Sen Mak 4:35-41; 12:38-44

Tèks Inite A: ... *Se pou renmen Bondye ki mèt la ak tout kè w, ak tout nanm ou ak tout lide ou* (San Mateo 22:37).

OBJEKTIF INITE A

Inite sa pral ede ti moun yo:

✘ Dekouvri sa Jezi t'ap anseye nan pawòl li ak ekzanp.

✘ Aprann renmen epi konfye nan Bondye pandan n'ap obeyi paran nou yo.

✘ Fè Bondye kontan lè n'ap swiv ekzanp Jezi yo epi obeyi ansèyman li yo.

✘ Pran konsyans li plis fasil pou nou renmen epi obeyi Bondye lè n'ap swiv ekzanp Jezi yo.

✘ Aprann mete konfyans noun an senyè a lè nou gen krent.

✘ Aprann padone sa yo ki fè nou mal.

✘ Bay Bondye pi bon kadon yo: lanmou ak sèvis.

LESON INITE A

Leson 41: Jezi Obeyi Paran Li Yo

Leson 42: Jezi Kalme Tanpèt La

Leson 43: Bondye Padone

Leson 44: Jezi Onore Yon Vèv

POUKISA DEBITAN YO BEZWEN INITE SA

Inite sa pral ede elèv yo pou yo wè koneksyon ki genyen ant aksyon" ak "aksyon" y'ap dekouvri Jezi te demontre kèk fason ak aksyon ki fè Bondye plezi, tankou: konfyans ak obeyisans paran yo, padon ak lanmou sensè. Yo pral aprann tou sou enpòtans obeyisans genyen nan obeyi paran yo, sa tèlman enpòtan pou Bondye li mete li nan kòmandman li yo. Jezi, menm pitit Bondye a, paran li te gen sou tè a, Jozèf ak Mari.

Nan leson 42 a (Jezi te kalme tanpèt la). Ti moun yo pral wè kijan Jezi gen kontwòl tout bagay jis pou tanpèt la te obeyi li. Yo menm, nan ti laj yo a, yo konn pè devan lè yo gen pwoblèm, etid sa pral ede yo pou yo pa gen krent devan pwoblèm men se pou fè Bondye konfyans.

Nan yon lòt kote, relasyon sosyal ti moun yo vin konplike nan sa yo kwè. Yo konn kite kay yo san sekirite pou al asiste kou pandan anpil tan nan jounen an. Yo vin gen yon lòt mond ki parèt kote pou abitye ak li. Pou yo aprann gen lòt relasyon ak moun pa toujou fasil pou yo. Pou rezon sa, li enpòtan pou anseye yo kijan yo dwe janti ak lòt moun sa yo (zanmi, fanmi, vwazen). Pa rapò ak leson sa, ti moun yo pral chèche yon lòt fason ki pi bon pou yo viv tankou Jezi.

JEZI OBEYI PARAN LI YO

ASPÈ JENERAL

Baz Biblik: Sen Lik 2:41-52

Tèks Pou Konnen: ... *Se pou renmen Bondye ki mèt la ak tout kè w, ak tout nanm ou ak tout lide ou.* (San Mateo 22:37).

Objektif Leson An: Ede ti moun yo konnen Bondye vle pou yo obeyi li.

PREPARASYON PWOFESÈ A

Nan liv Lik nan chapit 2:41–52 a, pale nou sou youn nan evèman nan anfans Jezi ki parèt nan Bib la, sof sou konesans li ak lè wa maj yo te vin wè li a. Gen anpil istwa sou anfans li ki ekri nan lòt liv ki pa nan Bib la. Sa ki distenge istwa sa yo de liv levanjil yo se paske se sou anfans Jezi istwa sa yo pale. Anpil nan yo montre li k'ap egzèse yon pouvwa ekstraòdinè.

Istwa sa yo angaje yo nan anpil lejand yo. Lè Jezi te gen 12 lane lavi li te gentan devlope nan anpil travay. Si nou mete konesans li te gentan genyen sou misyon li sou tè a epi relasyon li ak papa li. Moun yo te kontan wè ekstraòdinè pwisans li te genyen (Sen Lik 2:47). Poutan, pasaj sa montre klè mèt la lwa yo, pat rann yo kont ak ti moun yo t'ap poze tout kesyon sa yo te ranpli ak lespri Bondye ak lèzòm. Lè Jozèf ak Mari te jwen Jezi, pèn yo te soulaje. Jezi te parèt etone paske paran li yo pat konnen ki kote pou yo te vin chèche li. Menm si sa, pasaj la fè nou konnen li te obeyi paran li yo, li tou ba nou egzanp kijan nou dwe soumèt anba otorite paran nou gen sou tè a.

ADAPTASYON

Nan moman n'ap viv la, obyesisans parèt tankou yon bagay ki pase mòd. Gen kèk liv, televizyon, ak journal yo k'ap montre paran yo tankou yon bèt nwa pou ti moun yo. Respè pou paran yo ak otorite tankou yon bagay ki pa gen vale ankò.

Ti moun yo bezwen konnen enpòtans ki genyen lè yo obeyi paran yo, Bondye tèlman konnen sa enpòtan li menm mete li nan dis (10) kòmandman yo. Ekri ki nan nouvo testaman reafime enpòtans obeyisans lan tou. Elèv ou yo kapab dekouvri Jezi, menm pitit Bondye a te obeyi Jozèf ak Mari. Tankou jan istwa a montre li a, li pa toujou fasil, poutan, li te obeyisan.

DEVLOPMAN LESON AN
Entwodiksyon

Yon Travay Ki Pou Fèt

Fè jwèt sa pou ti moun yo kapab eksplike ki travay yo konn fè lakay yo, yo dwe swiv enstriksyon yo. Apre lèw fin bay pifò enstriksyon yo, mande pou yon volontè konplete aktivite a, pandan wap kontinye bay rès enfòmasyon yo:

- ✘ Moun ki konn ranje kabann yo, leve kanpe.
- ✘ Moun ki konn lave veso yo, aplodi.
- ✘ Moun ki konn siveye zafè yo, pou yo sote twa (3) fwa.
- ✘ Pou yo frappe men yo si yo konn siveye ti frè yo ou byen ti sè yo.
- ✘ Si yo konn ranmase jwèt yo lè yo fin jwe, sou ke men yo.
- ✘ Yo konn jete fatra, pou touché pwent soulye yo ou byen tenis yo.
- ✘ Si yo konn pwòpte kote yo dòmi an, sote sou yon pye de (2) fwa.
- ✘ Si yo konn ede paran yo ranje tab la avan y'al manje, pou yo di "wi".

Apre jwèt la fè kesyon sa yo: ki jan nou santi nou lè paran nou mande pou nou fè youn nan travay sa yo? Mande ti moun yo pou yo onèt nan repons y'ap bay yo. Di yo: "pa fwa li fasil pou nou obeyi paran nou yo, men pa fwa li pa fasil. Nou pral wè kisa Jezi anseye nou sou obeyisans".

DEVLOPMAN ISTWA BIB LA

Montre yo materyèl vizyèl pandan leson an sa ap ankouraje yo, paske nan fason sa y'ap kapab wè, pandan y'ap tande istwa a.

Si nan kou a ou pa ititlize materyèl vizyèl, fè sa avan

ou kòmanse. Ou kapab itilize moso jounal, kot yo montre ki gen anpil moun, defile, fèt elatriye. Nan fason sa wap kapab reprezante Jozèf nan sitiyasyon yo te a lè yo pat kapab wè Jezi nan mitan foul la.

Rakonte istwa a nan yon fason pou elèv yo kapab imajine moman Jezi ak fanmi li yo t'ap pase.

APLIKASYON NAN LAVI A CHAK JOU

Nou pran istwa sa pou sèvi baz pou montre ti moun yo Jezi, ki te pitit Bondye a, te toujou obeyisan nan moman li t'ap viv nan mond sa. Nesesite pou nou obeyi a se yon travay ki enpòtan anpil nan lavi ti moun yo.

Fè remak sou travay obeyisans lan, menm si ti moun yo pa toujou renmen fè sa, se yon pati ki vivan nan disiplin nan ka devlopman amonyez nan relasyon moun ak moun.

Rapèl Obeyisans La

Bay tout elèv yo fèy aktivite yo, kreyon desen, sizo, kòl anvlòp tou. Si w pa gen anvlòp ou kapab fè yo ak fèy blan epi kòl. Li byen fò enstriksyon yo epi ede ti moun yo pou yo koupe " rapèl obeyisans yo a ". mande yo pou sere li nan anvlòp la epi pote li lakay epi fè paran yo konsève li pou yo, epi pou yo deside ansanm kijan yo kapab obeyisan. Apre, pou yo ekri nan espas ki vid la sa yo deside pou yo fè a. sa se yon rapèl k'ap ede yo pou yo toujou obeyisan.

ANÈKS
Jezi Obeyi Paran Li Yo

Pou aktivite sa itilize tablo, ou byen papye ak fet.

Avan kou a fè yon rektang epi divize li an sèt moso ki menm fòs. Ekri nan premye kare a " Jerizalèm epi nan dènye a Nazarèt" kounyea nan klas la di yo: nou pral wè si nou kapab Mennen Jezi depi nan Jerizalèm jiska Nazarèt pandan n'ap reponn kesyon sou istwa a. fè kesyon sa yo epi chak fwa gen youn ki bay yon bon repons elimine yon pati nan rektang lan, si yo pa kapab reponn kèk kesyon reponn li ou menm epi kontinye. Kontinye jwèt la jiskaske ou fin elimine tout kare yo. Si li posib repete kesyon sa yo:

- ✘ Ki kote Jozèf, mari ak fanmi yo te konn selebre fèt pak la? (Jerizalèm).
- ✘ Kisa ki te rive Jezi pandan vwayaj sa? (Li te rete dèryè).
- ✘ Kisa Jozèf ak mari te fè lè yo te wè Jezi pat avèk yo? (Yo te tounen Jerizalèm al chèche li).
- ✘ Kijan nou panse yo te santi yo lè yo pat kapab jwen Jezi? (Yo te pè, preokipe, se te desepsyon).

- ✘ Ki kote yo te jwen Jezi? (Nan tanp lan).
- ✘ Kisa Jezi t'ap fè nan tanp lan? (Li t'ap pale ak mèt la lwa yo, li t'ap reponn ak poze kesyon yo t'ap fè li).
- ✘ Ki repons sipriz Jezi te ba yo? (Se te repons moun ki save).
- ✘ Kisa Mari te di Jezi? (Nou t'ap chèche tout kote).
- ✘ Kijan Jezi te reponn manman li? (Ou pa konnen se kay papa mwen mwen dwe ye).
- ✘ Kisa Jozèf ak Mari te mande Jezi? (Pou li te retounen lakay ak yo).
- ✘ Kisa Jezi te fè? (Li te obeyi).

SA OU DWE KONNEN

Ekri sou tablo kèk lèt nan mo ki fòme tèks pou yo aprann nan. Ekri rès lèt ki rete yo nan moso papye ki pral kole anndan yon valiz, mande pou kèk volontè retire lèt ki nan valiz la epi pou verifye si yo koresponn ak rès sa ki ekri sou tablo a.

Yo dwe kole lèt nan kote ki fèt pou sa nan tèks la, lè yo fin kole tout mande yo pou li ansanm tout tèks la pandan plizyè fwa.

Kilè Gen Danje Nan Obeyi

Gen kèk paran ki itilize ansèyman Biblik ki sou obeyisans lan pou abize ti moun yo, pandan wap travay ak ti moun ou yo, fòk ou sansib epi pasyan ak sa yo ki pa reponn byen yo ou byen ki ap fè dezòd. Si gen kèk ti moun ki temwanye yo abize li, rakonte sa ak pastè ou byen resposab legliz la oubyen nan ministè ti moun yo.

Efezyen 6:1-4, pale sou responsablite ti moun yo gen pou paran yo, epi sa paran yo genyen tou pou ti moun yo lè li di: "ti moun yo se devwa nou pou nou obeyi manman nou ak papa nou paske se yon bagay ki dwat devan Bondye" Onore papa w ak manman w se premye kòmandman ak pwomès, pou kapab ale byen epi gen yon lavi ki long sou tè sa. Epi pa mande pou paran ou yo al wè pitit ou yo, se pou elve yo nan disiplin ak amoni nan senyè a. abi y'ap fè sou ti moun yo parèt plizyè kote nan moman sa. Ras ou byen kondisyon sosyal ti moun nan pa epanye, fè yon priyè pou ti moun ki nan klas ou a ak fanmi yo.

KONKLIZYON

Gade si tout ti moun yo fin travay yo a, epi pou pran tout sa ki pou yo. Ankouraje yo pou yo obeyi paran yo pandan semèn nan epi pou yo repase tèks la lakay yo. Fòme yon wonn epi priye pou chak elèv ou yo repete non yo nan priyè wap fè pou yo a.

JEZI KALME TANPÈT LA

ASPÈ JENERAL

Baz Biblik: Sen Mak 4:35-41

Tèks Pou Konnen: ... *Se pou renmen Bondye ki mèt la ak tout kè w, ak tout nanm ou ak tout lide ou* (San Mateo 22:37).

Objektif Leson An: Pou ti moun yo aprann mete konfyans yo nan Bondye lè yo santi yo enkyete.

PREPARASYON PWOFESÈ A

Istwa sa te devlope sou lanmè galile a, yon kote ki gen yon dlo dous ki mezire 26 km nan longè li epi 14 km nan lajè li. Li gen 200 m ki separe li menm ak vale la rivyè jouden an. Anba nivo lanmè a. li antoure ak ti mòn ak pant, lè van an ap soufflé mòn yo fòme yon toubouyon ki rive sou dloa ak gwo van. Li derape ak tout fòs li. Lanmè galile a bèl pou ti tanpèt li yo ki toujou ap leve san zatann, menm si yon pechè gen anpil eksperyans sou dlo a tanpèt sa yo kapab siprann li.

Pifò nan ministè Jezi yo sou tè li te pase bò kote rivyè sa. Kèk nan disip li yo tankou Simon Pyè, se pechè ki te gen eksperyans epi yo te konprann danje ki genyen nan dlo sa pandan yon gwo tanpèt. Konesans sa te ogmante perèz yo te genyen, yo pat kapab konprann kijan Jezi te fè ap dòmi pandan tanpèt la.

Pasaj ki nan Sem Mak 4:35-41 an, poze nou de (2) kesyon sa yo: (1) Kiyès Jezi ye? (2) Eske yo te mete konfyans yo nan li?

Fèmte ak ti kout repons Jezi te bay tanpèt la ak lanmè montre otorite li genyen sou bagay sa yo. Kontwòl Jezi genyen sou fòs lanati a montre otorite diven li an. Mo sa yo: " silans, rete" ba nou yon espwa ki fèm, nan pi gwo pwoblèm yo, depi lè nou ap enkyete nou kijan demen nou ap ye, jiskaske nou gen pou lite kont lanmò, menm mo sa yo kapab ba nou asirans pou tout k'ap tande vwa pitit Bondye a.

ADAPTASYON

Pandan etap devlopman sa a ti moun yo gen anpil krent. Leson sa pral ede yo pou travay pou konstwi epi aprann yo pou yo mete konfyans yo nan Bondye. Li enpòtan pou nou konprann krent lan se pa yon bagay ki mal li ye. Se yon bon emosyon Bondye ba nou ki kapab pwoteje nou nan plizyè danje. Se pandan, lè krent lan paralyze nou, ou byen menase nou, konfyans nou nan Bondye konyea parèt tankou yon bagay ki menanse.

Mirak ki te kalme tanpèt la ba nou yon demonstrasyon byen klè sou otorite Jezi gen sou kreyasyon an. Otorite sa dwe enspire nou konfyans nan li. Sa pa vle di ti moun yo ki mete konfyans nan Bondye yo pa fèb epi yo pwoteje sou tout danje ki kapab rive yo, men Bondye se li menm ki gen ototrite sou tout sa ki ekziste avèk yo, sa yo gen pou afwonte pa gen enpòtans.

DEVLOPMAN LESON AN

Entwodiksyon

Pou entwodiksyon sa wap bezwen kreyon desen ak kreyon. Kesyon elèv ou yo kisa yo pè, ba yo tan pou yo reponn epi ba yo fè desen.

Mande yo pou yo desine kèk sitiyasyon ki konn fè yo santi yo pè. Pèmèt kèk volontè kòmante sou desen lòt konpayèl yo fè a.

Di yo: jodia nou pral aprann sou yon okazyon kote disip Jezi yo te pè, nou pral wè sa li te di yo souk rent yo te genyen an.

DEVLOPMAN ISTWA BIB LA

Chèche bay ti moun yo papye ki te itilize deja, fèy jounal ak kòbèy yo pap itilize ankò.

Di yo: yo kapab itilize materyèl sa yo pou fè bri tanpèt la pandan istwa a. fwonte papye a nan kòbèy la kapab fè bri tanpèt la epi soufle ak kone yo pou bri van an.

Pandan wap rakonte istwa a, pandan moman tanpèt la kite ti moun yo fè plizyè bri epi pou yo eksplike kijan yo t'ap santi yo si yo ta nan yo sitiyasyon konsa.

Ankouraje yo pou yo jwi silans ak kalmi disip yo te santi lè Jezi te pase tanpèt la lòd pou li te rete a. envite elèv ou yo pou yo patisipe tankou aktè nan aktivite sa. Aktivite sa yo, yo renmen yo anpil epi l'ap ede yo pou ranfòse konesans yo. Prepare yon liy chèz epi kole jounal yo ak tep, mi yo reprezante bò bak disip yo ak Jezi te ye a.

Kèk nan ti moun yo ap reprezante disip yo, epi yo kapab itilize bale pou fè ram yo, pandan youn nan yo ap reprezante Jezi ki t'ap dòmi epi ki te kouvri ak yon dra. Lòt ti moun yo kapab toujou kontinye ap fè bri van an. Pandan tan sa, rakonte istwa a epi elèv ou yo ap fè mouvman ki nan sèn nan.

APLIKASYON NAN LAVI A CHAK JOU

Konpare krent disip yo te genyen lè yo te nan tanpèt la ak krent ti moun ou yo genyen lè yo nan yon pwoblèm difisil, pa egzanp, lè yo nan chanm ki fè nwa, lè y'ap dòmi pou kont yo nan yon chanm. Li bon pou raple yo Bondye se kreyatè tout sa ki egziste yo epi li gen pouvwa sou tout. Menm tout sa ki fè yo pè. Ankouraje yo pou yo kwè nan pwisans Bondye nan moman yo pè yo.

ANÈKS
Tanpèt La Kalme

Remèt elèv yo fèy aktivite yo, ba yo sizo ak kòl tou. Koupe bann ki gen "konfyans lan" nan seksyon ki koresponn ak leson an.

Li ak ti moun yo paragraf ou jwen nan fèy aktivite a epi pliye fèy la nan liy ti pwen yo. Apre, ede yo pou koupe ak swen liy nwa yo pou yo fè ouvèti yo, depliye fèy la epi mete bann nan pa rapò ak ouvèti nou te fè a kòmanse nan kote dwat la. Montre kijan pou yo deplase bann nan depi yon kote rive lòt kote a, menm jan ak vag lanmè a.

Rapèl Konfyans La: Mesaj Sekrè

Kenbe Bib ou nan men w, ou vèli nan sòm 56:3, epi made pou elèv yo chèche tèks sa.

Vire fèy aktivite a, epi di yo: nou tout nou dwe ekzèse la fwa nou chak jou nan lavi a, pou li kapab vin pifò chak fwa. Wa David nou te etidye nan inite pase a, se yon Lòm ki te depose konfyans li nan Bondye, epi li te pale sou konfyans sa lè li t'ap ekri bèl sòm nou pral li kounyea la.

Bay yon volontè li tèks la, apre pozekesyon sa:

✘ David te di: "m pa janm santi m pè"? (Non, li te di: nan jou m te pè a).

✘ Kisa nou kapab aprann sou sa David te di sou pè a? (Nou tout nou konn santi nou pè pa fwa, men sa se pa yon move bagay, sa ki pa bon an se lè nou kite

nou domine ak krent lan.)

✘ Kisa David te fè lè li te pè? (Li te mete konfyans li nan Bondye).

✘ Kisa nou panse Bondye bezwen nou fè lè nou santi nou pè? (Pou nou mete konfyans nou nan li).

Bay ti moun yo tan pou chwazi kou lè yo vle a, epi elimine espas ki gen yon pwen, konsa y'ap kapab jwen mesaj ki kache a.

Bak Konfyans Lan

Pou aktivite sa ou kapab itilize nenpòt materyèl ki itilize deja (fey jounal, moso bann, fèy koulè, katon ou byen bwat lèt ki pwòp. Kòl, sizo, tep adezif, kreyon desen).

Remèt elèv yo materyèl sa yo, ankouraje yo pou fè imajinasyon yo pou yo fè yon bak tankou sa Jezi te ladan li a pandan tanpèt la. Siw vle èd kolabore ak yo.

Lè yo fini, yo kapab fè yon ti ekspoze sou bak la epi envite frè legliz yo pou vin asiste yo.

SA OU DWE KONNEN

Nan moman revizyon an ak moman pou aprann tèks la chita devan elèv yo epi mande pou yo fèmen zye yo. Ekri tèks pou yo aprann sou tablo a, lè w fini, mande pou yo ouvè je yo epi li. Pou yo fèmen zye yo ankò epi siye yon pati nan tèks la, mande yo pou yo wè sa ki pase a pou yo repete tout tèks la ankò. Kontinye konsa jiskaske pa gen anyen sou tablo a.

Mande elèv yo pou repete tèks la nan tèt yo, youn pa youn epi an gwoup.

KONKLIZYON

Avan ou lage yo gade si yo pran tout sa ki pou yo a, envite yo nan pwochen kou a, di yo kèk bagay sou pwochen leson an epi fè priyè final la.

NÒT:
_____

_____

106

BONDYE PADONE
ASPÈ JENERAL

Baz Biblik: Sen Lik 9:51-56

Tèks Pou Konnen: ... *Se pou renmen Bondye ki mèt la ak tout kè w, ak tout nanm ou ak tout lide ou* (San Mateo 22:37).

Objektif Leson An: Leson sa pral ede ti moun yo aprann padone moun ki fè yo mal.

PREPARASYON PWOFESÈ A

Jezi te preske fini misyon li sou tè sa epi ,li ta pral Jerizalèm, kote li te soufri pou peche tout mond lan. Pandan vwayaj la li te voye disip yo devan pou al fè preparayon pou yo te kapab repose yo nan yon vilaj samariten. Lè samariten yo te aprann Jezi ak disipi yo te vin Jerizalèm, sant politik ak relijyez jwif yo pat vle pou yo te pase nwit la nan vilaj la, sa se te yon desizyon trè enpòtan, ospitalite pou vwayajè yo te yon pati entegral nan ansyen kilti yo. Pwoblèm ènmi ki te gen ant yon samariten ak yon jwif te ekziste byen lontan sa, se te yon koz rasyal ak kiltirèl.

Disip yo te fache pou tretman samariten yo te ba yo a, epi yo te ankouraje Jezi poul te pini yo, men yon lòt fwa ankò li te demontre yo li se pitit Bondye. yo te toujou ap tande Mesi a gen pou li met fen nan pwoblèm ak ènmi yo. Se pandan, yo te panse se pa rapò ak pinisyon li ta pral fè sa ak lòd ki sevè. Lè samariten yo te repouse Jezi ak apot li yo, pou yo se te yon bagay lojik pou Jezi te pini yo. An echanj Jezi te gen lòt plan pou sa, li te reponn yo: yo te konn se li menm ki te kris la, men yo pat konnen si misyon li a se te pou padone, men se pa pou detwi. Epi li te vin nan mond lan pou te plen li gras ak padon, se pat pou vin pini ni jije.

ADAPTASYON

Relasyon ti moun yo ap konplike tout tan y'ap grandi, yo konn kite lakay yo an kachèt pou yo al pase anpil tan deyò pandan jounen an. Mond yo a ouvè ba yo plizyè tip relasyon.

Aprann pou genyen yon bon relasyon ak lòt moun se pa yon bagay ki parèt toujou fasil, jan sa mande a, yo pral genyen anpil zanmi, li posib pou yo jwenn anpil pwoblèm ki diferan youn ak lòt. Jantiyès se yon fason ki pwòp pou nou trete konfli nou yo. Montre lòt moun yo ou renmen yo (zanmi, fanmi, kèk fwa tou ènmi nou yo). Li esansyèl pou konstwi epi genyen relasyon sosyal yo. Pou ti moun piti yo, li difisil pou yo montre lanmou yo pou moun ki trete yo mal, jeneralman, yo reyaji ak britalite, ak agresivite, epi yo pa panse avan yo aji. Yo swiv kòlè yo epi kite ògèy dirije yo. Pa fwa yo pa konnen kijan pou yo reponn, epi yo santi yo enferyè epi san pwoteksyon.

Leson sa sanble anpil ak sa yo te etidye sou David la. Li menm ki te chwazi trete wa Sayil ak lanmou. Ki te ènmi li. Refè etid sou sijè sa ap pèmèt yo ranfòse konesans yo, epi pou yo konnen prensip biblik sa yo depi nan kòmansman nouvo testaman an.

DEVLOPMAN LESON AN
Entwodiksyon

Deside Ou!

Jwèt sa pral ede w pou w prepare ti moun yo pou yo tande istwa Biblik la epi konekte li ak sa y'ap viv chak jou nan lavi yo. An retou, ti moun yo dwe reprezante direktè lekòl la, ou menm wap reprezante mèt la ki dwe poze li kesyon sou kisa l'ap fè ak ti moun yo:

1. Yon ti moun ki nan senkyèm vòlè kòb yon ti moun ki pi piti.

2. Yon ti moun nan katriyèm nan kouri tèlman, li tonbe sou yon ti moun ki te sou beki.

3. Yon ti moun nan premye ane sere kreyon youn nan kamarad klas li a.

4. Yon ti moun ki nan second lan rakonte tout moun sekrè yon zanmi li te di li.

5. Yon ti moun nan twazyèm nan ap fawouche yon ti moun ki nan yon lòt klas pou rad li mete a.

Siveye pou pa mete non yo sèlman ou dwe di yon ti fi ou byen ti gason. Elèv ki reprezante direktè a ap deside ki pinisyon ti moun nan merite. Apre, li fin di tout pinisyon yo, mande elèv ou yo kijan yo t'ap santi yo, si yo te youn nan elèv sa yo.

Di yo: lè yon moun ap pèsekite yon lòt, anpil moun vle pou moun k'ap sibi pwoblèm nan pini ènmi li a. anpil fwa moun ki sibi pèn nan deside pou fè tèt li vanjans sou moun ki ap maltrete li a. nou rele bagay sa "dan pou dan, je pou je". Poze yo kesyon: eske nou kapab banm yon ekzanp sou sa? Kite gwoup la reponn. Di yo nan istwa jodia kèk moun ki te trete Jezi mal. Pou yo aprann sa Jezi te fè lè moun yo te trete li konsa.

DEVLOPMAN ISTWA BIB LA

Endike ti moun ou yo nan ki kontèks istwa sa ap pase jodia. Jezi ak disip li yo te fè yon vwayj ki long. Yo te mache anpil nan wout ki gen anpil wòch epi yo te fatige ak grangou. Pandan tout pasaj yo a mèt la t'ap geri moun ki malad. Li t'ap retire demon epi li te de 100 moun. se yon bagay ki lojik pou kò li te vin fatige epi pou te vle repose.

Anplis de sa, Jezi te gentan konnen se dènye jou li sou tè a, avan pou li t'al soufri sou kwa a, epi sibi pinisyon pou peche mond lan e kè li te atriste. Rakonte istwa Biblik sa ak ti moun yo epi ankouraje yo pou li li nan Bib pa yo.

APLIKASYON NAN LAVI A CHAK JOU

Istwa sa se yon egzanp ki klè sou imilite ak sansblite Jezi. Padone se yon bagay ki difisil, menm si nou se ti moun ou byen granmoun. Se pandan, karaktè sa pi difisil kay ti moun yo lè nou anseye yo pou yo padone, men yo pa wè yon karaktè nan nou ki montre nou menm nou konn padone. Anplis de sa, sosyete a ap fòme tout moun yo sou ide padon an nan plas vanjans lan. Se sèlman pou moun ki lach. Ti moun yo dwe konnen kisa Jezi te anseye sou padon an pou yo kapab aplike li nan lavi yo. Konnen Jezi, ap toujou pitit Bondye, l'ap toujou padone fot nou yo, sa pral ede yo devlope yon espri padon lakay yo depi tou piti.

ANÈKS
Kiyès Ki Te Di L?

Bay chak ti moun fèy aktivite yo a ak kreyon desen tou. Repase istwa Biblik la pandan wap li fraz yo ki nan glob la. Epi pou yo di ki pèsonaj ki te di li. Kite elèv yo li fraz agoch ak adwat yo. Epi pou yo mete glob yo ansanm ak pèsonaj yo ak vil la. Tankou fraz k'ap di yo popilasyon vilaj samariten an.

Kisa K'ap Pase?

Selon enstriksyon yo ki nan fèy aktivite liv elèv la,

kòmanse yon dialog sou sa k'ap pase nan chak desen. Elèv ou yo kapab konstwi yon istwa ki baze sou eksplikasyon an, epi pale kijan yo kapab aji ak moun k'ap mal trete yo. Poze kesyon ki fòme yo epi mande elèv yo pou yo reponn yo, pou yo pran kòm apwi sa yo te tande nan istwa Biblik la.

Gide yo, lè y'ap bay agiman sou opinion pa yo, raple yo Jezi anseye nou pou nou padone, menm lè moun ki nan antouraj nou yo pa renmen nou.

Lèt Ki Nan Dezòd

Prepare avan nan yon fèy, lèt ki fòme mo "padon", epi mete yon tep prè. Chak lèt yo dwe ekri plizyè fwa selon kantite elèv ou genyen an, ki kapab patisipe pandan tout kou a. divize klas la an gwoup sis (6) ti moun. Epi ba yo sis (6) nan dezòd sèvi ak tep la pou kole lèt yon an lestomak timoun yo.

Lè yo prè fè yo fè yon wonn, pandan y'ap tan yon mizik, ou byen yo kapab ap frappe ban yo, lè mizik la fini, ekip la dwe konstwi mo padon an. Ekip ki fè l anvan an genyen jwèt la. Epi kole mo yo te fòme a sou tablo a. ou byen yon lòt kote pou yo kapab wè li nan sal la.

SA OU DWE KONNEN

Pou aktivite sa wap bezwen nan tèks pou ti moun yo aprann nan, nan bann papye ou byen sou katon. Epi mete li nan yon kòbèy.

Melanje li epi mande pou ti moun yo vin pran youn pa youn, pou yo kole tèks la nan lòd li. Si yo fè li san ou pa ede yo felisite yo, si w kapab ba yo prim.

KONKLIZYON

Fè yon ti repase, ekri sou tablo a an gwo lèt: kisa padone vle di? Epi desine bò kote nyaj, glob, ou byen lòt figi ki fasil pou fè ak lòt mo sa yo: goumen, vanjans, renmen lòt la, bliye, toujou ret zanmi, sipò, bat, trete ak lanmou. Apre, mande elèv ou yo pou yo pase pou esiye mo ki pa gen rapò ak padone. Nou ka sa sèlman ap rete karaktè yo mete an pratik nan sa jezi te anseye sou padon an. Envite yon volontè pou fè priyè final la.

JEZI ONORE YON VÈV

ASPÈ JENERAL

Baz Biblik: Sen Mak 12:38-44

Tèks Pou Konnen: *... Se pou renmen Bondye ki mèt la ak tout kè w, ak tout nanm ou ak tout lide ou* (San Mateo 22:37).

Objektif Leson An: Pou ti moun yo konprann renmen ak sèvi Bondye se pi bon kado yo kapab ba li.

PREPARASYON PWOFESÈ A

Pandan ministè li a, Jezi te pale padan plizyè okazyon sou grandè moun ki imilye ou byen meprize yo, nan nouvo testaman an nou jwen plizyè pasaj ki raple nou favorize moun ki imilye yo epi li te konn itilize yo nan sèvis li. Pa ekzanp, lè li te pran manje yon ti moun poul te bay 5 mil moun manje, nan jan li te pran yon ti moun pou bay disip li yo yon ekzanp kiyès moun ki pi gran, epi nan moman li t'ap konpare jenewozite yon vèv ak awogans farizyen yo.

Leve Jezi menm se ekzanp imilite, li menm ki te vini nan yon fason senp ak anyen ki te gen enpòtans, li pat janm vle resevwa onè yo, okontrè, li te demontre chak nan lavi li nati imilite sèvis la. Gen kèk jou li konn chita devan lotèl ofrann nan, pou obsève moun yo k'ap mete kòb yo nan lotèl la, nan mitan yo, farizyen yo ak moun rich yo t'ap fè pwopagann ak anpil ofrann yo t'ap ofri pou Bondye. li te konnen kè moun sa yo pat gen senserite vre, sa yo te bezwwen fè se atire atansyon moun ki te la, nan tanp la.

Yon vèv ki te pòv anpil te pwoche bò lotèl la ak de (2) ti monnen ki pa gen vale. Pou tan, Jezi te konpare ofrann li a ak sa lòt moun rich yo t'ap bay. Yo t'ap bay anpil lajan, yo te kalkile sa yo dwe bay pa rapò ak la lwa ofrann yo ak dim. Se pandan, fanm sa te bay tout sa li te rete, tout sa li te gen pou viv. Jezi te konnen senserite ki te gen nan ofrann fanm sa, ak konfyans li te mete sou pwovizyon Bondye kapab fè pou li selon nesesite li yo. Sa sèvi disip Jezi yo yon leson, epi, li reafime yon lòt fwa ankò wayòm syèl la, yon moun pap kapab genyen li selon sa li posede, men selon lafwa ak lanmou li gen nan kè li.

ADAPTASYON

Ti moun yo nan laj yo ye a, yo gen difikilte pou aksepte lanmou ak mizèrikòd Bondye nan lavi yo. Yo menm gen anpil kesyon ak dout, la fwa yo sense epi dezenterese. Yo konsyans de lanmou ak pwoteksyon senyè a.

Epi yo renmen fè bagay ki fè Bondye plezi, pa ekzanp: chante, priye, adore nan tan plan. Men, gen okazyon, yo santi yo limite pou laj yo nan sa yo kapab fè. Yo pa gen anpil kòb pou fè ofrann, ni yo pa kapab kontribiye nan gwo pwojè nan legliz, ou byen travay kòm minis ou byen misyonè. Leson sa pral ede ti moun yo pou fè yo konprann Bondye plis renmen lè yon moun gen lanmou ki sensè pou li, li pa enterese ak ofrann y'ap ofri yo. Li posib, pou ti moun yo identifye yo tankou vèv pòv la ki pat gen anpil pou te fè yon gwo ofrann pou Bondye. Men, Jezi te konsidere aksyon sa tankou yon kado ki gen lanmou ak senserite. Pa rapò ak leson sa, yo pral aprann plizyè mwayen pou yo montre Bondye lanmou yo gen pou li.

DEVLOPMAN LESON AN
Entwodiksyon

Bay chak ti moun yo fèy blan ak kreyon koulè, pou yo desine pi bon ofrann yo kwè yo kapab bay Bondye. lè yo fini, kole desen yo nan mi yo, ou byen sou tablo a. epi mande pou youn ladan yo pase devan pou eksplike kamarad ki nan klas la sa yo desine yo, di yo nan leson jodia anpil bagay sou yon moun ki te renmen Bondye tout bon vre, epi li te ba li yon bon kado.

DEVLOPMAN ISTWA BIB LA

Montre ti moun yo monnen ki nan men dwat ou a, ki pa reprezante anyen nan sa moun kapab posede, epi nan men goch ou yon biyè kesyone yo: ki youn nan de (2) ofrann sa yo nou panse ki kapab fè Bondye plis plezi? Ba yo tan pou reponn.

Epi elimine dout yo gen nan kè yo, ba yo limyè sou kesyon y'ap poze yo sou istwa Biblik la.

Dirije elèv yo nan kontèks istwa a kote istwa ap devlope a, eksplike yo jwif yo te konn reyini nan sinagòg la pou yo adore Bondye menm jan n'ap fè l jodia, anndan sinagòg la te gen yon kès kote moun yo te konn mete ofrann yo; moun yo te konn depose nan kès la ofrann ak dim pou Bondye.

Nan tan sa moun ki te fè gwo etid yo te rele farizyen ou byen mèt la lwa, yo pat aji selon volonte Bondye. yo menm tou yo te konn ale nan sinagòg la pou bay ofrann, men yo pat konn fè li nan onètete. Li enpòtan pou fè ti moun yo konprann pou Bondye anpil ofrann pa gen vale, se lanmou ak senserite n'ap fè li a. farizyen yo te konn bay ofrann ki gen anpil vale, men se pat pou lanmou yo te gen pou Bondye, men pou moun ki nan pèp la te kapab renmen yo. An echanj, vèv pòv la te vle montre Bondye lanmou ak lafwa li genyen pa rapò ak ti monnen li te genyen an.

APLIKASYON NAN LAVI A CHAK JOU

Konekte verite Bib la bay la ak kontèks ti moun yo ap viv chak jou yo. Ki te se yo menm ki bay ekzanp yo, nan ki fason yo kapab bay Bondye kado (nan priyè, louwanj, li etidye pawòl li, obeyi kòmandman li yo). Ankouraje yo pou yo toujou onèt, epi pou ofri Bondye sa ki pi bon nan kè yo.

ANÈKS
Fanm Nan Te Bay Tout Sa Li Posede!

Bay elèv ou yo fèy aktivite ki pou leson sa, bay sizo, anvlòp, kòèy pou chak ti moun.

Mande yo ak kisa eksplikasyon ki nan fèy yo a sanble, lè w fin repase istwa Biblik la, ede yo pou koupe liy yo pou fòme yon puzzle.

Pandan ti moun yo ap fè aktivite sa, ranfòse verite Biblik ki nan leson an, epi poze kesyon sa yo:

1. Konbyen mèt la Lwa yo te konn bay nan ofrann? (Anpil lajan paske yo te rich). Eksplike yo yo te vle pou pèp la obsève yo pandan yo t'ap bay ofrann yo, epi yo t'ap fè anpil bri lè y'ap depoze lajan yo nan lotèl la pou moun yo te kapab di : gade tout sa yo bay, yo renmen Bondye vre.

2. Konbyen vèv la te bay? De (2) (Ti monnen sèlman, se tout sa li te genyen).

3. Pou kisa yo kwè vèv la te bay tout sa li te genyen? (Paske li te renmen Bondye tout bon vre).

4. Kijan li t'ap fè poul viv si li pat gen lajan? (Paske li te mete konfyans li nan Bondye t'ap pwoteje li).

Mande elèv ou yo pou depose pyès yo sou tab la, epi pou ranje puzzle la pou yo kapab jwen tèks ki nan tèt desen an. (Sen Mak 12: 43).

Apre yo fin li tèks la sere puzzle la nan yon anvlòp pou yo pote li lakay yo, epi rakonte istwa vèv la ak fanmi yo, ou byen zanmi yo.

Kisa Mwen Kapab Bay?

Prepare papye wouj, ou byen nenpòt lòt papye, kreyon, sizo, ou byen fèt tep adezif.

Epi pataje yo ak elèv ou yo fè yon desen yon kè lajan yo. Mande pou yo koupe yo epi ekri anndan kè a kèk nan fraz sa yo:

✘ Lè wap priye di Bondye kijan ou renmen li.

✘ Ekri yon kat pou yon moun ki malad.

✘ Ede paran ou yo nan travay kay la.

✘ Obeyi Bondye.

✘ Renmen moun ki trete ou mal yo.

✘ Ede pwofesè ou a.

✘ Li la Bib.

Lè yo tout fini, ede yo kole kè yo a yon kote pou tout moun wè, ki pou sèvi kòm souvni kado yo kapab ofri bay Bondye.

SA OU DWE KONNEN

Jodia se dènye leson inite a, nou rete kwè ti moun yo gentan konn tèks la nan tèt yo. Si li posib pale ak pastè legliz la pou ti moun yo kapab repete tèks la ak sa yo aprann padan inite a nan legliz la pandan y'ap fèl kilt la.

KONKLIZYON

Fè yon ti rapèl sou sa yo te aprann pandan tout inite a, pran tan pou elèv ou yo kapab sonje istwa ak ansèyman yo. Envite yo pou yo swiv pwochen kou a, fè entwodiksyon lòt inite a. priye pou nesesite elèv yo, pran kontak ak fanmi yo pou w konnen kijan ti moun yo aplike sa yo aprann nan lekòl dominikal la.

YON DYE FIDÈL AK YON SÈVITÈ FIDÈL

Baz Biblik: 1 Wa 17:1-16; 18; 19; 2 Wa 2:1-18

Tèks Inite A: ... *La priyè moun jis la gen anpil pouvwa* (Jak 5:16).

OBJEKTIF INITE A

Inite sa pral ede ti moun yo:

✘ Dekouvri Bondye fidèl nan tout bagay.

✘ Konnen moun ki fidèl yo ede yo nan travay Bondye a.

✘ Fè konfyans yo Grandi nan Bondye.

✘ Pou yo vle vin fidèl nan sèvi Bondye.

✘ Dekouvri nan ki fason Bondye kouvri nesesite yo.

✘ Rele Bondye nan moman difisil yo.

LESON INITE A

Leson 45: Bondye Te Apwouve Eli

Leson 46: Kiyès Bondye Ye?

Leson 47: Bondye Te Ankouraje Eli

Leson 48: Bondye Kontinye Fè Travay Li A

POUKISA DEBITAN YO BEZWEN INITE SA

Nan laj sa ti moun yo ap chèche Ero yo renmen pou yo imite. La Bib ranpli ak Ero ki gen anpil kouraj. Eli se youn ladan yo, a travè lavi li Bondye te montre li gen kontwòl sou tout bagay ki ekziste yo.

Eli se te yon Ero, men, se te yon moun tankou tou moun. Anpil fwa li te santi li fatige, li te yon moun ki konn pè tou. Li te konn pèdi kouraj ak eksperimante dekourajman. Li konn santi li pou kont li nan kèk sitiyasyon, li menm konn di Bondye: "Jeova m pa kapab ankò" (1 Wa 19 : 4), (Jak 5:17) di li te yon moun tankou nou, fè Eli parèt tankou yon moun reyèl pou ti moun yo.

Vrèman ero nan istwa Eli se Bondye. Ede ti moun yo konprann li toujou ap aji nan kèlkeswa sitiyasyon an. Ti moun yo konn santi yo dekouraje pa fwa, se pou sa yo bezwen fikse yo sou Bondye ki gen kontwòl tout bagay.

Bondye te montre pwisans li sou lanmè a nan mòn kamèl, lè Eli te bouke kouri pou Jezabèl la. Senyè a te ba li kote pou li te repoze. Bwè ak manje. Li demontre nou li gen kontwòl sou tout sa ki nan kreyasyon an, menm si pa fwa sikonstans yo konn chanje.

Ede elèv yo ogmante konfyans yo chak jou nan lavi yo nan chak sitiyasyon pou Bondye Kapab fè volonte li nan lavi li. Li se moun ki kreye lavi a: se li ki te fè limanite ak tout sa ki ladan li.

BONDYE APWOUVE PA ELI

ASPÈ JENERAL

Baz Biblik: 1 Wa 17:1-16

Tèks Pou Konnen: ... *La oración eficaz del justo puede mucho* (Jak 5:16).

Objektif Leson An: Ede ti moun yo konprann plizyè fason Bondye kapab ba nou sa nou bezwen yo.

PREPARASYON PWOFESÈ A

Twa (3) ensidan yo rakonte nan chapit 17 la montre nou triyonf pwisans Bondye. Pwoblèm nou tout genyen sou lanmò a, solisyon li te bay pa rapò ak mirak, se lavi a. Yo jwenn leson sa nan de premye ensidan yo. Bondye te bay sa yo te bezwen nan plizyè fason. Li te konbine fason ki òdinè ak sa ki ekstraòdinè pou li libere nou anba lanmò. Pou Eli evènman sa yo antre nan ministè li pou sèvi li tankou yon moman preparasyon.

Dispozisyon Eli a fè li vin chanje tankou yon moun ki pasif ak aktif. Nan pemye istwa li te sèlman obeyi epi Bondye te ba li manje. Nan dezyèm nan, kontra Bondye te fè avè l la, pou li rete anba pwoteksyon li, pou li rete kòm moun ki temwen de gwo pouvwa li.

Pou kisa Bondye te voye kòbo yo pou bay Eli manje? Bèt sa yo diferan, paske yo mal pwòp, petèt manje sa pat pwòp pou li. Sa te kapab rive tou, lè yo te konn pote manje yo bay Eli yo pat konn ba li yo byen fasil. Men Bondye te gen kontwòl sitiyasyon an, epi li te òdone kòbo yo pou yo te pote pen ak vyann bay sèvitè li a. Nan mwayen Bondye te itilize pou voye vyann pou sèvitè li a, Bondye te itilize yon fason ekstraòdinè pou li te ba li dlo tou. Li te di pou li te bwè nan yon rivyè, lè li te fin pran dlo a, se tankou te gen anpil sechrès, rivyè yo te sèch. Men, menm moun ki te fè rivyè sèch la te mete tout bagay pou Eli pou li te kapab jwenn.

Apre, Bondye te voye Eli Sarepta sidon, kay yon vèv. Nan zòn sa a, Bondye te gen yon lòt pwojè pou Eli te kapab manje, li te ranfòse manje vèv la nan yon fason ekstraòdinè pandan vèv la t'ap pwoteje Eli, lwil ak farin pou li te fè pen pou manje yo se bagay ekstraòdinè, men, lè yo te vin fini an tou se bagay ekstraòdinè.

ADAPTASYON

Anpil ti moun pa gen konsyans ki jan chak jou nan lavi yo nesesite yo pral vin anpil. Yo sèlman wè manje a sou tab la, e annik pran kiyè tankou yon bagay ki natirèl. Pa fwa se plis estil yo ki konn ba yo preokipasyon nan

mòd y'ap abiye yo nan koulè ak pwoteksyon zòn nan ap ba yo. Yo pa enkyete yo sou pwovizyon Bondye fè pou yo.

Fè ti moun yo konnen ke se Bondye ki bay lavi, se li menm tou ki kreye mond lan ak tout sa ki ladan l. Anpil moun konn wè kijan Senyè a konn ba yo selon nesesite nan yon fason ekstraòdinè ak mirak li. Itilize leson sa pou fè timoun yo konprann se Bondye ki kapab ranplase tout sa yo manke, men se nan fason li vle fè sa: òdinè ou byen ekstraòdinè.

DEVLOPMAN LESON AN
Entwodiksyon

Kisa Nou Bezwen?

Bay chak elèv yo fèy aktivite li epi di yo: desen sa yo montre nou tout sa moun bezwen epi vle. Antoure tout sa nou bezwen pou viv epi pou nou kapab byen. Apre, pou fè yon kwa sou tout sa nou konn itilize men nou kapab viv san yo. Bay elèv ou yo tan pou yo devlope aktivite sa, sonje yo, se sa y'ap bezwen yo sèlman pou yo mete andedan wonn nan, se pa sa ki ka fè lavi yo vin pi fasil. Kesyone yo: kijan nou fè jwenn tout sa nou bezwen? Tande repons yo, yo pral eseye eksplike ou kijan fanmi yo fè pou yo ba yo tout sa yo bezwen. Gide diskisyon an pou ti moun yo kapab mande ou ki kote yo jwenn manje yo achte nan mache, ki kote dlo a soti. Fè yo konnen se Bondye ki ba nou tout sa nou manke yo, paske se li menm ki te kreye tè a ak tout sa ki ladan l. Di yo: kounyea nou kapab konpprann se Bondye ki ba nou dlo yo, lè a, solèy la, manje, ak plant yo. Menm jan ak bèt yo ki jwenn manje, paske se li ki te fè tout sa yo; men, pa fwa nou bliye lanmou Bondye ak fason li pwoteje nou. Nan istwa Biblik jodia nou pral aprann sou yon moun senyè a te bay manje yon fason ki ekstraòdinè. An menm tan tou, nou pral wè si nou kapab dekouvri diferans ki nan yo tou de a.

DEVLOPMAN ISTWA BIB LA

Envite yon moun nan kongregasyon an pou vin reprezante Eli, epi pou li rakonte istwa a. ba li pati etid la pou li kapab prepare avan li prezantasyon li an. Si li vle li kapab itilize fèy pou li kapab eksplike istwa a, ou byen itilize desen ou menm menm kapab fè ki gen rapò ak istwa k'ap rakonte a.

APLIKASYON NAN LAVI A CHAK JOU

Pou ti moun yo kapab aplike leson sa nan lavi yo, pote kèk foto ki gen fanmi ladan li pou w kapab montre ti moun yo, ou byen foto ki gen ti moun k'ap fè aktivite ak fanmi li. Remèt ti moun yo li pou yo kapab wè epi pou chèche tout sa Bondye ba nou pou nou kapab viv, dlo, fanmi, paran nou yo. Pandan ti moun yo jwenn foto yo, mande pou yo montre lòt ti moun yo li. Mete fen nan entwodiksyon an pandan wap remèsye Bondye pou tout sa li ba nou.

ANÈKS

Kijan Bondye Te Konn Okipe Eli?

Mande pou ti moun yo koupe imaj yo ki nan kote ki fèt pou sa, epi, pou yo kole yo nan fèy aktivite a, apre repase leson an ak kesyon sa yo:

✘ Ki kote Eli parèt nan desen an? (Bò kote rivyè kerit la).

✘ Nan ki fason Bondye te konn ede Eli, menm jan li konn fè l pou lòt moun yo? (Li te ba li dlo yon rivyè ak chalè solèy la).

✘ Ki fason yo pa konn itilize bon te fè pou li te bay Eli manje? (Kòbo yo te konn pote manje ba li).

Mande yo pou yo desine yon kare bò kote desen an.

Mete fin ak konklizyon sa: Bondye te konn pwoteje Eli nan de (2) fason ki pa menm: youn ki òdinè ak youn ki ekstraòdinè. Se konsa tou li pwoteje nou, paske li renmen nou epi li vle tout sa ki fè nou kontan.

Pwojè: "Annou Fè Yon Mirak"

Fè ti moun yo sonje nan ki fason ekstraòdinè Bondye te pwoteje Eli. Di yo: yo menm tou yo kapab ede lòt moun ki nan bezwen, epi pou yo panse kijan yo kapab pote manje bay moun ki nan bezwen yo. Pwopoze yo pou yo kole ou byen pote plizyè bòl manje. Pou yo mande paran yo manje pou yo bay yon moun ki nan bezwen. Pale ak pastè ou a sou pwojè sa, epi, pou li enfòme yo sou nesesite ki gen nan legliz la ak kominote a.

Fikse yon plas pou ti moun yo kapab pote manje yo pandan plizyè semèn, montre kote pou yo rasanble tout manje yo, epi, fikse yon dat pou ti moun yo al bay manje yo te sanble yo.

Chèche yon mwayen pou ti moun yo kapab ede w bay manje. Ankouraje lè wap di gen plizyè fason byen senp epi òdinè yo kapab satisfè yon moun nan sa li bezwen. Gen kèk fanmi k'ap resevwa èd sa y'ap santi se yon bagay ekstraòdinè li ye.

SA OU DWE KONNEN

Nan yon fèy blan, ou byen nan yon moso papye, ekri an gwo lèt tèks ak vèsè Biblik yo dwe konnen yo, bay ti moun yo tan pou yo dekore fèy ou byen katon an. Ba yo kreyon desen ak fèt tout sa yo bezwen pou pentire li nan gou yo. Lè yo fini mete li nan yon kote pou tout moun kapab wè li epi li tèks la chak fwa yo wè l.

KONKLIZYON

Sa se premyen nan kat leson yo ki pale sou pwofèt Eli. Envite elèv yo pou yo fè konesans ak ewo Biblik sa, pou li yo pasaj ki pale sou lavi li pandan semèn nan.

Ankouraje ti moun yo pou rekonèt pwovizyon Bondye fè pou yo ak fanmi yo chak jou nan lavi yo, epi pou remèsye li pou sa.

Fè yo lapriyè pou remèsye Bondye pou pwoteksyon li ak tout sa li ba yo selon nesesite yo. Priye pou rekèt espesyal gwoup la.

KIYÈS BONDYE YE?

ASPÈ JENERAL

Baz Biblik: 1 Wa 18

Tèks Pou Konnen: … *La priyè moun jis la gen anpil pouvwa* (Jak 5:16).

Objektif Leson An: Ede ti moun yo pou yo konprann Bondye se sèl moun ki gen pwisans.

PREPARASYON PWOFESÈ A

Nan istwa pèp Izrayèl la nou jwenn anpil fwa kote yo te konn bese yo devan lòt fo dye. atirasns pou yo te ki te gen nan adorasyon lòt fo dye yo, te parèt tankou yon bagay yo pat kapab reziste devan li. Moun yo te ki lòt adorasyon dye kanannit lan sedwi yo. Se pandan, lwayote li te divize. Yo te declare yo kwè nan Jeova men se adorasyon baal la yo pratike.

Eli te rele pèp Izrayèl la, pou yo te kapab lwayal sèlman ak Bondye. li le mande yo: jiska ki moman n'ap sispann tou mante lespri noun an de (2) panse sa yo? Si se Jeova ki Bondye swiv li, si se baal al jwen li. (v. 21),

Pwofèt sa te byen konnen ki repons defi li a t'ap genyen; li te fè anpil eksperyans nan men pwisan Bondye a nan lavi li, epi li te soufri akoz dezobeyisans ak idolatry pèp la.

Sa ki te pase sou mòn kamelo a se yon egzanp ekstraòdinè nan lafwa ak konfyans Eli te gen nan Byen. li te sèl pwofèt Jeova ki t'ap viv, epi ki te rive montre wa ak pèp la omnipotans Bondye.

Adorasyon ak baal la te jwenn sipò nan pi gow nivo gouvènman an, menm rèn nan tou. Prèt ak pwofèt te plis pase 100 nan peyi a. pou tan, sa pat enpòtan pou Eli, li t'ap sèvi Bondye ak tout kouraj li, li te konnen li e li te konnen se Bondye ki gen kontwòl sou tout bagay.

Lafwa Eli fè nou panse li se te yon ewo, jis nan moman sa yo se konsa. Se pandan, Jak 5:17 fè nou sonje: Eli se te yon nonm ki te gen pasyon ki menm jan ak pasyon nou yo. Sa vle di nou menm tou nou kapab gen lafwa li a epi montre ak kouraj moun n'ap sèvi a se sèlman li menm ki gen konsa epi li verite.

ADAPTASYON

Ti moun yo entèrse kounye a pou aprann plis bagay sou Bondye. nan laj sa anpil ti moun aksepte sa lòt moun di yo sou senyè a. yo gen pou yo konnen plizyè kote yo kapab konvenk moun ak nouvo ide na fason yo panse. Nan Lekòl yo pral konnen plizyè relijyon, si menm mete lòt moun k'ap adore lòt fo dye yo. Li enpòtan anpil, nan tout bagay sa yo, yo pral gen lòt ekspresyon sou relijyon y'ap afwonte yo, yo dwe asire yo se sèlman Bondye ki senyè a. yo bezwen wè senyè a nan aksyon epi nan tande istwa kote li montre li se omnipotan. Batay Eli a kont prèt baal yo pral ede yo konprann pwisans ak souverènte absoli Bondye.

DEVLOPMAN LESON AN
Entwodiksyon

Kole yon gwo katon, ou byen fèy blan nan mi an, ou byen sou tablo a, nan fòm yon miray.

Ekri kesyon sa nan mitan li: kiyès Bondye ye? Mande elèv yo pou yo pase vin ekri ou byen desine repons yo (kèk nan yo se pral: se papa nou, li pwisan, li se kreyatè a).

Obsève miray la ansanm epi pale sou sa yo te ekri yo. Kòm entwodiksyon, di yo istwa jodia pral pale nou sou yon jou espesyal Bondye te montre li se sèlaman li menm ki Bondye tout tè a.

DEVLOPMAN ISTWA BIB LA

Itilize papye ki sèvi deja, fè de (2) imaj ki gen lotèl la dan yo, menm jan li ye nan liv elèv la. Yo kapab desine kèk moso vyann tou pou reprezante olokos la.

Kole yo devan an epi rakonte istwa a pandan wap itilize imaj yo pou referans. Lè w rive kote Jezi te voye dife sot nan Syèl la, kole sou lotèl Eli a yon papye ki gen desen dife ladan li ki te an wouj.

Li enpòtan anpil pou elèv ou yo toujou konnen tout istwa yo tande yo se nan Bib la yo soti, ki se pawòl Bondye. ankouraje yo pou yo li istwa ki nan Bib la yon fason pou yo kapab fè revizyon.

APLIKASYON NAN LAVI A CHAK JOU

Pa rapò ak ekzanp Eli a, ti moun yo gentan aprann konnen Bondye se sèl moun ki gen otorite sou tout sa ki ekziste. Li enpòtan pandan moman sa yo identifye Bondye y'ap adore a se menm ak sa pwofèt Eli t'ap sèvi a.

Chèche journal, liv ou byen eksplikasyon ki montre manifestasyon natirèl pwisans Bondye, (pa ekzanp: yon reyon, yon kaskad, yon vòlkan k'ap vomi). Epi montre elèv ou yo imaj sa yo. Nou wè Bondye pwisan nou an gen kontwòl sou lanati, epi li ekzèse pwisans li nan plizyè fason.

Bay elèv yo kreyon desen ak fèy blan pou yo desine fason ki montre kijan yo kapab wè pwisans Bondye nan lavi yo.

ANÈKS
Bondye Montre Se Li Menm Sèl Ki Bondye!

Pandan wap bay elèv ou yo fèy kalkil yo, fè yon ti kout revizyon sou sa yo te aprann nan kou a. mande pou yo pliye fèy la rive jis anba nan liy ki gen ti pwen yo pou rive nan tèt fèy, pou yo kapab wè nan ki fason Bondye te reponn priyè Eli yo.

Poze yo kesyon sa: pou kisa yo kwè baal pat reponn priyè pwofèt li yo? Tande repons yo bay yo epi kòmante konsa, malgre pwofèt baal yo te anpil, yo pat gen pouvwa paske se te yon fo dye yo t'ap adore a. nou konnen se sèlman Bondye ki verite. Lè li te montre pwisans li lè li te voye dife soti nan Syèl la pou boule sakrifika tè yo, pèp la te aksepte you te kwè nan li, yo te mete ajenou epi yo te di : "Jeova se Bondye a, Jeova se Bondye a!"

Jak 5:16

Bay elèv yo tan pou yo konplete vèsè Biblik ki nan fèy aktivite a pandan y'ap itilize mo ki nan men yo. Lè yo fini, repete tout tèks la ansanm, apre fè yo li youn apre lòt.

Kesyon Pou Fè Revizyon An

Fè klas la fè de (2) gwoup, epi poze yo kesyon sa yo. Gwoup ki reponn nan fè 5 pwen, si yo pa konn repons lan lòt gwoup ki anfas la kapab reponn ni, gwoup ki rive fè plis pwen an se li kap genyen. Si pa gen pyès moun ki konn repons la, l'ap enpòtan pou fè yon ti kout revizyon nan epizòd istwa Biblik la:

✗ Ki kote Eli te mande pou tout pwofèt baal yo te reyini?

✗ Kijan wa pèvès ki t'ap gouvène pèp Izrayèl la te rele?

NÒT:
_____

_____

✗ Konbyen tan lapli a te fè ap tonbe?

✗ Kijan yo te rele entandan wa akab la?

✗ Ki defi pwofèt Eli te bay pwofèt baal yo?

✗ Kisa ki te pase lè pwofèt baal yo te priye?

✗ Kisa ki te pase lè pwofèt Eli te priye?

✗ Kijan pèp la te reyaji lè yo te wè repons Bondye?

✗ Bondye Eli a se menm Bondye sa nou konnen tou?

✗ Nan ki fason Bondye montre pwisans li kounye a?

SA OU DWE KONNEN

Ede ti moun yo byen konprann tèks pou yo aprann nan, chèche yon diksyonè Biblik pou kapab jwenn sans mo ki parèt kache yo, petèt gen kèk mo yo pa konnen ou byen ki difisil pou yo konnen. Se pou sa ou dwe retire dout ki nan tèt yo. Yo dwe jwenn pi bon eksplikasyon ki posib la pou etid sa. Nan ka sa defini mo sa yo: lapriyè, efikas, ak jis.

Lè w fin bay eksplikasyon yo itilize fèy aktivite yo pou repase tèks la ankò.

KONKLIZYON

Kite yon ti tan pou w kapab fè kesyon ak repons yon fason pou kapab fè revizyon an. Envite ti moun yo pou yo kontinye aprann sou pwofèt Eli nan lòt leson an, epi mande yo pou yo priye. Li enpòtan pou yo konnen lapriyè se yon bagay ki fondamantal pou lavi yon kretyen, ou menm ba yo egzanp lan. Ankouraje yo pou yo toujou vini ak rekèt priyè nan kou a, pou w kapab priye ansanm ak yo. Bay Bondye remèsiman paske l tande ak bay repons ak priyè nou yo.

BONDYE ENKOURAJE ELI

ASPÈ JENERAL

Baz Biblik: 1 Wa 19

Tèks Pou Konnen: *… La priyè moun jis la gen anpil pouvwa* (Jak 5:16).

Objektif Leson An: Anseye ti moun yo pou yo konnen yo kapab rele Bondye nan moman yo bezwen li.

PREPARASYON PWOFESÈ A

Pwofèt Eli te pase yon gwo moman dezespwa lè li te fin konvenk pwofèt baal yo. Nan chapit 18 ak 19 ki nan 1 wa a, nou kapab obsève yon kondwit dramatik nan konpòtman pwofèt la, li menm ki te soti nan yon moman vanyan ki rive nan yon moman krent nan yon fason li pat atann.

Lè li te fini ak pwofèt baal yo. Eli te vin tounen gwo ènmi rèn Jezabèl, li te vin ranpli ak enkyetid epi dezespwa, li te al nan sid jiskaske li te rive bèseba, nan fwontyè sidès peyi Jida. Li te kite vil la epi li te lage sèvitè li a, Eli te vire do bay ministè pwofetik li, paske li te panse li te fè tout sa pou l te fè. Jezabel pat kapab gen kontwòl nan peyi jida, malgre sa li te toujou sou tè Jeova a.

Bondye pa ta pral aksepte pou Eli renonse konsa, men, okontrè, li te prepare plis travay pou li toujou (vv. 15-18). Senyè a te pasyan anpil ak Eli, paske li te kouri, men li pat kondane li tou poutèt li te santi li fristre epi mache tèt bese. Men, li pat depann sou nesesite li yo, epi li te ba li repo, manje, chemen li ak pwoteksyon li. Lè li te fin voye yon zanj pou ankouraje li, Bondye te voye pou Eli t'al elwanye li plis toujou nan dezè a, epi li te vin rakonte ak Bondye pèsonèlman sou mòn onèb la. Li enpòtan anpil pou nou rann nou kont kijan Bondye ye, malgre manifestasyon dife, van an ak tranbleman tè, nan okazyon sa li te pale ak Eli byen dous. (vv. 11- 13). Pwofèt la te pè, li pat asire, li te gentan kite ministè li ak moun yo dèyè. Men, Bondye pat kite li pou kont li, li te demontre li li te toujou avèk li.

ADAPTASYON

Gen anpil nan ti moun yo k'ap afwonte pwoblèm ki konn koz yo gen laperèz, tankou: divòs, paran yo ki pèdi dyòb yo, vyolans nan lekòl, nan katye ak vwazinaj yo. Tout sa yo kapab koz lavi ti moun nan afekte, menm nan paran yo, kapab gen bagay ki parèt banal. Genyen ki kapab danje nan estabilite emosyonèl ti moun nan.

Yo kapab santi yo ba, ou byen deprime se pa yon bagay ki pa konn rive. Se yon pati ki nòmal nan eksperyans moun. Yon moun ki mal nouri, lè l manke repose li, epi pwoblèm ki konn pase l, kapab dezanchene reyaksyon sa yo. Leson sa pral ede ti moun yo pou yo konnen santiman solitid la Tristès ak dekourajman se yon bagay ki nòmal.

Yo pral dekouvri nan leson sa menm ewo yo pa epanye nan sitiyasyon sa yo. An dènye, leson an pral montre ti moun yo sa pou yo fè lè yo santi yo konsa. Transmèt yo sekirite Bondye kapab ba yo lè yo santi yo tris, sèl ou byen dekouraje.

DEVLOPMAN LESON AN
Entwodiksyon
Lè ou santi ou tris?

Avan w kòmanse, prepare nan yon papye yon ti vizaj ki tris.

Nan kou a, chita ak ti moun yo anfòm yon sèk epi ba yo ti vizaj tris la. Yo dwe pase ti desen de men an men jiskaske ou menm ou byen youn ladan yo di: "kanpe" ti moun ki gen ti vizaj tris la nan men li dwe reponn ak youn nan kesyon sa yo.

Repete enstriksyon yo jiskaske tout ti moun yo patisipe nan aktivite a:

- ✘ Kisa ki konn fè ti moun yo santi yo tris, sèl, dekouraje, ou byen santi yo pè?
- ✘ Kisa ti moun yo kapab fè pou yo simonte moman sa?
- ✘ Kisa ki kapab dekouraje yon moun tankou Eli?
- ✘ Kisa moun sa yo dwe fè lè yo santi yo dekouraje?

Reflechi ak yo, pandan wap mete aksan sou pwofèt Eli lè li t'ap fè bagay ankourajan nan Bondye. Di yo: nan istwa jodia Eli pa santi li tankou yon ewo. Nan okazyon sa li santi li tris, sèl, epi dekouraje. Nou pral wè pou kisa li te santi li konsa epi nan ki fason Bondye pral ede li.

DEVLOPMAN ISTWA BIB LA

Itilize aktivite yo ki te pase nan semèn dènye a ki nan liv elèv la, fè yon ti revizyon sou sa yo te aprann nan leson an. Eli te detwi pwofèt baal yo epi Bondye te demontre yo pwisans absoli li a. pwofèt la t'ap travèse yon moman de fatig ak dezespwa. Rèn nan t'ap chèche pou touye li. Epi li te santi li gen repiyans. Rakonte ti moun yo istwa a pandan w'ap li kèk vèsè kle nan Bib ou a. Si w gen materyèl vizyèl, sa ap ede w anpil. Si w pa itilize yo, chanje vwa w lè wap pale de yon moun nan istwa a.

Bay chak ti moun yo fèy aktivite yo, itilize desen yo pou w kapab pi byen esplike devlopman istwa Biblik la.

APLIKASYON NAN LAVI A CHAK JOU

Jodia elèv ou yo pral aprann menm moun ki gen lafwa tankou Eli konn pase moman krentif ak laprèz; ede yo parapò ak istwa a pou idantifye, epi pou konprann menm nan pi gwo pwoblèm yo Bondye toujou la pou ede yo.

Bay chak ti moun yo yon moso papye, epi, mande pou yo ekri ladan li sa ki konn koz yo pè epi, enkyete yo. Pote yon bòl ki gen yon etikèt sou li ki di: "Bondye gen kontwòl tout bagay". Lè ti moun yo fin ekri, mande pou ti moun yo mete papye yo nan bòl la, se tankou y'ap depoze laperèz yo genyen an nan men Bondye. Priye Bondye pou yo,epi, mande yo pou yo fè Bondye konfyans lè yo santi yo pè, ak lè yo tris. Malerezman, depresyon se yon seri pwoblèm ki devlope nan ti moun nou yo. Anpil nan yo kapab gen moman difisil ki rive nan lavi yo, ki pi plis pasc sa yo kapab sipòte. Si w santi kèk nan elèv ou yo ap pase yon moman depresyon konsa priye pou li. Mande pastè w la konsèy ou byen direktè lekòl dominikal la.

Elèv ou yo dwe konnen lè yo santi yo fatige, santi yo grangou, ou byen tris, yo kapab amelyore eta yo lè y'ap manje, repoze, ou byen pale ak yon moun yo fè konfyans. Pa fwa li konn difisil pou yo mete konfyans yo nan Bondye, di yo lè yo santi yo konsa yo dwe chèche prezans Senyè a ak anpil lafwa nan lapriyè, yo konnen l'ap reponn demand yo a.

Priye pou tout ti moun ki nan klas ou a kapab santi yo gen kouraj pandan tout semèn nan. Mande si gen kèk demand priyè epi priye pou yo.

Kat Ankourajman

PPou aktivite sa wap bezwen papye pou fè desen, fet ou byen kreyon desen,tablo, lakrè, anvlòp ak sizo. Kòl ak atik pou fè dekorasyon tankou, fil, kòd, ak kèk moso jounal. Anvan kou a kòmanse ekri "mete tout ekyetid ou yo sou li, paske se li k'ap pwoteje ou" (1 Pyè 5:7).

Mande ti moun yo pou yo fè kat pou yo bay yon moun yo konnen k'ap pase yon moman difisil. Bay chak ti moun yon moso papye epi mande yo pou pliye li nan mitan. Yo kapab fè yon desen nan pati ki devan ou byen itilize atik yo pou desine li. Apre, ede yo pou yo ekri yon fraz nan pati anndan kat la. Ou kapab ekri: "mwen enkyete mwen pou ou" ou byen " avèk tout afeksyon mwen". Montre ti moun yo vèsè ou te ekri sou tablo a, eksplike yo pawòl Bondye yo se pou bay ankourajman, ak fòs pou moun ki santi yo dekouraje ak atriste, ou byen abandon. Mande pou elèv ou yo ekri vèsè biblik la nan kat la. Ankouraje ti moun yo pou yo fè yon moun k'ap pase yon moman difisil kado kat la.

ANÈKS
Eli Te Santi Li Tris

Chèche nan pati ki dwe koupe a materyèl ki koresponn ak leson sa, epi mande elèv ou yo pou yo koupe epi kole li nan kare ki koresponn ak travay ki nan fèy yo a. Repase istwa a pandan y'ap fè aktivite sa.

Kijan Ou Santi Ou?

Mande elèv ou yo pou desine ti vizaj ki reprezante kijan yo santi yo. Apre li byen fò kesyon yo ki nan pati anba fèy la, epi kite pou yo reponn epi fè yon ti kwa nan kote ki plase pou sa. Si gen kèk repons ki se "wi" yo dwe koupe bann ki gen koulè nan kote goch pou yo kouvri kesyon an epi rakonte li ak yon moun ki kapab konseye sou sa.

SA OU DWE KONNEN

Mande ti moun ou yo pou yo chita fòme yon wonn pou w kapab repase tèks Biblik la. Kanpe nan mitan elèv yo ak yon ti boul, epi voye l anlè. Elèv ki resevwa li a dwe di vèsè pou tout moun tande epi remèt boul la ankò. Refè jwèt la jiskaske tout ti moun yo patisipe.

KONKLIZYON

Lè wap fini chante yon ti kè chan ki pale sou konfyans Bondye, epi ankouraje elèv ou yo pou yo pran refij sou Senyè a nan moman difisil yo epi pou yo rakonte tout sa yo aprann nan etid la ak lòt moun, pa bliye fè yo lapriyè.

BONDYE KONTINYE TRAVAY LI A

ASPÈ JENERAL

Baz Biblik: 2 Wa 2:1-18

Tèks Pou Konnen: ... *La priyè moun jis la gen anpil pouvwa* (Jak 5:16).

Objektif Leson An: Ede ti moun yo pou yo konnen Bondye toujou avèk yo, epi l'ap toujou beni yo.

PREPARASYON PWOFESÈ A

Eli te kite mond sa nan yon dram epi nan fason ki pa janm itilize. Travay sa gen rapò ak ministè yo te angaje li a. imaj dife la te parèt nan plizyè okazyon pandan tout lavi li: sou mòn kamèl la (1 Wa 18:38), sou mòn orèb la (1 Wa 19:12) ak sou mòn samari a (2 Wa 1: 10, 12). Sepandan, nan okazyon sa dife a pat soti nan syèl la pou te detwi mechanste yo, li te desann pou li te Mennen Eli nan prezans Bondye, li menm ki se te yon mesaje pou pèp Bondye a. Men lè li te ale. Moun yo te kòmanse ap poze tèt yo kesyon kiyès Bondye ta pral chwazi pou pale nan non li.

Se yon ti kras moun ki aksepte chanjman ki fèt nan lavi yo lè sa rive. Nou plis abitye fè sa nou gen abitid fè deja, se sak fè, lè gen nesesite pou nou fè chanjman nan lavi nou sa konn ba nou pwoblèm.

Chanjman lavi Elize te soufri a lè pwofèt Eli te rele li pou vin ranplase li te chanje desten senp nonm sa ki t'ap viv nan andeyò. Elize te aksepte pwopozisyon Senyè a te ba li pou l vin sèvi li epi, li te kite tout bagay li pou reponn demand Senyè a te fè li a. Men kounyea mèt li ak gid li a, Bondye ap fè plan pou pran li. Elize te rankonre ak yon lòt chanjman nan lavi li menm si kounye a li vin gran: pou li vin reprezante vwa Bondye sou tè a.Men, nonm ki gen lafwa sa te deside mete konfyans li nan Senyè a pou li ranpli misyon li te ba li a.

ADAPTASYON

Ti moun yo pral afwonte anpil chanjman nan lavi yo pandan y'ap grandi. Chanjman pwofesè nan lekòl la, fanmi yo ki kite zòn nan pou ale yon lòt kote, yo pral gen lòt zanmi ak vwazen, zanmi ki nan menm klas avè yo pral kite yo pandan ane a.

Gen lòt ki pral rankontre ak chanjman ki pi rèd: yon moun ki mouri nan fanmi yo, divòs paran yo, lòt maryaj. Men, malgre tout chanjman sa yo nan tout sa nou genyen pou nou afwonte yo, Bondye ap toujou kontinye pwoteje pèp li a ak prezans li.

Pandan ti moun yo rankontre ak chanjman sa yo, ede yo pou yo konnen Bondye ap toujou bò kote yo, epi l'ap toujou reyalize objektif yo ak benediksyon pou tout pitit li yo.

DEVLOPMAN LESON AN
Entwodiksyon

Avan w kòmanse kou a, ekri sou tablo a lèt ki fòme mo: "chanjman".

Lè moman pou eksplike istwa Biblik la rive, di elèv ou yo gen yon mo ki se yon mistè ki pral ede nou kòmanse leson jodia. Ba yo tan pou yo dekouvri lèt yo ki fòme mo misterye sa a.

Pale sou sinifikasyon mo "chanjman" (yon bagay diferan, enkoni, nouvo). Fè yon dialog ak ti moun ou yo pou yo kapab rakonte kèk chanjman yo te eksperimante nan lavi yo, epi si yo te renme li ou byen non.

Di yo istwa sa pral pale sou gwo chanjman pwofèt Eli ak nouvo zanmi li an Elize te sibi.

DEVLOPMAN ISTWA BIB LA

Avan menm, koupe yon fèy nan mitan. Ekri non "Eli" nan yon bò ak non "Elize" nan lòt bò a.

Lè w nan klas la di yo: "nan istwa sa gen de (2) pèsonaj ki gen preske menm non" montre yo moso fèy yo epi montre yo lèt ki menm yo nan tou de (2) non yo. Apre, sa ki diferan yo.

Rakonte istwa Biblik la, si li posib itilize materyèl vizyèl, siw vle ou kapab itilize fèy aktivite ki nan liv elèv la tankou èd didaktik. Ou kapab fè desen ou byen mande yon moun pou ede w fè kèk plis enpòtan nan sèn ou pral rakonte nan istwa a, epi, kole yo nan yon katon pou yo kapab plis rezistan.

Kite ti moun yo poze tout kesyon yo vle, epi eseye reponn nan pi bon mwayen ki posib la. Ankouraje yo pou li istwa a nan Bib yo a epi pou rakonte sa ki parèt plis amizan pou yo nan istwa a.

APLIKASYON NAN LAVI A CHAK JOU

Pale sou gwo chanjman ki te pase nan lavi Eli ak Elize a. Fè yo konnen mesye sa yo te fè pati plan pafè pou Bondye a. Elèv ou yo dwe konnen, menm si pafwa y'ap travèse moman difisil, nan chanjman yo, yo dwe mete konfyans yo nan Bondye, se yon bagay ki inevitab. Epi l'ap ede yo pou yo pa pè, menm nan moman ki gen plis nesesite a.

Ekri sou tablo a fraz sa: "Eske w te konnen?". Epi, ba yo fèy blan pou yo kapab ekri li tankou tit tou. Nan pati anba a yo dwe ekri tout sa yo te aprann pandan kou a, pa egzanp:

✘ Eske w konnen Bondye ede m' lè mwen pral nan yon lòt lekòl?

✘ Eske w konnen Bondye avèk mwen lè mwen pral rete nan yon lòt zòn?

✘ Eske w konnen Bondye pa janm chanje, epi pouvwa li pa janm fini?

Si yo vle yo kapab fè desen pou dekore fèy la.

ANÈKS
Lè Gen Chanjman

Bay ti moun ou yo fèy aktivite ki koresponn ak leson an, kreyon desen ou byen fet. Di yo: jodia n'ap pale sou chanjman n'ap rankontre nan lavi nou. Aktivite sa pral ede nou pou ranfòse sa nou te aprann.

Prepare tan pou ti moun yo di sa yo panse sou sinifikasyon eksplikasyon yo. Sa yo reprezante kèk sitiyasyon nan chanjman yo kapab bay nan lavi moun yo, pa egzanp: deplasman nan yon lòt kay, lekòl ou byen Legliz; chanjman Pastè, ou byen zanmi; si nou mete lanmò yon moun nou ki mouri, divòs paran nou yo, yon lòt maryaj.

Elèv yo kapab swiv enstriksyon yo epi antoure eksplikasyon ki reprezante kèk chanjman nou gen nan lavi nou.

Eli Ak Elize Yo Kite

Vire fèy aktivite a epi bay ti moun yo sizo ak kòl ou byen tep.

Li byen fò enstriksyon yo ki nan liv elèv la pou fè aktivite sa. Ede ti moun yo pou yo koupe liy pwen tiye yo pou yo pa fè erè.

Jwèt Pou Fè Revizyon

Ekri fraz sa yo nan moso papye epi mete yo nan yon bòl. Mande elèv yo pou yo pase youn pa youn vin pran moso papye, yo dwe li kesyon an epi bay repons lan pou yo kapab jwenn prim (yon liv, sirèt kreyon). Ou kapab ajoute plis kesyon selon fòs elèv ou genyen nan klas la:

✘ Kiyès sa yo ki te di Elize Bondye pral anlve Eli jodia?

✘ Kisa Elize te mande Eli avan li te monte nan syèl?

✘ Kisa ki te separe Eli ak Elize?

✘ Kijan Bondye te pote Eli?

✘ Kisa Elize te fè ak manto Eli a ki te tonbe lè li t'ap monte nan syèl la?

✘ Ki rivyè Eli ak Elize te travèse a?

✘ Kisa nou kapab fè lè nou gen chanjman ki parèt nan lavi nou?

✘ Kiyès k'ap kontwole tout sa k'ap pase nan lavi nou?

✘ Repete tèks pou nou konnen an pou nou kapab aprann li nan tèt nou (jak 5:16).

SA OU DWE KONNEN

Sa se dènye leson inite a, eseye pou fè yon ti aranjman ak direktè lekòl dominikal la, ou byen ak pastè a, pou klas la kapab patisipe nan reyinyon asanble a pou yo kapab di tèks Biblik la nan tèt yo. Yo kapab fè li youn pa youn ou byen an gwoup. Sa pral sèvi yon ankouranjman pou elèv ou yo, ak yon rekonesans sou efò yo.

KONKLIZYON

Fè yon revizyon sou tout inite a nan tou lè kat (4) leson yo. Fè yon journal sou lavi Eli, pou ti moun yo ekri ou byen desine sa ki plis enpòtan yo te aprann sou ministè pwofèt la.

Eksplike tout ansèyman Biblik yo epi fè yo gen rapò ak lavi elèv yo ap mennen chak jou.

Priye pou gwoup la, epi mande Bondye pou li fè pawòl sa yo li simen nan kè yo a bay rezilta an abondans.

KADO NWÈL YO

Baz Biblik: Sen Lik 1:26-38; 2:1-7, 8-20; San Mateo 1:18-25; 2:1-12; Sen Jan 3:16

Tèks Inite A: *Bondye tèlman remen limanite, li bay sèl pitit li a, pou tout moun ki kwè nan li, pou yo pa peri, men pou yo gen lavi ki pap janm fini a.* (Sen Jan 3:16).

OBJEKTIF INITE A

Inite sa pral ede ti moun yo:

✗   Apresye kado Bondye ki se Jezi.

✗   Konprann Mari ak Jozèf te bay tèt yo konsa pou yo ta kapab vin paran Jezi sou tè a.

✗   Santi lajwa lè y'ap bay, pou yo swiv egzanp bèje yo ak Lòm savan yo.

✗   Aprann konnen pi bon kado yo se pa bagay materyèl yo ye.

✗   Konnen nwèl la se yon moman pou selebre nesans Jezi.

✗   Konprann leson sa yo pral pouse yo pou rakonte bòn nouvèl sou nesans Jezi a.

✗   Obeyi epi adore Jezi, pitit Bondye a.

LESON INITE A

Leson 49: Kado Mari Ak Jozèf Yo

Leson 50: Kado Bondye A

Leson 51: Kado Bèje Yo

Leson 52: Kado Wa Maj Yo

POUKISA DEBITAN YO BEZWEN INITE SA

Nwèl se moman nan ane a ti moun yo plis renmen. Yo gen yon gran kontantman nan ane a pou epòk sa. Li pi fasil pou yo konfonn ou byen pèdi nan selebrasyon k'ap sikile yo. Se pou sa yo bezwen ansèyman sa ki pral montre yo klè pou kisa moman sa ak verite ki sou li a.

Yo dwe konnen Bondye se egzanp ki pi gwo a, nan moun ki bay, lè li te bay sèl pitit li a Jezikris. Pran tan pou li istwa a nan Bib la. Chak leson genyen yon monològ ki kreye yon pèsonaj nan istwa a. sa yo pral ede ti moun yo pou yo imajine yo nan evenman ki te rive nan moman nesans Jezi a. Ti moun yo sezi pou zanj, krent ak admirasyon yon bèje ak silans yon nonm ki save. Pèsonaj sa yo pral ede ti moun yo aprann lajwa ki genyen lè w ap bay. Anplis de sa yo pral aprann lajwa nwèl la se bay Jezi ak moun yo lanmou.

Mete nan kè chak ti moun yo nwèl la dwe pou yo yon selebrasyon enpòtan pou yo nan ane a. n'ap selebre yon kado pyès moun pat janm bay anvan sa: Bondye fè nou kado pitit li Jezikris.

Motive yo pou yo menm tou kapab bay Jezi yon bon kado, pwòp lavi yo. Pwofite etid leson sa yo pou ti moun yo kapab remèt lavi yo bay senyè a.

KADO MARI AK JOZÈF YO

ASPÈ JENERAL

Baz Biblik: Sen Lik 1:26-38; San Mateo 1:18-25

Tèks Inite A: *Bondye tèlman remen limanite, li bay sèl pitit li a, pou tout moun ki kwè nan li, pou yo pa peri, men pou yo gen lavi ki pap janm fini a.* (Sen Jan 3:16).

Objektif Leson An: Pou ti moun yo konprann pi bon kado yo se pa bagay materyèl yo ye.

PREPARASYON PWOFESÈ A

Nan tradisyon Jwif la pwomès maryaj la konn dire yon ane. Fanm yo te pwomèt maryaj la te konn viv ak zanmi li ou byen fanmi li jiskaske moman maryaj la rive. Tip angajman pou maryaj yo se te yon bagay ki serye anpil. Yo te transfere tout eritay fi a bay fiti mari li.

Pou yo te kapab kwaze pwomès fòk te genyen yon separasyon. Si tifi madanm nan te komèt adilitè sa te vle di li dezonore fiti mari li. Epi yo te dwe touye li ak kout wòch. Nan Lik 1:26-38 la, nou wè zanj Gabriyèl ki te parèt devan Mari an galile, yon jèn vyèj ki te fiyanse ak Jozèf, epi li te di li manzè pral fè yon pitit. Ann imajine konfli ki te kapab genyen! Kisa Jozèf te kapab fè? Kisa moun yo nan katye a tap di? Kijan sa fè rive?

Malgre pwoblèm sa te kapab ba li, Mari te aksepte mesaj zanj lan te ba li a byen dosil epi li te obeyi volonte Bondye. li te dwe rele ti moun nan Jezi. Anpil ladan yo konn rele pitit yo Jozye, ou byen Jechwa, nan espwa se ta pral Mesi yo tout t'ap tann nan, ou byen yon lidè pou pèp Izrayèl la. Men, nan okazyon sa, Bondye te voye di pou ti moun nan te rele Jezi, paske se li menm ki pral vini kòm redanmtè a, Mesi yo t'ap tann depi lontan pwofèt yo te anonse a.

Lè li te fin tande nouvèl la, Mari te reponn Bondye ak obeyisans: "Mwen se sèvant Senyè a, sa dwe rive jan li di mwen an" (v. 38). Li te antre nan plan Bondye a san kite rès, li pat pè pou sa ki te kapab rive li paske li te aksepte travay sa.

Matye 1:18-25, fè nou referans kote Jozèf te rann li kont fiti epouz li ansent, tan pou li ta dezonore ou byen touye li ak kout wòch li te deside kite Mari san moun pat konnen, paske li te renmen li, li pat vle mete li nan lari.

Nan moman dezespwa Jozèf la, yon zanj te parèt kote li pandan li t'ap dòmi epi li te di li Mari pral fè yon pitit pou Bondye ki pral sove tout pèp la anba peche yo.

Jozèf te kwè epi li te fè tout sa zanj lan te mande li jan Bondye te vle sa.

Evènman sa te akonpli pwofesi pwofèt Izayi a, li menm ki te di: "Men vyèj la ki pral ansent la epi ki pral fè pitit la yo gen pou rele li Emanyèl" (7:14). Mo sa ki vle di: "Bondye avèk nou" mesaj zanj lan te bay Mari ak Jozèf la te menm. Li te di yo tou de (2) pitit la se pou Bondye, epi pou yo te rele li Jezi. Yo te aksepte ak bay tèt yo kòm paran Jezi sou tè a.

ADAPTASYON

Sosyete nou an materyalis nan tout kote. Sa w pata panse nwèl se epòk ki plis materyalis nan ane a. poze yo kesyon kijan: ki kado ou bezwen pou nwèl la? Ou byen kisa yo te fè w kado pou nwèl la? Y'ap wè ti moun yo ap bonbade w ak repons sou sa yo te jwenn yo.

Ou kapab wè tou kèk elèv ki santi yo tris paske yo pa kapab achte ou byen resevwa kado nan men lòt moun. Ti moun yo bezwen gen yon lòt ide sou pwen sa. Ede yo konnen pi bon kado yo pa ek]\ziste nan mache, men sèlman se bay yo kapab bay li. Pi bon kado fanmi yo ou byen nenpòt moun kapab ba yo se lanmou, se pa jwèt. Kòm rezilta ti moun yo pral aprann bay Bondye lanmou. Bay paran yo lanmou ak lòt moun tou.

DEVLOPMAN LESON AN
Entwodiksyon

Fè yon ti rapèl sou kat (4) leson inite a, paske pandan inite sa nou pral etidye kado yo bay nan moman nwèl la, li enpòtan pou yo pa rate pyès leson. Ekri sou tablo a kesyon sa: kijan nou kapab konnen paran nou yo renmen nou epi yo sousye pou nou?

Ti moun yo pral di w: yo achte rad pou nou, yo ba nou manje, yo jwe ak nou, yo ede nou fè devwa, yo li istwa pou nou, yo Mennen nou Lopital, yo ba nou yon kote pou n' dòmi.

Vlope yon bwat tankou yon kado, epi di: bwat sa fè nou sonje paran nou yo kap ba nou kado. Gen kèk nan yo nou resevwa yo lè fèt nou, ou byen nan moman nwèl. Lòt kado yo ba nou se lanmou, pwoteksyon ak konsèy yo. Istwa jodia ap pale sou de (2) paran byen espesyal. Tande epi wè ki kado yo de (2) a te konn bay pitit yo.

DEVLOPMAN ISTWA BIB LA

Rakonte istwa sou Mari ak Jozèj epi preparasyon yo te fè pou resevwa bebe a. Ou kapab fè ti moun yo patisipe nan istwa a. Raple yo ke Bondye te chwazi yo pou yo vin paran Jezi sou tè a paske yo te reponn tankou moun ki responsab, ki gen entegrite ak fidelite. Yo te chwazi yon bon kote pou pitit yo a, pale sou lanmou yo te ba li ak pwoteksyon Mari ak Jozèf pou yo te tann Jezi.

Envite yon koup nan legliz la ki fèk gen yon ti moun, pou yo vin rakonte ti moun ou yo fason yo pwoteje ak siveye ti moun yo a. Timoun yo kapab poze yo kesyon epi patisipe ak yo tou.

Eksplike ti moun yo pou panse sa yo kapab fè pou paran yo nan moman nwèl la. Di yo: "Menm jan ak Mari e Jozèf, pifò nan paran yo pran tan yo pou yo renmen epi pwoteje pitit yo. Kijan nou kapab fè pou nou montre paran nou yo lanmou nou gen pou yo epi lòt moun yo tou?"

Si yo pa jwenn pyès repons pou yo bay, ba yo kèk ide, tankou: nan fè travay nan kay la, jete fatra, ranmase jwèt lè yo fin jwe. Mande ti moun yo pou yo bay paran yo ti kado lanmou sa pandan tout ane a espesyalman nan momnan nwèl la.

APLIKASYON NAN LAVI A CHAK JOU

Konpare istwa wap rakonte a ak sa ti moun yo ap viv chak jou nan lavi yo. Raple yo pi bon kado yo kapab bay yon moun se pa bagay materyèl yo. Men, montre lanmou ak afeksyon pou moun ki renmen nou epi pwoteje nou ak sa ki vle mal pou nou tou.

Di ti moun yo menm jan Jozèf te siveye Jezi ak anpil lanmou, se konsa tou papa nou gen nan syèl la renmen nou epi ap pwoteje nou, epi li vle pou nou renmen li menm jan an tou.

Poze kesyon sa: kiyès ki kwè sa se prèv ki pi gwo Bondye ba nou pou Li montre li renmen nou tout bon vre? Repons lan : se paske li te voye pitit li a Jezi nan mond sa pou te vin Mesi yo te pwomèt la, sòvè nou an.

Bondye mande nou tou pou nou renmen pwochen nou yo. Pran yon ti tan pou elèv ou yo kapab di kiyès ki pwochen yo. Mete aksan nan enpòtans pou yo renmen tout moun menm jan. sonje, ide prensipal leson an se pou ti moun yo aprann moman nwèl la se pa sèlman fè

moun kado, men se yon moman selebrasyon pou nesans Jezi ak lanmou Bondye pou nou tout.

Fè yon refleksyon ak ti moun yo epi envite yo pran angajman pou yo plis renmen paran yo ak Bondye. priye pou yo epi remèsye Bondye pou lanmou li ak pwoteksyon li.

ANÈKS
Leve, Zanj Lan!

Bay tout elèv ou yo fèy aktivite ki koresponn ak leson an, ba yo sizo, ak kòl tou. Ede yo pou koupe imaj zanj lan epi pou dekore li jan yo vle. Pou yo kole nan pati ki dèyè bò rad yo youn ak lòt, pou zanj lan kapab kanpe. Pandan ti moun yo ap travay pou fè zanj lan, repase pwen ki plis enpòtan yo nan istwa a.

Kat Nwèl Yo

Avan kou a, prepare tout materyèl kap sèvi ou, wap bezwen fèy blan, anvlòp, imaj, ak tenb, moso imaj sou nwèl, fèt ak kreyon desen.

Bay ti moun yo fèy yo ki koupe fòs yon kat. Mande yo pou yo fè yon kat nwèl pou fè paran yo kado, granpè ou byen moun ki fè yo plezi. Yo kapab itilize tout materyèl nou te site yo pou desine kat la nan gou yo. Lè yo fini, ba yo tan pou yo ekri tèks Biblik la ak yon mesaj ladan li. Pou yo mete kat la nan anvlòp la pou ti moun yo pote li bay paran yo.

SA OU DWE KONNEN

Koupe plizyè wonn byen gwo epi dekore yo. Yo pral reprezante boul Nwèl yo. Ekri tèks pou yo aprann nan ladan yo. Kole boul yo devan an epi li tèks la ansanm ak elèv yo. Men avan melanje tout boul yo ansanm epi bay ti moun yo tan pou mete yo nan lòt tèks la konsa y'ap kapab kontinye repase li. Repete aksyon sa jiskaske tout ti moun yo aprann li.

KONKLIZYON

Chante avan nou lage, epi fè yon ti revizyon sou leson an. Mande ti moun yo pou yo vin asiste lòt leson an. Ankouraje yo pou yo Mennen yon envite pou yo kapab rakonte li bòn nouvèl sou nwèl la.

Priye pou rekèt ti moun yo te fè yo, epi pran kontak ak paran ti moun yo pandan semèn nan.

122

KADO BONDYE A

ASPÈ JENERAL

Baz Biblik: Sen Lik 2:1-7; Sen Jan 3:16

Tèks Inite A: *Bondye tèlman remen limanite, li bay sèl pitit li a, pou tout moun ki kwè nan li, pou yo pa peri, men pou yo gen lavi ki pap janm fini a.* (Sen Jan 3:16).

Objektif Leson An: Ede ti moun yo pou yo konprann nwèl se yon moman pou yo selebre nesans Jezi.

PREPARASYON PWOFESÈ A

Amperè "César Auguste" te pase lòd pou yo te fè resansman sou tout anpi women an. Resansman sa se te gouvènè siryen an ki t'ap fè li. Tout moun yo te resevwa lòd pou yo ale nan vil kote yo te fèt la, pou yo te kapab konte yo epi peye enpo yo. Jozèf ak Mari se te desandan wa David yo te ye. Se sak fè Jozèf te dwe retounen Bètleyèm. Pou yo te soti Nazarèt pou rive Bètleèm yo te pase twa (3) jou nan wout. Pandan yo te Bètleyèm moman akouchman ti bebe a te vin rive, epi se konsa sa pwofèt Miche te di a vin akonpli (Miche 5:2).

Mari ak Jozèf t'ap chèche yon kote pou te akouche yo pat ka jwenn. Kote ki genyen ebèjeman yo te ranpli yo pat gen plas ankò. Sepandan, nan epòk sa gen kèk kay ki te gen kote pou yo te mete bèt moun k'ap vwayaje yo, kote sa yo pa fwa se te kavèn, ou byen gwòt, yo te fè frèt epi fè nwa. Men, se te la Bondye te vle montre mizèrikòd li pou limanite nan nesans pitit li Jezi. Mari te vlope ti bebe ki fèt la nan yon ti krèch epi mete li kouche yon kote. Se la, Bondye te mete kouche pi bon kado limanite a, "pitit li Jezi".

Yo konsidere vèsè ki nan Jan tankou vèsè kè levanjil la nan Bib la,. Montre Bondye kapab fè don nan nenpòt ekstansyon an. Li te ba nou pitit li a pou nou kapab gen lavi ki pap janm fini an!

ADAPTASYON

Li posib pou ti moun yo pa konprann nwèl se selebrasyon nesans Jezi li ye. Dat sa kapab parèt plis enpòtan pou ti moun yo. Men pafwa, sa konn rive nan rezonman ki pa bon yo. Se pa konsa. Resevwa kado ak selebrasyon sosyal yo vin pi gwo priyorite pou moun yo.

Nwèl la dwe yon selebrasyon ki plis enpòtan nan ane a. N'ap selebre yon kado yo pat janm bay anvan sa, Bondye te bay pitit li a! Ede ti moun yo pou yo wè nan Jezi pi bon kado Bondye a.

DEVLOPMAN LESON AN
Entwodiksyon

Envite elèv yo pou yo eksplike sa yo plis renmen nan moman nwèl la. Kèk nan yo ap di w yo resevwa jwèt ak rad, y'al wè fanmi yo, ou byen yo fè kèk bagay espesyal ak paran yo. Kite yo eksplike jan yo vle repons yo. Konsa, ou menm wap kapab disène fason yo konprann nwèl la.

Ekri kesyon sa sou trablo a: kisa fanmi ou konn fè pou fèt nwèl la? Mande yo pou yo rakonte kèk selebrasyon relijyez yo konn patisipe ladan li ak fanmi yo, tankou: ale legliz, li istwa nesans Jezi a. Mande yo kijan yo kwè nwèl la te kòmanse. Apre, ou fin tande repons yo, di yo: Bondye te voye pitit li kòm kado ki pi presye pou li te kapab vin sove nou, nou menm kretyen nou selebre nesans Jezi nan moman nwèl la.

DEVLOPMAN ISTWA BIB LA

Dirije elèv ou yo nan kontèks istwa a. Rakonte vwayaj Mari ak Jozèf te fè a pou yo te rive Bètleyèm ak pwoblèm yo te jwenn pou yo te kapab jwenn yon kote pou yo dòmi. Li enpòtan pou elèv yo konprann Jezi te fèt nan sikonstans espesyal san pèsòn pat atann. Li pat resevwa pyès onè ak atansyon menm jan ak wa yo ki sou tè a, men, okontrè, li te vini nan yon fason imilyan pou kapab montre kalite li antanke sèvitè.

Pou w kapab wè istwa jodia, ou kapab itilize kèk materyèl didaktik si w genyen. Si w pa kapab fèl konsa, ou kapab fè pwòp aktivite pa w, sa vle di fè kèk imaj yo konn itilize nan moman nwèl la. Pou w kapab reprezante pèsonaj nan istwa a (Mari, Jozèf ak zanj lan). Eseye tout bagay ki te gen nan epòk la. Si w vle ou kapab envite yon jèn ki nan legliz la pou vin ede w rakonte istwa a, nan pati Jozèf la. Pou eksplike klas la eksperyans li te fè pandan vwayaj la ak nesans Jezi. Ti moun yo kapab patisipe ak kesyon yo ap poze yo, pandan pèsonaj la ap eksplike istwa.

APLIKASYON NAN LAVI A CHAK JOU

Apre lè yo fin tande istwa Biblik la, nou preske asire nou ti moun yo kòmanse chanje fason yo te konn panse sou nwèl la. Ranfòse ide sa nan kè yo ak nan panse yo. Eksplike yo Jezi ki te vin fèt la se te premye plan Bondye pou sove limanite anba peche li yo. Plan sa se pou nou tou li te ye. Bondye te voye sèl pitit li a, Jezikris, tankou yon kado lanmou bay pou nou, sa se rezon ki fè nou selebre nwèl la.

ANÈKS

Ankadreman Nesans Lan

Remèt ti moun ou yo fèy aktivite yo a, sizo, kòl ou byen tep.

Premye aksyon an se pou yo pliye gwòt la ou byen kavèn nan pou swiv liy pwentiye yo rive jis devan, si yo vle yo kapab kole yon moso katon dèyè li pou li kapab vin plis rezistan. Apre, montre yo pou yo pliye rès fèy la sou liy pwentiye yo, pou yo fòme plizyè pli pou fè yon bòl kote yo pral kole imaj yo. Lè sa fin fèt, yo dwe kole pwent yo ak tep ou byen kòl.

Koupe imaj ki nan istwa Biblik la pandan wap swiv kontou ki make a. lè yo fini. Yo kapab mete nan imaj la dat yo te fèt epi yo kapab rakonte istwa nwèl la ak lòt moun.

Kouwòn Vakans Nwèl

Pou aktivite sa wap bezwen fèy ki gen koulè vèt, ou byen lòt papye ki rezistan nan menm koulè a, kòl, sizo, ak yon baton wouj.

Bay chak moun ki nan klas ou a yon moso papye vèt ak kreyon epi mande yo pou yo depoze men yo sou papye a pou desine li, sa vle di desen men an.

Lè yo fini, ede yo koupe tout men yo, si yo vle yo kapab dekore yo. Yo dwe ekri non yo nan mitan men an Prepare yon papye ki gen fòm wonn byen gwo ki kapab kenbe tout ti men elèv yo te fè yo. Lè tout men yo prè kole yo nan wonn nan fòme yon kouwòn ki kòmase depi nan baz men an. Li enpòtan pou tout men byen rete pou kouwòn nan kapab byen briye.

Pou fini dekore kouwòn vakans nwèl la ak yon baton wouj nan pati anlè a epi mete li yon kote vizib nan sal la.

Kisa Mwen Kapab Bay?

Pale ak ti moun ou yo sou don pou bay, di yo: li amizan anpil lè y'ap bay ak resevwa kado. Kijan nou santi nou lè nou fè yon moun kado yon bagay? (kite elèv ou yo kòmante). Eske se pavre lè nou bay yon moun yon kado li kontan lè l'ap resevwa li, nou kapab wè sa nan vizaj li? Nou te gentan pale deja sou kado nou dwe bay moun nan dènye leson yo.

Ki kado ki te pi bon nan tout? (Bondye ba nou pitit li a). Se rezon sa ki fè nou selebre nwèl la, paske nou te resevwa pi bon kado a.

SA OU DWE KONNEN

Mande ti moun yo pou yo chèche nan Bib yo a tèks yo dwe aprann nan, y'ap jwenn li nan Sen Jan 3:16: "Bondye tèlman renmen lemonn, li bay sèl pitit li a, pou tout moun ki kwè nan li, pou yo pa peri, men pou yo gen lavi ki pap janm fini an".

Premyeman li li nou tout ansanm, apre ou menm li li byen fò pou yo tout tande. Poze ti moun yo kesyon sa yo: lè y'ap reponn mande pou yo ouvè Bib pa yo a:

- ✗ Kiyès Bondye te renmen? (Lemonn).

- ✗ Selon tèks pou nou aprann nan, kiyès Bondye te bay ? (Sèl pitit li a)

- ✗ Pou kisa Bondye te voye pitit li a? (Paske li renmen nou)

- ✗ Kisa k'ap pase moun ki kwè nan pitit Bondye a? (Yo pap peri, men y'ap gen lavi pou tout tan).

- ✗ Kijan pitit Bondye a rele? (Jezi).

KONKLIZYON

Chak dimanch ki pase nou apwoche nou plis nan moman nwèl la, epi, se moman ki pi bon an pou nou prepare kè ti moun nou yo, pou yo kapab bay lòt moun yo kado lanmou Bondye a pa rapò ak pitit li a. mande yo pou envite zanmi yo nan lekòl dominikal la.

Pa bliye mande yo si gen rekèt priyè epi entesede pou yo pandan kou a. Ti moun yo ap santi yo an sekirite lè yo wè ou sansib pou yo. Mande yo pou yo asiste pwochen kou a pou yo kapab dekouvri kado nwèl yo.

KADO BÈJE YO

ASPÈ JENERAL

Baz Biblik: Sen Lik 2:8-20

Tèks Inite A: *Bondye tèlman remen limanite, li bay sèl pitit li a, pou tout moun ki kwè nan li, pou yo pa peri, men pou yo gen lavi ki pap janm fini a.* (Sen Jan 3:16).

Objektif Leson An: Ede elèv yo konnen kijan pou anonse bòn nouvèl nesans Jezi a ak lòt moun yo.

PREPARASYON PWOFESÈ A

Levanjil Sen Lik la se sèl pasaj ki pale nou sou vizit zanj yo te fè kote bèje yo. Pandan nwit la yo t'ap siveye twoupo yo tou prè bètleèm, nan ti vil pi ti enkoni. Men bètleèm se te yon vil ki rich nan istwa. Rachèl, madanm Jakòb la. Se la yo te antere li, lè vil sa te rele efrata.

Bètleèm se te peyi Neemi, Rita ak Boaz, se la pwofèt samyèl te rankontre David, fiti wa Izrayèl la. Mika te pwofetize li te di se nan vil sa a tou Mesi te gen pou fèt, bètleèm. Nouvèl zanj la te byen klè lè li te di yo kiyès Jezi te ye. Yo te rele li "sovè" "kris senyè" (Sen Lik 2:11).

Petèt bèje yo te entèprete nouvèl sa tankou se ta pral yon sovè militè ou byen politik ki ta pral Mennen pèp Izrayèl la pou vin yon gra nasyon. Nesans Jezi se te yon bòn nouvèl pou yo tout. (v. 10). Non sèlman pou jwif ki pi pwisan yo. Nesans Jezi se te yon bòn nouvèl pou moun yo imiliye yo sou tè a. anons zanj yo bay bèje yo kontinye gen menm enpòtans jiska jodia. Ane apre ane, n'ap selebre verite sou glwa Jezi, pitit Bondye a, te vini nan mond sa pou sove nou anba peche nou yo.

ADAPTASYON

Ti moun yo konnen yo nan mitan anpil lòt ti moun ki pi gran pase yo ki nan primè. Yo soti nan kindè kote sa ki pi gran yo te ye a, men kounye a yo dwe familiarize yo nan kondisyon yo ye a paske se yo ki pi piti nan lekòl la. Y'ap pase nan yon tranzisyon kote yo kite kay yo pou yo ale yon kote petèt yo pa gen menm atansyon lè yo lakay yo, yon kote yo pral rankontre moun yo pa konnen, petèt yo kapab santi yo pa gen pwoteksyon.

Se yon bagay ki natirèl pou ti moun santi y'ap sibi yon presyon. Anpil nan yo pa kapab tann pou yo vin pi gran pou yo kapab jwi privilèj ti moun ki pi gran yo. Ti moun ki nan laj sa santi istwa bèje sa yo pale sou yo tou.

Se nan klas ki pi pòv la nou konn jwenn bèje yo, imilye, e anpil fwa yo pòv. Menm lè sa, Bondye te konsidere yo tankou moun ki enpòtan paske yo te premye moun ki te konn nouvèl la lè Jezi te fèt .

Ankouraje ti moun yo pou yo kapab eksperimante espwa sa. Lajwa bèje yo te genyen lè yo te tande nouvèl sa, Bondye sousye pou tout moun, menm sa yo ki imilye yo.

Bèje yo pat gen kado ki chè pou te pote bay Jezi. Sèl bagay yo te genyen pou te ofri li sete adorasyon yo. Menm jan avèk yo, ti moun yo pa gen anpil bagay nan moman nwèl la. Ankouraje pou yo konprann Bondye plis renmen lè yon moun adore li ke lè ou ba li kado materyèl.

Men jan bèje yo te bay bòn nouvèl, konsa yo menm tou yo kapab pale ak lòt moun yo sou nesans Jezi. Ti moun piti yo pa konn kisa sa vle evanjelis, predikatè, se pandan, yo konnen yo kapab rakonte lòt moun yo sa yo te aprann yo. Malgre yo jèn toujou men yo kapab fò e se yon pati enpòtan nan distribisyon levanjil Bondye a.

DEVLOPMAN LESON AN
Entwodiksyon

Mande ti moun ou yo: kijan yo t'ap santi yo si pi bon zanmi yo pa vle prete yo nouvo jwèt li genyen yo. Ou pral tande repons sa yo: tris, mwen t'ap santi mwen malad, m t'ap wè zanmi mwen an egoyis. Mande yo tou: kijan yo t'ap santi yo si yon moun konnen yon bagay enpòtan epi li pa di yo sa. Di yo, nan istwa jodia nou pral aprann sou moun sa yo ki te tande mesaj enpòtan an, epi kounyea gen yon envite espesyal ki pral di yo sa.

DEVLOPMAN ISTWA BIB LA

Envite yon jèn nan legliz la pou vin reprezante bèje mouton yo, ou byen ou kapab itilize yon lòt moun pou rakonte istwa Biblik la. Sa ap pèmèt ti moun yo koute istwa ak plis atansyon epi y'ap fè konesans ak moun ou envite a. kelkeswa opsyon ou itilize a, ou dwe bay moun wap envite pasaj Biblik yo pou etid la epi eksplike sa ki plis enpòtan yo pou istwa jodia.

Fè ti moun yo chita pou fòme yon moso wonn epi prezante yo envite ki pral rakonte yo istwa a, di yo: jodia gen yon moun espesyal ki vizite yo, moun sa a gen yon istwa espesyal li vle rakonte yo. Bay envite a tout tan l'ap bezwen, lè li fini kite pou ti moun yo poze li kesyon epi pou pale avèk li.

APLIKASYON NAN LAVI A CHAK JOU

Lè envite a fin ale mande ti moun yo kisa yo te plis renmen nan istwa jodia.

Lè w fin tande tout repons yo bay yo reflechi ansanm ak gwoup la, nan entansyon se te yon bèje mouton ki t'ap rakonte yo istwa ki te pase a, l'ap rakonte kisa zanj la te di yo. Li te kontan anpil epi li te vle rakonte lòt moun yo bòn nouvèl sou nesans Jezi. Menm jan ak bèje yo, nou menm tou nou konnen nouvèl sou Sali a e nou bezwen rakonte li ak sa yo ki pa konnen li a.

Ankouraje elèv ou yo pou rakonte istwa sa yo aprann lakay yo ou byen ak zanmi yo nouvèl Jezi se pitit Bondye a, li te fèt Bètleyèm pou te kapab vin sove limanite, tout moun ki resevwa li ap gen lavi ki pap janm fini an.

ANÈKS
Bwat (Veso) Bèje Yo

wap bezwen fèy aktivite ki koresponn ak leson sa, sizo ak kòl.

Ede ti moun yo pou yo koupe imaj ki nan liy nwa yo. Siveye pou yo pa koupe sousi yo ki pral sèvi pou kapab mete bwat yo ansanm. Lè yo fini. Pliye imaj la pandan wap swiv pwen yo pou w fòme yon bwat. Itilize youn nan koub yo pou bay ekzanp epi montre yo pati ki konfòm ak istwa jodia . pandan wap itilize desen yo ki nan kib la, fè revizyon leson an ak elèv ou yo, epi mande yo pou yo konte chak kare selon lòd istwa a.

Vire fèy la pou yo kapab repete vèsè pou yo konnen an (Sen Lik 3:16). Apre, pliye sousi yo jwenn nan pwent bwat la epi pou kole li nan pati ko koresponn ak li a pou nou kapab rasanble tout bwat la.

Kite kòl la sèch, pou kib la kapab rete kole. Li posib pou si gen ti moun piti nan gwoup la. W'ap bezwen yon gran moun ede w nan gwoup pandan aktivite sa, bwat sa yo pral sèvi pou yo kapab rakonte lòt moun yo istwa a kijan bèje yo te ale bètleèm pou al chèche bebe Jezi pou adore li.

Zanj Yo Ak Bèje Yo

Bay ti moun yo fèy blan, kreyon desen ak fet.

Mande yo, pou w kapab fè revizyon, pou yo desine sèn kote zanj yo ap anonse bèje yo bòn nouvèl nesans sou Jezi a. lè yo fini, ou kapab kole desen yo nan klas la, epi envite paran ak zanmi yo pou vin asiste dekorasyon yo fè yo. Se ti moun ki pral eksplike moun yo sa ki te pase nan visit espesyal sa lè bèje yo te resevwa nouvèl zanj yo.

SA OU DWE KONNEN

Chita ak gwoup pou fòme yon wonn epi ou pran mitan an. Voye yo ba yo. Ti moun ki resevwa li a dwe kanpe epi repete tèks la nan tèt li. (Sen Jan 3:16). Refè aksyon an jiskaske tout ti moun yo patisipe. Ede sa ki pi piti yo ki gen difikilte pou aprann li nan tèt yo.

KONKLIZYON

Pou fini fè yon priyè pou remèsye Bondye pou pwochen selebrasyon nwèl sa. Ba li louwanj paske li te voye pitit li Jezi kòm kado lanmou li pou nou epi mande chak ti moun yo pou rakonte istwa nwèl la bay lòt moun . Ankouraje yo pou yo itilize bwat istwa bèje yo pou yo kapab rakonte lòt moun yo Jezi te vini sou tè a tankou yon ti moun pou li te sove limanite anba peche li yo.

NÒT:

KADO WA MAJ YO

ASPÈ JENERAL

Baz Biblik: San Mateo 2:1-12

Tèks Pou Konnen: *Bondye tèlman remen limanite, li bay sèl pitit li a, pou tout moun ki kwè nan li, pou yo pa peri, men pou yo gen lavi ki pap janm fini a.* (Sen Jan 3:16).

Objektif Leson An: Pou ti moun yo adore epi obeyi Jezi.

PREPARASYON PWOFESÈ A

Istwa sou visit wa maj yo pou yo te vin wè Jezi se youn nan istwa ki plis etonan nan epòk nwèl la. Li te pale sou gwo vwayaj yo te fè a pou yo te kapab wè nouvo ne a. Bib la pa di nou konbyen maj ki te vizite jezi, ni kijan yo te rele. Tradisyon an di se te yo twa (3), pou kantite kado yo te bay Senyè a. Sepandan, te kapab genyen plis ke twa (3).

Men Bib la ba nou done ki pi klè toujou. Maj yo te soti nan Oryan pou rive Jerizalèm epi yo te al jwenn wa Ewod pou yo mande li: ki kote wa jwif ki fenk fèt la ye la, pou nou kapab adore li? Paske nou wè zetwal li parèt jis nan Oryan an epi nou te vini pou adore li (Matye 2:2).

Nou pa bezwen konfonn wa Ewod nan pasaj sa ak lòt wa yo ki gen menm non yo nan Bib la. Wa sa pat jwif, se te nonm mechan epi jalou anpil. Epi, li pat vle pou yon lòt wa te vin pran plas li a. Ewod pat konnen si te gen bebe ki ta pral fèt "wa jwif yo", epi, li te rele tout prèt li yo, ak eskrib pèp la, li te mande yo ki kote kris la te fèt. (v. 4).

Lè yo te ba li repons lan, li te di yo: "Nan peyi bètleyèm nan jida, paske se konsa pwofèt la te ekri (v. 5). Sou pwofèt yo t'ap pale sou pasaj sa se te Miche (Miche 5: 2).

Byen vit, Ewod te rele maj yo an sekrè, li te vle konnen ekzateman ki lè zetwal la te parèt, konsa pou li te kapab kalkile laj ti moun nan, se konsa li te voye yo bètleyèm pou al chèche bebe a, epi li di yo lè yo rankontre li pou yo vin di li, pou li menm kapab al adore li tou.

Lè maj yo te soti nan palè wa Ewod la yo te swiv zetwal rive jis nan bètleyèm, kote Jezi te avèk manman li, Mari. Kontrèman ak sa kwayans popilè a di, li pat nan krèch la. Ekspè yo etabli pou yo di Jezi te gentan genyen youn (1) ou byen de (2) lane lè maj yo te jwenn li an. Se

sa ki eksplike pou kisa Ewod te voye touye tout ti moun ki te gen de (2) ane yo ki t'ap viv nan bètleyèm. Lè maj yo te rankontre Jezi yo te pwostène yo epi adore Jezi, yo te ba li kado ki te chè anpil: lò, lansan, ak mi. Kado sa yo te senbolize sa Jezi te vin fè sou tè a. Lò a se te yon kado pou wa yo, Jezi se te yon wa. Lansan an se te yon kado pou prèt yo, kris te vini pou li te vin fè siprèm prèt nou konsa n'ap kapab rive nan prezans Senyè a san okenn prèt pa ede nou. Mi an se te yon kado pou moun ki ta pral mouri. Jezi te vin mouri pou peche nou yo, yo te vin di wa maj yo pou yo pat retounen al jwenn Ewod nan yon rèv, paske Ewod te vle touye ti moun nan. Li te pè pou Jezi pat vin pran plas li a. Se konsa wa maj yo te ale lakay yo nan yon lòt chemen. Se konsa kado materyèl yo te ba li yo te enpòtan anpil pou vale li ak senbolizasyon li, kado adirasyon yo ak obeyisans wa maj yo te montre nou Mesi a te vini pou tout moun, se pat sèlman pou jwif yo. Depi nan bèje imilyan yo jiska nan maj rich yo, yo tout te vin adore li. Menm nan moman pa nou an Kris rankontre moun nan tout nivo yo. Li kapab rankontre tout moun!

ADAPTASYON

Tout ti moun renmnen kado, nwèl se yon bon moman pou yo. Ti moun yo pral kontan anpil lè yo konnen yo pral resevwa yon kado. Pale ak yo sou tradisyon nwèl yo.

Li tris pou nou wè nan moman materyalis nou an kado yo kapab ranplase selebrasyon nesans Jezi. Ti moun yo kapab enkyete yo anpil nan sa y'ap panse yo kapab resevwa, y'ap bliye kijan tradisyon bay kado a te kòmanse. Ti moun yo enterese nan sa y'ap resevwa nan epòk nwèl la nan fason maj yo te deside fè Jezi kado. Yo te fè yon vwayaj ki te long anpil pou yo te kapab ofri wa Jezi kado adorasyon ak obeyisans, ansanm ak kado lò, lansan, ak mi. Ede elèv ou yo pou swiv egzanp la, epi bay Jezi tout adorasyon ak obeyisans li merite.

DEVLOPMAN LESON AN
Entwodiksyon

Mande ti moun ou yo kijan yo kapab montre lòt moun yo espesyal pou yo. Tande repons tankou: ba yo yon ti kado, prete yo jwèt mwen yo, ede yo nan devwa yo, fè zanmi. Di yo: kèk maj ki te soti nan Loryan te vin wè Jezi, yo te vle montre li se te yon bebe espesyal. Mete atansyon nou pou nou tande sa maj yo te fè yo.

DEVLOPMAN ISTWA BIB LA

Avan kou a reprezante twa (3) bwat kado ki reprezante kado wa maj yo. Epi mete li devan klas la. Ekri mo lò, lansan, ak mi nan twa (3) kat diferan, epi mete yo anndan bwat la.

Mande ti moun yo pou yo eseye devine kado wa maj yo te pote yo pou Jezi. Pou bay repons, rakonte istwa Biblik la pran prekosyon pou w pa ajoute pyès lòt detay. Lè ou di chak kado maj yo te pote pou Jezi, ouvri chak bwat yo epi se ti moun yo ki pou li kat yo nan bwat yo.

Di yo kado sa yo se moun ki enpòtan ou byen anpil vale yo te konn ba yo, epi yo te senbolize misyon Jezi te vin fè sou tè a. Men se pat kado materyèl yo ki te plis enpòtan mesye savan sa yo te ofri Jezi, men imilite, obeyisans ak louwanj pou tèt yo te mete ajenou reyèlman nan pye Mesi a. Maj yo te koute vwa Bondye epi yo te retounen lakay yo nan yon lòt chemen, yo remèsye li paske li te pèmèt yo wè sovè mond lan.

APLIKASYON NAN LAVI A CHAK JOU

Jodia ti moun yo pral aprann kèk bagay sou kado maj yo, se pat sèlman materyèl yo, men sa ki te soti nan kè yo. Eksplike yo obeyisans ak adorasyon pyès moun pa kapab achte sa yo, men nou fèt avèk yo, se nan santiman nou yo ye, Bondye vle se li menm sèl pou nou bay adorasyon ak obeyisans. Ankouraje yo pou yo depoze nan pye Jezi pi bon kado yo genyen, pou yo mete kè yo prè pou bay Bondye louwanj ak adorasyon selon volonte Bondye.

ANÈKS
Kado Savan Nan Loryan Yo

Bay ti moun yo fèy aktivite pou leson sa, sizo ak kòl. Montre yo kote pou yo desine nan seksyon pou yo koupe kado maj yo nan kote ki koresponn ak leson. Yo dwe kole yo nan bò yo epi kole kado yo nan men maj yo ki t'ap ofri Jezi kado yo.

Li tèks Biblik yo jwen nan fèy aktivite a epi fè yon ti revizyon nan sa yo te aprann nan klas la.

Ki Kado Nou Kapab Bay Jezi?

Raple ti moun yo, nou tout nou kapab bay Jezi kado nan louwanj ak obeyisans yo. Mande yo pou yo vire fèy la, pou yo reponn kesyon yo: ki kado nou kapab bay Jezi ?

Ede ti moun yo pou yo idantifye plizyè fason yo kapab louwe epi obeyi Bondye pandan semèn k'ap vini an. Ba yo kreyon desen epi ba yo tan pou yo fè yon desen anndan bwat kado sa yo ta renmen ofri Bondye nan louwanj ak obeyisans pou Jezi.

Si kèk nan yo vle yo kapab rakonte klas la sa yo vle fè Jezi kado. Li vèsè yo jwenn nan ansanm ak ti moun yo, li pati anba fèy aktivite a (Travay 20:35).

Zetwal Ki Anndan Pòm Nan

Koupe yon ti moso nan yon pòm epi montre elèv yo zetwal ki nan mitan an. Di yo: gen kèk moun ki panse zetwal ki nan mitan Pòm nan se yon fason pou moun yo kapab sonje zetwal ki te gide maj yo pou yo te rive kote Jezi te ye a. Se yon demonstrasyon ki te montre Jezi se pat sèlman wa jwif yo men pou tout moun. Maj ki te soti nan Loryan pou te vin adore Jezi yo se te premye moun ki pat jwif ki te vin adore Jezi. Si w gen plizyè pòm, separe yo bay timoun yo tankou yon ti kado pou yo.

SA OU DWE KONNEN

Ou kapab envite elèv ou yo pou patisipe nan kongregasyon an pou yo kapab repete vèsè Biblik yo te aprann nan pou kapab sèvi yo tankou revizyon. Felisite yo pou kouraj yo genyen pou aprann pawòl Bondye.

KONKLIZYON

Remèsye Bondye pou kado li te ba nou, pou pitit li Jezikris. Pandan wap priye, remèsye Bondye pou Mari, Jozèf , Bèje yo, ak wa maj yo ki te vin vizite Mesi a. ankouraje elèv ou yo pou yo mete an pratik tout sa yo te aprann pandan inite a epi onore Jezi nan tout etap nan lavi yo.

NÒT: